KLAUS PFLEIDERER

Die Garantenstellung aus vorangegangenem Tun

Strafrechtliche Abhandlungen · Neue Folge

Herausgegeben von Dr. Eberhard Schmidhäuser
ord. Professor der Rechte an der Universität Hamburg
in Zusammenarbeit mit den Strafrechtslehrern der deutschen Universitäten

Band 2

Die Garantenstellung aus vorangegangenem Tun

Von

Dr. Klaus Pfleiderer

DUNCKER & HUMBLOT / BERLIN

Aufgenommen von Professor Dr. Eberhard Schmidhäuser, Hamburg

Alle Rechte vorbehalten
© 1968 Duncker & Humblot, Berlin 41
Gedruckt 1968 bei Buchdruckerei Bruno Luck, Berlin 65
Printed in Germany

Vorwort

Die vorliegende Abhandlung hat der Rechtswissenschaftlichen Fakultät der Universität Hamburg im Jahre 1967 als Dissertation vorgelegen. Besonderen Dank schulde ich Herrn Professor Dr. Schmidhäuser für seine freundliche Anregung und vielfältige Förderung dieser Arbeit. Das Manuskript wurde im Oktober 1966 abgeschlossen.

Klaus Pfleiderer

Inhaltsverzeichnis

Erstes Kapitel

Einleitung

1.1 Ausgangspunkt	11
1.2 Garantenfälle im Straßenverkehr	11
1.3 Entgegenstehende Urteile	14

Zweites Kapitel

Überblick über die Rechtsprechung

2.1 Vorbemerkung	18
2.2 Gliederung nach der Art der Vorhandlung	22
2.2.1 Gefährdung durch eine Straftat	23
2.2.2 Gefährdung durch eine straftatbestandsmäßige und rechtswidrige, aber nicht schuldhafte Handlung	27
2.2.3 Gefährdung durch eine rechtswidrige, aber nicht straftatbestandsmäßige Handlung	28
2.2.4 Rechtmäßige Gefährdungshandlungen	29
2.2.5 Gefährdung durch Dulden oder Unterlassen	32
2.3 Begriff der Gefahr in der Ingerenzformel	33
2.3.1 Objektive Anforderungen	33
2.3.2 Subjektive Anforderungen	34
2.4 Einschränkungen der Ingerenzformel	36
2.4.1 Einschränkung über die Vorhandlung	36
2.4.2 Einschränkung aus der Strafnorm	38
2.4.3 Einschränkung durch zusätzliche Erfordernisse	38
2.4.4 Ersetzung der Ingerenz durch andere Gesichtspunkte	39
2.5 Gliederung nach Sachverhaltsmerkmalen	41
2.5.1 „Beweisnoturteile"	42

2.5.2 Unterlassungsdelikt als „Chance" für den Täter 44
　　　2.5.3 Reine Unterlassungsfälle 45
　2.6 Zusammenfassung 46

Drittes Kapitel

Überblick über das Schrifttum

3.1 Fragestellung 48
3.2 Kausallehren des 19. Jahrhunderts 50
　　　3.2.1 Luden 50
　　　3.2.2 Krug 51
　　　3.2.3 Glaser 53
　　　3.2.4 Merkel 54
　　　3.2.5 Binding 55
3.3 Wesen der Rechtspflicht in den Kausallehren 56
3.4 Andere Begründungen für die Rechtspflicht 58
　　　3.4.1 Weg der Untersuchung 58
　　　3.4.2 Die unechte Unterlassung als Kausal- oder Handlungsproblem 60
　　　　　　3.4.2.1 v. Rohland, v. Bar 60
　　　　　　3.4.2.2 v. Liszt 61
　　　3.4.3 Die unechte Unterlassung als Problem der Rechtswidrigkeit 61
　　　　　　3.4.3.1 Beling, M. E. Mayer, R. v. Hippel, Frank 61
　　　　　　3.4.3.2 Sauer, Kissin 63
　　　　　　3.4.3.3 Schaffstein, Dahm 65
　　　3.4.4 Die unechte Unterlassung als Problem des Tatbestandes 67
3.5 Zusammenfassung und Ergebnis 76

Viertes Kapitel

Kritische Würdigung der Argumente für die Ingerenz

4.1 Das Argument Kissins 81
4.2 Das Argument Schröders 82
4.3 Das Argument Schaffsteins 84
4.4 Das Argument Vogts 87
4.5 Das Argument Rudolphis 88

4.6 Das Argument des Gewohnheitsrechts 94
4.7 Ergebnis 95

Fünftes Kapitel

Möglichkeiten einer Einschränkung der Garantenstellung

5.1 Weg der Untersuchung 96
5.2 Einschränkung aus dem Begriff der Gefahr 97
5.3 Ausscheidung bestimmter Vorhandlungen 102
5.4 Einschränkung über den Inhalt der Pflicht 106
5.5 Einschränkung durch zusätzliche Erfordernisse 107
5.6 Zusammenfassung 108

Sechstes Kapitel

Das gefährdende Tun als Grundlage einer Garantenstellung

6.1 Vergleich mit anderen Garantenstellungen 109
    6.1.1 Begriff der Garantenstellung 109
    6.1.2 Besondere Merkmale anderer Garantenstellungen 118
    6.1.3 Aufbau eines Garantenbegriffs 123
6.2 Grundfälle aus dem Bereich der Garatenstellung aus vorangegangenem Tun 128
    6.2.1 Haus 128
    6.2.2 Gewerbe 132
    6.2.3 Mobile Gefahrenquellen 136
    6.2.4 Einschließung eines anderen 141
    6.2.5 Übergabe von Tatwaffen 142
    6.2.6 Meineidsbeihilfe 145
    6.2.7 Verletzung in Notwehr 148
6.3 Grenzen der Garantenstellung „aus vorangegangenem Tun" 149
6.4 Wahl der Garantenbezeichnung 156

Siebentes Kapitel

Zusammenfassung 160

Schrifttumsverzeichnis 163

Erstes Kapitel

Einleitung

1.1 Ausgangspunkt

In seinem Lehrbuch des Deutschen Strafrechts schreibt *Maurach* über die Garantenstellung aus vorangegangenem Tun: „Die rechtspflichtbegründende Wirkung der Vorhandlung (lat. Ingerenz, Einmischung) ist seit langem unbestritten; tatsächlich handelt es sich hierbei um eine der wichtigsten und dogmatisch am besten geklärten Voraussetzungen der unechten Ommission, deren Erarbeitung das besondere Verdienst des Reichsgerichts war, dessen Judikatur von der Gegenwart ohne Einschränkung übernommen werden konnte[1]."

Nach *Welzel* ist „die Begründung einer Erfolgsabwendungspflicht aus vorangegangenem Tun allen gegenteiligen Behauptungen zum Trotz weiter ein offenes Problem geblieben"[2]. Die Garantenstellung aufgrund vorangegangenen Tuns sei die „dubioseste Frage" der ganzen Garantenlehre[3].

Die Meinungen über die Garantenstellung aus vorangegangenem Tun zeigen extreme Standpunkte. *Welzels* Angriff war neu. Derart starken Zweifeln war die Garantenstellung aus vorangegangenem Tun noch niemals zuvor begegnet[4]. Die Bestrafung der unechten Unterlassung ist wegen der Unbestimmtheit der Maßstäbe für den Einzelfall oft Mißtrauen begegnet. Daß aber ein gut Teil der Unsicherheit auf das Konto der Garantenstellung aus vorausgegangenem Tun gehe, ist vor *Welzel* nicht behauptet worden.

1.2 Garantenfälle im Straßenverkehr

Welzel greift zwei Urteile des BGH — BGHSt. 7/287 und VRS 13/120 — heraus.

---

[1] LB AT, 1. Aufl. S. 243. In der 2. und 3. Aufl. heißt es allerdings nur noch, die Ingerenz sei „im wesentlichen anerkannt". Vgl. LB AT, 3. Aufl. S. 516.
[2] JZ 1958/495.
[3] Niederschriften Bd. 12 S. 95.
[4] *Frank* sprach von einem „ungelösten Problem", meinte damit aber wohl allgemein „die Frage nach der Haftbarkeit für Unterlassungen", nicht speziell die Rechtspflicht aus vorangegangenem Tun (*Frank*, StGB, Anm. IV 2 zu § 1, S. 19).

Dem Urteil *BGHSt. 7/287* lag folgender Sachverhalt zugrunde: „Der Angeklagte überfuhr nach Alkoholgenuß mit seinem Personenkraftwagen einen quer auf der Landstraße liegenden Betrunkenen, der infolge der schweren Verletzungen in einem Zeitraum von 1/4 Stunde bis 2 Stunden nach dem Unfall starb und mit größter Wahrscheinlichkeit auch bei sofortiger ärztlicher Behandlung nicht mehr hätte gerettet werden können. Der Angeklagte, der sein Fahrzeug etwa 80 m hinter der Unfallstelle zum Stehen gebracht hatte, kehrte zur Unfallstelle um und betrachtete mit seinen Begleitern den Verunglückten, der noch Lebenszeichen von sich gab. Nachdem das Herbeiholen von Hilfe erörtert worden war, beschloß der Angeklagte wegzufahren, weil er Alkohol getrunken hatte, veranlaßte seine Begleiter zum Einsteigen, verpflichtete sie zum Schweigen über den Vorfall und fuhr nach Hause, ohne sich weiter um den Verunglückten zu kümmern[5]."

Das Schwurgericht verurteilte den Angeklagten wegen Mordversuchs in Tateinheit mit Fahrerflucht und wegen fahrlässiger Verkehrsgefährdung zu Zuchthaus.

Der BGH beanstandete zwar die Verurteilung wegen Mordversuchs, meinte aber: „Allerdings sind den Urteilsfeststellungen die Merkmale des Versuchs der vorsätzlichen Tötung einwandfrei zu entnehmen[6]." Nur habe der Angeklagte nicht zur Verdeckung einer Straftat gehandelt. Ein Mordversuch liege deshalb nicht vor.

Das zweite Urteil — *BGH VRS 13/120* — erging zwei Jahre später zu folgendem Sachverhalt: Der Angeklagte O., der mit einem Blutalkoholgehalt von 1,7 ‰ in Begleitung des Mitangeklagten B. mit seinem Auto nach Hause fuhr, erfaßte auf einer Landstraße mit dem rechten vorderen Teil seines Wagens den 7 1/2-jährigen Volksschüler Josef E. „Das Kind wurde lebensgefährlich verletzt und in einen rechts neben der Straße verlaufenden 1,6 m tiefen und mit etwas Wasser angefüllten Ablaufgraben geschleudert. Dort kam es mit dem Gesicht nach unten zu liegen und erstickte innerhalb weniger Minuten, da keine Hilfe kam. Allerdings hatte der Junge so schwere Verletzungen an Kopf und Wirbelsäule erlitten, daß er sehr wahrscheinlich schon daran gestorben wäre. Nach dem Unfall ließ O. seinen Wagen etwa 80 m weit ausrollen und besah sich die besonders am rechten Scheinwerfer entstandenen Schäden. B., der vor dem Anprall den ihm bekannten E. aus etwa 20 bis 30 m Entfernung auf der Straße im Scheinwerferlicht erkannt hatte, ging etwa 50 m in Richtung zur Unfallstelle und kehrte wieder um, da er nichts bemerkte. Als O. ihn nach seinen Wahrnehmungen

---

[5] BGHSt. 7/287, 288.
[6] BGHSt. 7/288.

fragte und eine verneinende Antwort erhielt, erklärte er: ‚dann fahren wir wieder'. Beide setzten sich in den Wagen und fuhren nach Hause. Spätestens in diesem Zeitpunkt teilte ihm B. mit, daß er den Buben, den auch er, O., kannte, angefahren habe[7]."

Das Schwurgericht verurteilte den Angeklagten O. wegen fahrlässiger Tötung in Tateinheit mit fahrlässiger Verkehrsgefährdung und wegen Unfallflucht zu einer Gesamtstrafe von 1 Jahr 6 Monaten Gefängnis. Eines versuchten Totschlags wurde der Angeklagte O. nicht schuldig gesprochen, weil das Schwurgericht davon ausging, daß der Angeklagte, als er wegfuhr, das Kind für tot gehalten habe.

Der BGH bestätigte zunächst, daß das Schwurgericht zu Recht den objektiven Tatbestand eines versuchten Totschlags angenommen habe. „Es geht dabei von der zutreffenden, wenn auch nicht näher dargelegten Rechtsauffassung aus, daß O. rechtlich verpflichtet war, dem verletzten Kinde, solange es lebte, möglichst weitgehende Hilfe zu leisten, weil er es durch sein vorausgegangenes Tun in Lebensgefahr gebracht hatte. Da er insoweit untätig blieb, indem er den Unfallort verließ, konnte er wegen versuchten Totschlags schuldig werden[8]."

Der BGH verwies die Sache zurück und verlangte eine nochmalige eingehende Prüfung, ob nicht auch der subjektive Tatbestand, den das Schwurgericht verneint hatte, gegeben war.

Welzel bezeichnet diese beiden Urteile als „mit dem geltenden Recht unvereinbare, tragische Fehlentscheidungen"[9]. Die Rechtsprechung des BGH in diesen Fällen sei ein völliges Novum und breche mit der gesamten bisherigen Judikatur. Es sei kein einziges Urteil bekannt, in dem das RG einen Kraftfahrer, der einen anderen verletzt habe, aufgrund einer Garantenpflicht aus vorangegangenem Tun wegen Totschlags oder gar Mordes haftbar gemacht habe. In zahlreichen Entscheidungen, in denen die Voraussetzungen des vorangegangenen Tuns einschließlich der Täterkenntnis offen zutage lägen, habe das RG niemals eine Haftung aus der Garantenpflicht auch nur erwogen. *Welzel* räumt ein, daß das Verhalten des Kraftfahrers, der dem von ihm Verletzten nicht helfe, heute anders eingeschätzt werde als vor 50 Jahren. In dieser Zeit habe sich das Rechtsbewußtsein gewandelt, was aus der zunehmenden Verschärfung der einschlägigen Strafvorschriften hervorgehe. Nach der ältesten Vorschrift, dem § 18 VII der Grundzüge des Bundesrats betr. den Verkehr mit Kraftfahrzeugen v. 3. 5. 1906 i.V. mit § 366 Ziff. 10 StGB, beging der Kraftfahrer nur eine Übertretung, wenn

---

[7] VRS 13/121.
[8] VRS 13/123.
[9] JZ 1958/495 Anm. 5.

er den Verletzten im Stich ließ. *Welzel* meint aber, so stark könne sich das Rechtsbewußtsein nicht wandeln, daß ein Verhalten innerhalb von 50 Jahren von der Übertretung zur Hochkriminalität aufsteige. „Man wird kaum fehlgehen in der Annahme, daß es sich in Wahrheit bei der neuen Rechtsprechung nicht um einen grundlegenden Wandel der Wertanschauung, sondern nur um den Einbruch eines reinen dogmatischen Konstruktionsprinzips, nämlich des Dogmas von der Garantenpflicht aus vorangegangenem Tun, handelt[10]."

1.3 Entgegenstehende Urteile

Welzels Kritk hat nicht allgemein überzeugt. *Androulakis* meint: „... es ist in der Tat so, daß dasselbe Verhalten, das im Jahre 1906 als bloße Übertretung, im Jahre 1909 als leichtes Vergehen und 1939 als mittleres Vergehen beurteilt wurde, seit 1955 (BGHSt. 7/287) zur Hochkriminalität gehört[11]."

Der Wandel im Rechtsbewußtsein ist aber zumindest nicht allgemein eingetreten. Schon der Bericht über das erstinstanzliche Urteil in VRS 13/120 läßt Zweifel in dieser Hinsicht aufkommen. Das Schwurgericht hatte den Angeklagten anscheinend ein Verteidigungsvorbringen unterstellt, das sie gar nicht vorgebracht hatten. Es ging offenbar ohne weiteres davon aus, daß die Angeklagten den Jungen für tot gehalten hatten, als sie wegfuhren. Vielleicht verfiel das Gericht auf diesen Ausweg, um dem Zwang der dogmatischen Konstruktion zu entgehen.

Man braucht nicht einmal bis zur Rechtsprechung des RG zurückzugehen, um die Zweifel an der Wandlung des Rechtsbewußtseins zu nähren. Auch der BGH ist keineswegs den Grundsätzen der Urteile BGHSt. 7/287 und VRS 13/120 treu geblieben.

Sieben Monate nach dem Urteil VRS 13/120 lag demselben Senat folgender Sachverhalt zur Entscheidung vor: Der Angeklagte fuhr bei Nacht den 40jährigen Arbeiter H. an, der sich auf dem Heimweg befand. „H. wurde an der linken Körperseite getroffen, mit dem Kopf gegen die Windschutzscheibe und dann nach rechts auf die Straßenböschung geschleudert. Der Angeklagte erkannte, daß er einen Menschen angefahren hatte. Trotzdem fuhr er nach Hause. H. wurde etwa 4 Stunden später gefunden und ins Krankenhaus verbracht. Dort starb er am folgenden Tage an der schweren Kopfverletzung[12]."

Die Strafkammer hielt eine fahrlässige Tötung nicht für nachweisbar, da nicht auszuschließen gewesen sei, daß der Fußgänger — was

---

[10] JZ 1958/495.
[11] Studien, S. 220.
[12] *VRS* 14/194.

1.3 Entgegenstehende Urteile

der Angeklagte zu seiner Verteidigung vorgebracht habe — ihm plötzlich und unvermutet und offenbar in selbstmörderischer Absicht von der Seite ins Auto gesprungen sei. Der Angeklagte wurde nur wegen einer Übertretung der StVO — er war mit Abblendlicht zu schnell gefahren — und wegen Verkehrsunfallflucht verurteilt. Der BGH bemängelte an dem Urteil nur: „Sachlich fehlerhaft ist das Urteil dagegen, soweit es einen besonders schweren Fall der Unfallflucht und ein Vergehen nach § 330 c StGB verneint[13]." Ein Tötungsdelikt durch Unterlassen, zumindest im Versuchsstadium, wird an keiner Stelle des Urteils geprüft oder auch nur erwähnt!

Ein Unterschied zu den Urteilen BGHSt. 7/287 und VRS 13/120 besteht allerdings insofern, als in dem zuletzt geschilderten Sachverhalt des Urteiles VRS 14/194 dem Angeklagten Fahrlässigkeit nicht nachzuweisen war. Parallelen im Sachverhalt sind aber zu dem Urteil BGHSt. 7/287 erkennbar. Hier und dort waren die Getöteten — der sinnlos betrunken auf der Straße Liegende und der mögliche Selbstmörder — zumindest überwiegend selbst an dem Unfall schuld. Nur hatte der Fahrer in BGHSt. 7/287 Alkohol getrunken, während darüber in dem Urteil VRS 14/194 nichts gesagt ist.

Der BGH hätte bei dem Sachverhalt, der dem Urteil VRS 14/194 zugrunde lag, ein Tötungsdelikt durch Unterlassen erörtern müssen, wenn er die Grundsätze, von denen er bis dahin bei der Garantenstellung aus vorangegangenem Tun ausgegangen war, beachtet hätte. Schon in BGHSt. 2/279 (283), einem der ersten Urteile des BGH zur Garantenstellung aus vorangegangenem Tun, das 6 Jahre vor dem Urteil VRS 14/194 ergangen ist, hatte der Gerichtshof entschieden, daß ein gefährdendes Tun auch dann eine Garantenstellung begründe, wenn die drohende Gefahr *schuldlos* heraufbeschworen wurde. In jenem Urteil ging es zwar nicht um eine Verletzung im Straßenverkehr, sondern um ein „argloses Aufwiegeln" einer Menschenmenge, die nach einer Rede des Angeklagten Ausschreitungen beging. Der BGH hielt den Angeklagten für verpflichtet, den „Erfolg" seiner Rede abzuwenden, auch wenn er die Ausschreitungen weder gewollt haben sollte noch überhaupt mit ihnen hätte rechnen können. Da der BGH die Grundsätze über die Garantenstellung aus vorangegangenem Tun aber stets als allgemein gültig behandelte und nicht nach Fallsituationen unterschied, hätte er eine Garantenstellung auch annehmen müssen, wenn jemand — wie in dem Sachverhalt zu dem Urteil VRS 14/194 — einen anderen im Straßenverkehr schuldlos verletzt hat. Als Garant wäre der Autofahrer dann verpflichtet gewesen, den drohenden Erfolg (Tod des Verletzten) abzuwenden. Entzog er sich dieser Pflicht bewußt,

---

[13] VRS 14/195.

indem er floh, so wäre eine Verurteilung wegen eines vollendeten oder wenigstens versuchten Tötungsdeliktes durch Unterlassen kaum zu umgehen gewesen. Der BGH hat in dem Urteil VRS 14/194 nicht etwa seine bisherige Rechtsprechung zur Garantenstellung aus vorangegangenem Tun ausdrücklich aufgegeben oder eingeschränkt. Es wäre freilich nichts dagegen einzuwenden, wenn ein Obergericht seine Rechtsprechung zu einer bestimmten Frage weiterentwickelt und neuen Einsichten Raum gibt. Aber in einer so wichtigen Frage, wie der der Voraussetzungen der Garantenstellung aus vorangegangenem Tun, darf dies nicht stillschweigend geschehen. Das Urteil VRS 14/194 schweigt die Garantenstellung aus vorangegangenem Tun einfach tot. Es wird der Anschein erweckt, als tauche die Frage einer Garantenstellung bei diesem Sachverhalt gar nicht auf. Die bisherige Praxis, die — folgerichtig angewandt — zur Annahme einer Garantenstellung geführt hätte, wird übergangen.

Das Urteil VRS 14/194 ist kein Einzelfall. In BGHSt. 14/282 (286), einem Urteil, das von demselben Senat erlassen wurde, der auch die Urteile BGHSt. 7/287, VRS 13/120 und VRS 14/194[14] erlassen hat, heißt es nebenbei: „In ständiger Rechtsprechung hält der erkennende Senat jemanden, der durch Fahrlässigkeit im Straßenverkehr einen anderen in Leibes- oder Lebensgefahr gebracht hat und ihm nicht die erforderliche Hilfe leistet, nach § 330 c StGB für schuldig." In diesen Satz sind ausdrücklich auch *schuldhafte* Verletzungen einbezogen! Von einer Garantenstellung ist nicht die Rede.

Der BGH gibt für die „ständige Rechtsprechung" in seinem Urteil zwar keine Zitate. Doch sind tatsächlich einige Urteile, die dies bestätigen, veröffentlicht worden[15]. In diesen Fällen waren Kraftfahrer, die einen Verkehrsunfall verursacht hatten, vom Unfallort geflohen, obwohl sie wußten, oder doch mit der Möglichkeit rechneten, daß sie einen anderen verletzt hatten und daß der Verletzte eventuell ihrer Hilfe bedürfe. Sie wurden allenfalls wegen unterlassener Hilfeleistung in Tateinheit mit einem besonders schweren Falle der Unfallflucht verurteilt. Wären die Grundsätze über die Garantenstellung aus vorangegangenem Tun in diesen Fällen herangezogen worden, so hätte jedesmal zumindest ein versuchtes Tötungdelikt durch Unterlassen konstruiert werden können. Das ist aber nirgens geschehen oder auch nur erwogen worden.

Der einzig greifbare Unterschied dieser Urteile zu den beiden von *Welzel* angeführten Urteilen, in denen ein versuchtes Tötungsdelikt

---

[14] Vgl. oben S. 12 und 14.
[15] BGHSt. 12/253; 18/6; VRS 17/185; 22/271.

1.3 Entgegenstehende Urteile

angenommen wurde, besteht darin, daß in den letzteren Fällen wohl schon die Anklage auf ein vorsätzliches Tötungsdelikt lautete und die Fälle vor dem Schwurgericht verhandelt wurden, während in den anderen Fällen die Sache nur vor die Strafkammer gebracht worden war.

Es scheint demnach so zu sein, daß wenn in derartigen Fällen der Gedanke an eine Garantenstellung einmal ausgesprochen wurde, den Angeklagten nur noch subjektive Gründe vor einer Verurteilung wegen Totschlags oder Mordes retten können.

Treffend stellt *Welzel* fest: „Rein konstruktiv ist an der Schlußkette, die zu diesem Ergebnis führt, nichts auszusetzen: Vorangegangenes Tun, das einen anderen — schuldlos oder schuldhaft — in Lebensgefahr gebracht hat, verpflichtet zur Abwendung des Erfolges; die Nichterfüllung dieser Pflicht macht — je nach dem subjektiven Tatbestand — wegen eines Tötungsdelikts strafbar. Geht man nur den ersten Schritt mit dem BGH mit, so liegt der weitere Weg unentrinnbar fest[16]." Der dogmatischen Konstruktion kann man demnach, dies scheinen die genannten Urteile zu lehren, nur entrinnen, wenn man den ersten Schritt nicht tut. Von „tragischen Konsequenzen für menschliche Schuld"[17] kann man angesichts dieser Urteile sprechen.

Es kann kaum eine Beruhigung sein, daß die ausgesprochenen Strafen in allen Fällen nicht sehr verschieden zu sein brauchen. Das Bewußtsein, vor der Gemeinschaft als Totschläger oder Mörder zu gelten, ist für den Verurteilten eine zusätzliche schwere Belastung.

Man muß es nach dem Blick auf diese Rechtsprechung nicht mehr besonders rechtfertigen, wenn man eine Überprüfung der Garantenstellung aus vorangegangenem Tun für notwendig hält. E. *Schmidt* gibt diesem Bemühen allerdings keine Verheißung auf den Weg: „ ... daß sich eine alles Notwendige und Wesentliche sagende, dabei doch ungefährliche Formel (für die Ingerenz) finden lassen könnte, glaube ich nicht[18]."

---

[16] JZ 1958/494.
[17] *Welzel*, JZ 1958/494.
[18] Niederschriften, Bd. 2, Anhang S. 152.

Zweites Kapitel

Überblick über die Rechtsprechung

2.1 Vorbemerkung

Es ist kaum möglich, allgemein etwas über die Bedeutung der Ingerenz in der Rechtsprechung auszusagen. Zwar sind zahlreiche Entscheidungen veröffentlicht worden, in denen diese Rechtsfigur erwähnt wird, doch spielt die Ingerenz in diesen Entscheidungen eine ganz unterschiedliche Rolle. Oft wird sie nur nebenbei erwähnt, wenn in dem Urteil erörtert wird, welche Umstände allgemein eine Garantenstellung begründen können. Da auch solche Urteile häufig als Belege für die Ingerenz zitiert werden, wie z. B. RGSt. 64/273[1], entsteht über die tatsächliche Verbreitung dieser Rechtsfigur in der Rechtsprechung leicht ein falsches Bild.

Es läßt sich auch kein Kreis von Urteilen herausschälen, in denen die Ingerenz tragender Entscheidungsgrund ist. Meist handelt es sich bei den veröffentlichten Entscheidungen um Revisionsurteile. Bei diesen ist aber ein materiellrechtlicher Gesichtspunkt, wie die Garantenstellung, streng genommen niemals tragender Entscheidungsgrund. Man könnte höchstens im weiteren Sinne von einem solchen sprechen, wenn das erstinstanzliche Urteil bestätigt wird. Wenn die Sache aber, wie in vielen Inregenzfällen, zurückverwiesen wurde, ist es ausgeschlossen, auch in diesem weiteren Sinne von einem tragenden Entscheidungsgrund zu sprechen. Selbst wenn das Revisionsurteil sich nicht von vornherein gegen eine Garantenstellung in dem betreffenden Fall ausspricht, sondern nur einige zusätzliche objektive oder subjektive Feststellungen für notwendig hält, ist völlig offen, ob es je zu einer Verurteilung aus diesem Gesichtspunkt kommt. Sicher wäre man oft überrascht, wenn man das Endergebnis der aus der Revisionsinstanz bekannten Verfahren erfahren würde.

---

[1] So bei *Schönke-Schröder*, Kommentar, Vorb. z. AT, Rdnr. 119; *Maurach*, LB AT, S. 517; *Schwarz-Dreher*, Kommentar, Vor § 1 D I 4. In diesem Falle ging es um die Strafbarkeit eines Hauseigentümers, der einen Brand in seinem Hause nicht gelöscht hatte. Das RG sah eine Brandstiftung durch Unterlassen als gegeben an und entnahm die Rechtspflicht zum Löschen ausschließlich einem Versicherungsvertrag. Ein „vorangegangenes Tun" ist in diesem Falle nirgends ersichtlich.

2.1 Vorbemerkung

Ausnahmsweise ist zum Beispiel der Ausgang des vieldiskutierten Verfahrens gegen die Gastwirtin in BGHSt. 4/20 bekannt. Die Gastwirtin hatte einen Gast, der bei ihr Alkohol getrunken hatte, nicht gehindert, mit seinem Auto weiterzufahren. Der Gast verletzte auf der Weiterfahrt eine Fußgängerin tödlich. Das Verfahren endete mit einem vom BGH bestätigten Freispruch von dem Vorwurf einer fahrlässigen Tötung durch Unterlassen, obwohl der BGH in seinem 1. Urteil in dieser Sache nicht bezweifelt hatte, daß die Gastwirtin als Garantin verpflichtet gewesen sei, den drohenden „Erfolg" (Tod der Fußgängerin) abzuwenden, indem sie den Gast von der Weiterfahrt abhielt. Der Angeklagten wurde später zugute gehalten, daß es ihr nicht möglich gewesen sei, die Trunkenheitsfahrt des Gastes zu verhindern[2]. Da sie kein Telefon besessen habe, hätte sie erst das Haus verlassen müssen, um die Polizei zu Hilfe zu rufen. Dann wäre der Betrunkene aber schon abgefahren gewesen. Der BGH schob den Zeitpunkt, zu dem die Gastwirtin tätig werden mußte, in seinem 2. Urteil sehr weit hinaus, nämlich bis zu dem Augenblick, als der betrunkene Fahrer das Lokal verließ. In diesem Zeitpunkt war die Abfahrt des Gastes nach den tatsächlichen Feststellungen aber nicht mehr zu verhindern.

So ist bisher kein Urteil bekannt geworden, in dem ein Gastwirt für die Trunkenheitsfahrt eines seiner Gäste allein aus dem Gesichtspunkt der Inregenz verantwortlich gemacht wurde. Die Urteile des OLG Karlsruhe[3] und des BGH[4], die ebenfalls Gastwirte betreffen, verneinen im konkreten Falle die Strafbarkeit des Gastwirts. Ein Urteil des KG[5] betrifft einen Sonderfall. Die Verantwortlichkeit des Gastwirts wird dort auf einen anderen Gesichtspunkt (enges Vertrauensverhältnis) gestützt. Die Rechtsprechung zur „Gastwirtshaftung" erscheint in einem anderen Lichte, wenn man weiß, daß offenbar noch kein Gastwirt für einen Verkehrsunfall verantwortlich gemacht wurde, weil er einem unfallbeteiligten Fahrer vorher Alkohol ausgeschenkt und ihn dann nicht an der Weiterfahrt gehindert hatte. In all diesen Urteilen war die Ingerenz also nicht tragender Entscheidungsgrund. Trotzdem können diese Urteile in der Diskussion nicht außer Betracht gelassen werden, weil mit der dort im Grundsatz bejahten Garantenstellung des Gastwirts doch einmal ernst gemacht werden könnte.

Das RG brachte die Ingerenz mit den verschiedensten Strafnormen in Verbindung. Neben Totschlag[6] und Brandstiftung[7] finden sich Ur-

---

[2] VRS 6/447.
[3] JZ 1960/178.
[4] BGHSt. 19/152.
[5] VRS 11/357.
[6] RGSt. 66/71.
[7] RGSt. 60/77.

kundenunterdrückung[8], Verletzung von Einfuhr- und Ausfuhrverboten[9], Freiheitsberaubung[10], Abgabenhinterziehung[11], Verstoß gegen das Gesetz zur Bekämpfung der Sozialdemokraten von 1878[12] und ein Pressedelikt[13].

Die veröffentlichte Rechtsprechung des BGH zeigt ein anderes Bild. Der BGH hat die Garantenstellung aus vorangegangenem Tun, soweit der Angeklagte als Täter in Frage kam, nur bei Körperverletzungs- und Tötungsdelikten erörtert[14].

Beihilfe durch Unterlassen nach einem gefährdenden Tun zog der BGH außer bei Tötung[15] und Meineid[16] noch bei Landfriedensbruch[17], Notzucht[18] und Verstoß gegen eine Devisenverordnung[19] in Betracht. Die letzteren drei Urteile sind die einzigen vom BGH bekannten, in denen die Ingerenz bei anderen als Tötungs-, Körperverletzungs- oder Eidesdelikten erwogen wird. Auch aus der Rechtsprechung der anderen Gerichte nach 1945 sind nur wenige Urteile bekannt, in denen es bei der Ingerenz nicht um diese Delikte ging. Nahezu die Hälfte aller Urteile, in denen eine Rechtspflicht aus vorangegangenem Tun erörtert wird, betrifft Fälle von Meineidsbeihilfe durch Unterlassen.

Eine ausdrückliche Beschränkung der Garantenstellung aus vorangegangenem Tun auf diese Deliktsgruppen ist aber in keinem Urteil ausgesprochen oder gefordert worden. Da ein vollständiger Überblick über die Rechtsprechung nicht zu gewinnen ist, können durchaus noch Urteile ergangen sein, die von dieser Linie abweichen. Auch die Auswahl bei der Veröffentlichung kann eine Rolle spielen. Es wäre deshalb fragwürdig, aus den obigen Feststellungen mehr als nur eine Tendenz zur Beschränkung auf diese Deliktsgruppen herauszulesen.

Die Formel, mit der die Garantenstellung aus vorangegangenem Tun umschrieben wird, ist in den einzelnen Urteilen zum Teil verschieden. In der ersten aus der amtlichen Sammlung des RG bekannten Ent-

---

[8] RGSt. 49/144.
[9] RGSt. 46/337; 58/130.
[10] RGSt. 24/339.
[11] RGSt. 68/99.
[12] RGSt. 18/96.
[13] RGSt. 58/244.
[14] BGHSt. 3/203; 4/20; 7/287; 14/282; 19/152; NJW 54/1047; VRS 13/120.
[15] BGHSt. 11/353; BGH LM Nr. 10 zu Vorb. zu § 47 (Täterschaft durch Unterlassung).
[16] Z. B. BGHSt. 14/229.
[17] BGHSt. 2/279.
[18] BGHSt. 16/155.
[19] BGH NJW 53/1838.

2.1 Vorbemerkung

scheidung zur Ingerenz hatte der Angeklagte, ein Drucker und Verleger, eine von ihm hergestellte Flugschrift der Sozialdemokraten zur Post gegeben. Danach erfuhr er, daß die Verbreitung der Flugschrift verboten worden war. Obwohl er den Versand noch hätte verhindern können, unternahm er nichts. Das RG entschied: „Gerade dadurch, daß die ihm als strafbar bekannt gewordene Wirksamkeit seiner Handlung vom Täter selbst verursacht ist, entsteht für ihn die Pflicht, die rechtsverletzende Wirksamkeit seiner eigenen, wenn auch ursprünglich straflosen Handlung, soweit ihm dies innerhalb der angedeuteten Grenzen persönlich noch möglich ist, zu beseitigen. Tut er dies nicht, so zeigt er hiermit den Willen, seine Handlung, obgleich er sie nunmehr als eine strafbare kennt, fortwirken zu lassen, und muß deshalb die Folgen der hiernach von ihm nicht nur objektiv bewirkten, sondern auch demnächst subjektiv gewollten Rechtsverletzung verantworten[20]."

In einigen Urteilen wird ganz auf eine abstrakte, rechtssatzähnliche Formel verzichtet. Ein Obersatz, aus dem die Rechtspflicht zum Handeln im konkreten Fall abgeleitet wird, wird nicht aufgestellt. So, wenn es heißt: „... denn der Angeklagte hatte selbst die Frau L. eingesperrt und hatte deshalb die Rechtspflicht, derselben die Freiheit der Bewegung wieder zu geben, sobald er dazu in der Lage war[21]." Ähnlich verfährt das BayOLG in einem Urteil[22]. Der Angeklagte hatte einen fremden Wagen auf seinem Grundstück eingeschlossen und die Tür nicht wieder geöffnet, als die Fahrerin zurückkehrte. Das Urteil läßt nicht erkennen, ob die Rechtspflicht zum Öffnen aus der Stellung als Eigentümer des Grundstücks oder aus der von ihm selbst vorgenommenen Handlung (Abschließen der Tür) hergeleitet wird.

Die heute überwiegend gebrauchte Formel taucht erst im 64. Band der RG-Entscheidungen auf: „Auch wer durch eine vorhergegangene Tätigkeit die Gefahr des Eintritts eines rechtsverletzenden Erfolges herbeigeführt oder die schon vorhandene Gefahr nähergerückt hat, ist rechtlich verpflichtet, den Erfolg abzuwenden, wenn er die Macht dazu hat[23]." Dieser Satz ist jedoch ein bloßes obiter dictum, denn in dem zu entscheidenden Falle war irgendeine „vorhergegangene Tätigkeit" des Unterlassenden nicht zu ersehen[24].

Auch in den BGH-Urteilen finden sich unterschiedliche Formulierungen. Im „1. Gastwirtsurteil" steht der Obersatz in folgender Form:

---
[20] RGSt. 18/96, 98.
[21] RGSt. 24/339.
[22] NJW 63/1261.
[23] RGSt. 64/273, 276.
[24] Vgl. oben S. 18 Anm. 1.

„Wer die Gefahr für die Begehung einer *Straftat* schafft, ist verpflichtet, den aus dieser Lage drohenden Erfolg abzuwenden, indem er den zu diesem hindrängenden Kräften entgegentritt[25]." In der „2. Gastwirtsentscheidung" heißt es dann aber: „An dem allgemein anerkannten Rechtsgedanken, daß derjenige, der schuldhaft oder schuldlos durch sein Verhalten die Gefahr eines *Schadens* geschaffen oder mitgeschaffen hat, rechtlich verpflichtet sei, den Schaden nach Kräften abzuwenden, ist im Grundsatz festzuhalten[26]."

Auch aus diesen unterschiedlichen Formulierungen lassen sich nicht unmittelbar Rückschlüsse ziehen. Der BGH wollte mit der Wendung im „1. Gastwirtsurteil" die Ingerenzhaftung wohl nicht einschränken. Bemerkenswert ist aber, daß für den Satz von der rechtspflichtbegründenden Wirkung der Vorhandlung keine Formulierung von einheitlicher Tragweite gegeben wird.

Die Auseinandersetzung mit der Gerichtspraxis, soll sie zu etwas führen, muß von einer möglichst sorgfältigen Analyse der einschlägigen Urteile ausgehen. Es ist unfruchtbar, sich im wesentlichen nur an Leitsätze oder leitsatzartige Formeln aus den Gründen zu halten. Bei einer solchen Betrachtungsweise läßt sich alles und nichts belegen. Die wirkliche Tragweite eines Urteils enthüllt sich vielmehr erst dann, wenn man den Sachverhalt so vollständig wie möglich aus dem Urteil herauszieht und ihn der getroffenen Entscheidung gegenüberstellt. Da der Gedanke der Ingerenz im wesentlichen in der Gerichtspraxis entwickelt und fortgebildet wurde, nimmt die Beschäftigung mit der Rechtsprechung in der vorliegenden Untersuchung einen verhältnismäßig breiten Raum ein. Die Problematik der Garantenstellung aus vorangegangenem Tun erschließt sich aber erst nach einer gründlichen Übersicht über die Rechtsprechung.

2.2 Gliederung nach der Art der Vorhandlung

Die gefährdende Handlung kann rechtmäßig oder rechtswidrig sein. Sie kann eine Straftat darstellen oder wenigstens straftatbestandsmäßig und rechtswidrig, wenn auch nicht schuldhaft sein.

Die Urteile lassen sich danach in folgende Gruppen gliedern:
1. Gefährdung durch eine Straftat;
2. Gefährdung durch ein straftatbestandsmäßiges und rechtswidriges, aber nicht schuldhaftes Handeln;

---

[25] BGHSt. 4/20, 22 (Hervorhebung vom Verf.).
[26] BGHSt. 19/152, 154 (Beschluß nach § 121 GVG; Hervorhebung vom Verf.).

3. Gefährdung durch rechtswidriges, aber nicht straftatbestandsmäßiges Handeln;
4. Gefährdung durch rechtmäßiges Handeln;
5. Gefährdung durch ein Dulden oder Unterlassen.

2.2.1 Gefährdung durch eine Straftat

Die gewichtigste Gefährdungshandlung ist eine Tat, für die der Täter bereits eine Strafe verwirkt hat. Für diese Gruppe sind in der Rechtsprechung nur wenige Beispiele zu finden. Wenn der Täter schon wegen seiner Vorhandlung Strafe verwirkt hatte, empfand man offenbar kein Bedürfnis mehr, noch ein Unterlassungsdelikt ins Spiel zu bringen. Es mag aber auch sein, daß in diesen Fällen die Entscheidung so problemlos war, daß obergerichtliche Entscheidungen selten nötig — oder veröffentlicht wurden.

In der Rechtsprechung gibt es Beispiele für die Gefährdung durch vorsätzliche und fahrlässige Straftaten.

Ein Beispiel für eine *vorsätzliche Tat* gibt BGHSt. 14/282. Der Angeklagte hatte einen Fremden ohne Anlaß schwer mißhandelt und ihn bewußtlos liegen lassen. Der Bewußtlose wurde erst mehrere Stunden später gefunden und ins Krankenhaus gebracht. Dort starb er 8 Tage später an den erlittenen Verletzungen.

Das Schwurgericht hatte den Angeklagten wegen gefährlicher Körperverletzung mit Todesfolge (§ 226 StGB) verurteilt. Einer unterlassenen Hilfeleistung wurde der Angeklagte nicht schuldig gesprochen, „weil ein unechtes Unterlassungsdelikt vorliege, so daß § 330 c StGB zurücktrete"[27].

Der BGH prüft, ob der Angeklagte auch wegen unterlassener Hilfeleistung hätte verurteilt werden müssen. Dabei erörtert er: „Hätte der Angeklagte sich den Tod des F. als die, wenn auch nur mögliche Folge der Mißhandlung vorgestellt und diesen Erfolg gebilligt und wäre er in diesem Bewußtsein und mit diesem Willen untätig geblieben, so wäre er, abgesehen von der vorausgegangenen Körperverletzung mit tödlichem Ausgang, wegen vollendeten oder versuchten Totschlags oder möglicherweise sogar wegen Mordes in einer dieser beiden Begehungsformen schuldig geworden ... Ein solches vollendetes oder versuchtes Tötungsverbrechen würde der Angeklagte dann durch unechte Unterlassung begangen haben, weil er wegen seines vorausge-

---

[27] So das Schwurgerichtsurteil nach den Angaben des BGH (vgl. BGHSt. 14 S. 283).

gangenen für F. gefahrbringenden Tuns verpflichtet war, den drohenden tödlichen Erfolg abzuwenden[28]."

Diesen Gedanken verfolgt der BGH aber nicht weiter. Das Urteil enthält nicht einmal die Feststellung, daß dieser Vorsatz dem Angeklagten nicht nachzuweisen gewesen sei. Ohne weiteres kommt der BGH zu einer Verurteilung wegen unterlassener Hilfeleistung. Zur inneren Tatseite stellt das Urteil beim Angeklagten, der sich in Gesellschaft von Kameraden befand, aber fest: „Obwohl alle erkannten, daß der besorgniserregende Zustand des bewußtlosen und schwer verletzten Mannes rasche ärztliche Hilfe forderte, unterließen sie es, einen Arzt oder die Polizei um Hilfe zu rufen[29]." Ein „Inkaufnehmen" des Todes lag beim Angeklagten demnach nicht fern. Der BGH rührt aber nicht hieran. Der Leitsatz verdrängt den Gedanken an ein unechtes Unterlassungsdelikt vollends: „Wer einen anderen vorsätzlich körperlich verletzt mit der Folge, daß daraus für den Verletzten ein über den gewollten Verletzungserfolg hinausgehender, vom Vorsatz des Täters nicht umfaßter weiterer Schaden, nämlich die Gefahr des Todes erwächst, kann sich der unterlassenen Hilfeleistung schuldig machen."

Niemand wollte offenbar an eine Verurteilung wegen eines vorsätzlichen Tötungsdeliktes herangehen: das Schwurgericht nicht, die Staatsanwaltschaft nicht, sonst hätte sie das Urteil angefochten, und der BGH nicht, sonst hätte er den Schuldspruch entsprechend geändert oder die Sache dieserhalb zurückverwiesen. Und dies, obwohl der Angeklagte einen Menschen in übler Weise getötet hatte! Die Ausführungen über die Ingerenz in diesem Urteil entpuppen sich als theoretisches Beiwerk, dessen praktische Anwendung möglichst vermieden wird.

Ein weiteres Beispiel für die Gefährdung durch eine vorsätzliche Tat gibt das Urteil OGHSt. 1/357: „Der als Bäckergehilfe beschäftigte Angeklagte geriet am frühen Morgen des 28. Juni 1946 in der Backstube mit einem Arbeitskameraden, N., in Streit. Er versetzte ihm u. a., ohne in diesem Zeitpunkt einem Angriff des Gegners ausgesetzt zu sein, einen wuchtigen Schlag ins Kreuz. Dieser taumelte infolgedessen nach vorn und geriet mit dem Oberkörper in den mit Teig gefüllten Bottich der in Gang befindlichen Teigmaschine, wurde vom Teighebel erfaßt, in die Teigmasse hineingedrückt und erstickte schließlich in ihr. Der Angeklagte unternahm dabei nichts zu seiner Rettung. Als er seinem Gegner den Schlag versetzte, handelte er nur mit dem Willen, ihn körperlich zu mißhandeln. Erst später, als N. schon in der

---

[28] BGHSt. 14/284.
[29] BGHSt. 14/283, 284.

2.2 Gliederung nach der Art der Vorhandlung

Teigmasse steckte, faßte er den Entschluß, ihn darin umkommen zu lassen, falls er noch am Leben sein sollte."

Der Angeklagte war aufgrund der damals geltenden Verfahrensordnung in zwei Vorinstanzen u. a. wegen Totschlags verurteilt worden. Der OGH hob die Verurteilung auf. Dem Urteil der Vorinstanz sei unbedenklich darin beizustimmen, daß der Angeklagte die Rechtspflicht zur Rettung gehabt habe, nachdem er N. durch sein rechtswidriges und schuldhaftes Verhalten, die vorsätzliche Körperverletzung, in die lebensgefährliche Lage gebracht habe. „Die Unterlassung von Rettungsmaßnahmen kann dem Angeklagten jedoch nur zum Vorwurf gemacht werden, wenn er sich über die Verpflichtung im klaren war, oder wenn er dies alles nur deshalb nicht erkannte, weil er die gebotene und von ihm billigerweise zu erwartende Aufmerksamkeit außer acht ließ[30]." Der OGH bezweifelt, nachdem er die Anforderungen an den subjektiven Tatbestand bis ins einzelne auf drei Druckseiten vorgezeichnet hat, ob hierzu überhaupt noch sichere Feststellungen getroffen werden können. Sie könnten aber nicht als schlechterdings unmöglich bezeichnet werden. Deshalb sei eine neue Verhandlung nötig.

Es dürfte kaum noch zu einer Verurteilung wegen Totschlags gekommen sein, nachdem der Angeklagte so eingehend über seine Verteidigungsmöglichkeiten belehrt worden war. Die Beweise, die der OGH forderte, konnten — was ihm bewußt gewesen sein muß — kaum geführt werden. Das Urteil kommt einem Freispruch von dem Totschlag gleich.

Schon diese beiden Urteile zeigen, daß eine Gefährdung durch eine vorsätzliche Straftat keineswegs problemlos eine Garantenstellung begründet.

Beispiele für *fahrlässige strafbare Gefährdungshandlungen* geben die schon erwähnten Urteile des BGH über Verletzungen im Straßenverkehr[31] und ein Urteil des RG, das eine fahrlässige Brandstiftung betrifft[32].

In dem dem Urteil *RGSt. 60/77* zugrunde liegenden Fall betrat der Angeklagte den mit Heu und Stroh gefüllten Boden seines Hauses mit brennender Pfeife. Er stieß gegen einen Draht, wobei ihm die Pfeife entfiel und einige Funken ins Stroh sprangen. Es entstand ein Brand, der das Wohnhaus zerstörte. Der Angeklagte löschte nicht. Er wurde in der 1. Instanz wegen fahrlässiger Brandstiftung verurteilt. Das RG hob das Urteil auf, weil das Schwurgericht nur ein Handlungs-, nicht

---
[30] OGHSt. 1/359.
[31] BGHSt. 7/287; VRS 13/120; vgl. oben S. 12.
[32] RGSt. 60/77.

aber ein Unterlassungsdelikt geprüft habe. Das RG urteilte: „Aus dieser von ihm selbst rechtswidrig und schuldhafterweise (fahrlässig) geschaffenen, eine gemeine Gefahr begründenden Sachlage erwuchs dem Angeklagten die Rechtspflicht zu einem Tun, nämlich zur Beseitigung des rechtswidrigen Zustandes durch Löschen der Funken[33]."

In zahlreichen Fällen der Meineidsbeihilfe durch Unterlassen, aber auch bei anderen Unterlassungsdelikten leiten die Gerichte die Gefährdung aus einem *ehebrecherischen Verhältnis* her. In keinem dieser Urteile findet sich ein Hinweis, daß der Täter auch wegen Ehebruchs bestraft worden ist.

Diese Urteile sind schwer in einer der oben genannten Gruppen unterzubringen. Von den hier besprochenen Urteilen (Gefährdung durch eine Straftat) unterscheiden sie sich dadurch, daß das „Strafbedürfnis" nicht schon durch eine Bestrafung der „Vorhandlung", zu der es bei Ehebruch nur selten kommt, befriedigt sein kann. Andererseits handelt es sich auch nicht um eine schuldlose oder gar rechtmäßige Gefährdungshandlung. Wollte man sie in die Gruppe der Gefährdungstaten, bei denen eine Verletzung zivilrechtlicher Pflichten vorliegt, einreihen, so müßte man untersuchen, inwiefern der nichtverheiratete Beteiligte durch das ehebrecherische Verhältnis zivilrechtliche Pflichten verletzt. Im Rahmen der vorliegenden Untersuchung wäre das unergiebig. So werden die Beispiele aus der Rechtsprechung hier angeführt, jedoch mit dem Hinweis, daß ein deutlicher Unterschied zu den vorher erwähnten Urteilen besteht.

Im Zusammenhang mit einem ehebrecherischen Verhältnis erörtert das RG in *RGSt. 73/52* Beihilfe zum Mord durch Unterlassen. Ein verheirateter Mann tötete seine Frau. Die Geliebte des Mannes verhinderte die Tat nicht. Das RG prüft die Erfolgsabwendungspflicht: „Dem bisher festgestellten Tatbestand ist mindestens die naheliegende Möglichkeit zu entnehmen, daß sich K. gerade deshalb zu dem Morde an seiner Ehefrau entschlossen habe, weil er wohl an ihrer Stelle die Angeklagte zur Ehefrau begehrte, und daß er auf diesen Weg gekommen sei, weil sich die Angeklagte auf das ehebrecherische Verhältnis mit dem Manne eingelassen, ihm wiederholt zum Ehebruch Gelegenheit gegeben, ihn vielleicht immer wieder dazu gereizt und dadurch die Leidenschaft des Mannes entfacht habe, die ihn dazu getrieben haben könnte, durch Ermordung der Ehefrau das Hindernis der Vereinigung mit der Angeklagten aus dem Wege räumen zu wollen[34]." Das RG hob das Schwurgerichtsurteil, in dem die Angeklagte

---

[33] RGSt. 60/77, 78.
[34] RGSt. 73/52, 57.

freigesprochen worden war, auf und verwies die Sache zur neuen Verhandlung zurück.

Von den Fällen der Meineidsbeihilfe durch Unterlassen, in denen ein ehebrecherisches Verhältnis vorlag, sei hier als Beispiel nur die Entscheidung *BGHSt. 14/229* genannt. In einem Scheidungsrechtsstreit hatte die Geliebte des Mannes wahrheitswidrig ehebrecherische Beziehungen bestritten. Der Mann hatte den Meineid nicht verhindert. Der BGH entschied: „Vergeblich wendet sich die Revision gegen die Annahme der Strafkammer, der Angeklagte habe, indem er den Meineid schweigend geschehen ließ, pflichtwidrig gehandelt, er sei verpflichtet gewesen, ihn zu verhindern, weil er durch sein ehebrecherisches Verhältnis mit Frau Sch., das er vor und bis zum Tage ihrer Eidesleistung mit ihr unterhielt, die Gefahr dafür geschaffen, jedenfalls aber verstärkt habe, daß sie den Entschluß zum Meineid faßte und ihn verwirklichte[35]." Diesen Gedanken stellte der BGH im Leitsatz allein heraus, obwohl in dem Urteil neben der Liebesbeziehung noch andere Gefährdungshandlungen gefunden wurden.

2.2.2 Gefährdung durch eine straftatbestandsmäßige und rechtswidrige, aber nicht schuldhafte Handlung

Hier sind als Beispiele die beiden schon erwähnten Urteile des RG zu nennen: Versand von Flugblättern in Unkenntnis des Verbots und versehentliches Einschließen einer Person[36]. In dem Fall *RGSt. 18/96* hatte der Angeklagte, ein Drucker und Verleger, eine Flugschrift der Sozialdemokraten, die er selbst gedruckt und verlegt hatte, zur Post gegeben. Danach erfuhr er, daß die Verbreitung der Flugschrift schon vorher verboten worden war. Obwohl er den Versand noch hätte verhindern können, unternahm er nichts. Im zweiten Falle *(RGSt. 24/339)* hatte der Angeklagte eine Frau versehentlich eingeschlossen, ihr dann aber willentlich und wissentlich nicht geöffnet. Beide Angeklagten wurden wegen eines vorsätzlichen Deliktes (Verstoß gegen das Gesetz zur Bekämpfung der Sozialdemokratie bzw. Freiheitsberaubung), begangen durch Unterlassen, verurteilt.

Auch Fälle von Beihilfe durch Unterlassen gehören hierher. Der Täter unterstützte fremdes Tun, ohne dabei zu wissen, daß eine Straftat begangen werden sollte. Nachdem er es erkannt hatte, unternahm er nichts, um die Tat zu verhindern. So lag es in dem Urteil *OHGSt. 2/63*. Das Tatgeschehen spielte in den letzten Kriegstagen des Jahres 1945. Von den Tätern sagt das Urteil nur, es habe sich um eine Gruppe

---

[35] BGHSt. 14/229, 230.
[36] RGSt. 18/96 und RGSt. 24/339; vgl. oben S. 20 f.

fanatischer Parteileute gehandelt. Ein gewisser O. sollte als angeblicher Defaitist rechtswidrig erschossen werden. A. und K. hatten den Befehl, ihn aus einer Haftanstalt abzuholen und zum Befehlsstand zu bringen. Dort sollte er erschossen werden. A. erschoß jedoch den schwerverwundeten O. auf dem Wege zum Befehlsstand, da ihm der Transport zu beschwerlich war. Er wurde wegen Totschlags verurteilt. Ein gewisser R. wurde von der Vorinstanz wegen Beihilfe zu dem Totschlag verurteilt. Hierzu stellt der OGH fest: „R. hat sich A. und K., wie zumindest feststeht, in Kenntnis dessen angeschlossen, daß O. aus der Haftanstalt abzuholen und zum Befehlsstand zu bringen sei ... Nach den Urteilsfeststellungen ist O. somit von der aus A., K. und R. bestehenden Gruppe gemeinsam aus dem Gewahrsam geholt worden. Die Anwesenheit R.'s in der Uniform eines SS-Untersturmführers hat, wie der Tatrichter bindend feststellt, die Herausgabebereitschaft der Anstaltsbeamten mit bewirkt. Auch am Abtransport hat sich R. durch Mitgehen beteiligt. Angesichts dieser unangefochtenen Tatfeststellungen ist dem Tatrichter rechtlich beizutreten, wenn er eine Rechtspflicht R.'s annimmt, die Ermordung O.'s durch A., sobald ihm diese Absicht bekannt wurde, nach Kräften zu hindern. Denn R. hatte bei der Herausgabe O.'s mitgewirkt und diesen daher mit in die Todesgefahr gebracht, in der er sich nun befand[37]."

Der OGH hob die Verurteilung zwar auf, weil das Urteil sich über die innere Tatseite ausschweige. Er baut aber, ganz anders als in dem Urteil über den Bäckergehilfen[38], vor: „Die Tatumstände sprechen dafür, daß diese inneren Taterfordernisse sämtlich gegeben waren, denn die Mitwirkung R.'s bei der Herausgabe, die Erkenntnis, daß der Mord nun, beim Einbiegen A.'s und K.'s in den Friedhof nach der unmißverständlichen Verabschiedung, unmittelbar bevorstehe, daß er — R. — die Tat leicht hindern könne und sie durch untätiges Geschehenlassen und Zusehen fördere, lag zum Greifen nahe[39]." Der OGH fordert nur, daß dies im Urteil noch festgestellt werde. R. dürfte kaum der Verurteilung entgangen sein.

2.2.3 Gefährdung durch eine rechtswidrige, aber nicht straftatbestandsmäßige Handlung

Es war kein Urteil zu finden, in dem ein Gericht ausdrücklich darauf abgehoben hat, daß die gefährdende Handlung zwar keinem Straftatbestand entspreche, aber doch rechtswidrig sei. Wohl betont der BGH

---

[37] OGHSt. 2/65, 66.
[38] OGHSt. 1/357; vgl. oben S. 24 f.
[39] OGHSt. 2/66, 67.

2.2 Gliederung nach der Art der Vorhandlung

zum Beispiel in seiner „2. Gastwirtsentscheidung"[40], daß die Garantenstellung des Gastwirts in Anlehnung an das Verbot im Gaststättengesetz, geistige Getränke an Betrunkene abzugeben, zu bestimmen sei. Die Garantenpflichten des Gastwirts, betrunkene Gäste an der Weiterfahrt mit ihrem Auto zu hindern, könnten nicht weiter gehen als dieses Verbot im Gaststättengesetz. Ein Verstoß gegen § 16 GaststG — um diese Bestimmung handelt es sich — ist aber im Gaststättengesetz selbst unter Strafe gestellt (§ 29 Nr. 8 GaststG).

Die Entscheidung des BGH zur Garantenstellung des Gastwirts ist mit dieser kurzen Bemerkung nicht ausgeschöpft. Es wird noch in anderem Zusammenhang auf sie zurückzukommen sein.

2.2.4 Rechtmäßige Gefährdungshandlungen

In vielen Ingerenzurteilen läßt die Vorhandlung keinen Rechtsverstoß erkennen, wenigstens muß nach den mitgeteilten Sachverhalten hiervon ausgegangen werden.

Nicht einmal ein sittlich anstößiges Verhalten könnte den beiden Angeklagten in dem Urteil *RGSt. 46/337* vorgehalten werden. Die Angeklagten, die Tierdärme verarbeiteten, hatten mit einer ausländischen Firma vereinbart, daß sie ihnen ihre gesamte Jahreserzeugung an Tierdärmen liefern solle. Einige Monate nach Abschluß dieses Vertrages wurde die Einfuhr von Pferdedärmen verboten. Da die Angeklagten dies der ausländischen Firma nicht mitteilten, lieferte sie ihnen unter anderen Tierdärmen auch Pferdedärme. Die Angeklagten wurden wegen eines vorsätzlichen Verstoßes gegen das Einfuhrverbot verurteilt. Das RG bestätigte das Urteil. Die Angeklagten hätten die Rechtspflicht gehabt, den rechtsverletzenden Erfolg ihrer Tätigkeit zu verhindern. „Eine derartige Rechtspflicht liegt nicht bloß dann vor, wenn im einzelnen Falle das Gesetz ein Handeln vorschreibt, sondern auch, wie das RG in ständiger Rechtsprechung annimmt (RGSt. 24/339), wenn durch die eigenen Handlungen des Täters eine dem Gesetze widersprechende Lage oder, was im vorliegenden Falle zutrifft, solche Verhältnisse geschaffen worden sind, die in ihrer Fortentwicklung den rechtsverletzenden Erfolg herbeiführen. Hat der Täter die Möglichkeit, diesen Erfolg zu verhindern, so erwächst ihm aus der Vornahme seiner die Ursachenreihe auslösenden Handlungen auch die Rechtspflicht dazu[41]."

In dem Urteil *RGSt. 58/244* war der Angeklagte wegen eines Verstoßes gegen das Pressegesetz angeklagt. Er war Mitglied der damals

---
[40] BGHSt. 19/152.
[41] RGSt. 46/337, 343.

nicht verbotenen Kommunistischen Partei. Die Parteileitung hatte ihn ohne sein Zutun wahrheitswidrig in einer periodischen Druckschrift als verantwortlichen Redakteur benannt. Er unternahm nichts dagegen. Das Landgericht hatte eine Rechtspflicht zum Handeln aus vorangegangenem Tun verneint. Das RG hob das Urteil aber auf und verwies die Sache zurück: „Wie sich aus dem im Urteil mitgeteilten Sachverhalt ergibt, ist die Parteizugehörigkeit des Angeklagten für seine Benennung als verantwortlicher Redakteur von entscheidender Bedeutung gewesen. Es wäre deshalb zu prüfen gewesen, ob er nicht durch den Erwerb und die Beibehaltung der Mitgliedschaft der Kommunistischen Partei — bewußt — eine Lage geschaffen hat, die zur Verwirklichung des in § 18 PreßG mit Strafe bedrohten Tatbestandes beitrug... Durch ein vorausgegangenes tätiges Verhalten des Angeklagten wäre alsdann eine Lage geschaffen worden, die für den widerrechtlichen Erfolg ursächlich war...[42]."

Eine rechtmäßige Gefährdungshandlung lag auch in mehreren Urteilen vor, in denen Beihilfe durch Unterlassen angenommen wurde. Der „Gehilfe" leistete hier seinen „Tatbeitrag", bevor eine Straftat überhaupt geplant war und er bezweckte auch nicht die Unterstützung einer Straftat. In solchen Fällen kann das Tun nicht als tatbestandsmäßige rechtswidrige Beihilfe gewertet werden. Mit einer Straftat kam sein Handeln nur deshalb in Zusammenhang, weil es später einem anderen ermöglichte oder erleichterte, eine Straftat zu begehen.

In *BGHSt. 11/353* hatte der Angeklagte seinem Begleiter S. ein Taschenmesser gegeben, mit dem dieser wenig später in Gegenwart des Angeklagten den V. erstach. Der Angeklagte verhinderte weder die Tat, noch kümmerte er sich um den Schwerverletzten. Das Landgericht prüfte nur unterlassene Hilfeleistung im Sinne des § 330 c StGB und sprach den Angeklagten frei, weil es ihm wegen der drohenden sofortigen Einleitung eines Ermittlungsverfahrens und der vorläufigen Festnahme nicht zuzumuten gewesen sei, am Tatort zu bleiben und dem Verletzten zu helfen. Der BGH hob das Urteil auf, weil das Landgericht die Zumutbarkeit der Hilfe zu Unrecht verneint habe. Dabei erörtert der BGH auch eine Garantenstellung aus vorangegangenem Tun: „Der Angeklagte hatte dadurch, daß er dem Mitangeklagten S., das zur Tat benutzte Taschenmesser kurz vorher überlassen hatte, das Leben des dann zu Tode gekommenen V., wenn auch unbewußt, in Gefahr gebracht. Er mußte deshalb, sobald er dies erkannte, alles ihm Mögliche und Zumutbare zur Rettung des bedrohten Lebens tun, wenn er sich nicht an dem Verbrechen des S. mitschuldig machen wollte. Zu dieser Erfolgsabwendung war er ohne Rücksicht darauf verpflichtet,

---

[42] RGSt. 58/244, 246.

2.2 Gliederung nach der Art der Vorhandlung

ob er die für V. enstandene Gefahr schuldhaft oder ohne Verschulden herbeigeführt hatte[43]." Der BGH drängte allerdings in dem Urteil nicht weiter darauf, daß in der neuen Verhandlung bei dem Angeklagten ein unechtes Unterlassungsdelikt geprüft werde, obwohl der mitgeteilte Sachverhalt ohne weiteres die Konstruktion eines versuchten Totschlags erlaubt hätte. Der BGH wertete die Ingerenz nur innerhalb des Begriffs der Zumutbarkeit bei der unterlassenen Hilfeleistung. Der Leitsatz hebt nur diesen Gedanken hervor.

Das Urteil läßt nicht erkennen, wann und aus welchem Grunde der Angeklagte dem S. das Messer übergeben hatte. Aus der Angabe „kurz vorher" ist nicht zu entnehmen, ob zu diesem Zeitpunkt der Streit mit V. schon im Gange war, ja ob S. und der Angeklagte mit V. überhaupt schon zusammengetroffen waren. Dies scheint eher nicht der Fall gewesen zu sein, da die Gründe bemerken, daß S. auf V. einstach, ohne daß der Angeklagte dies „nachweisbar hätte voraussehen oder verhindern können". Der BGH will die im Grundsatz bejahte Garantenstellung aus vorangegangenem Tun demnach auch dann annehmen, wenn der Angeklagte dem V. das Messer in einem Zeitpunkt übergeben hatte, als beide an eine Straftat noch gar nicht dachten. Auch in diesem Urteil sind die Ausführungen über die Garantenstellung aber nur theoretisch. Auf den Fall werden sie nicht angewendet.

Ähnlich lückenhaft wie der eben geschilderte Sachverhalt ist der des Urteils *BGHSt. 16/155*. Der Angeklagte hatte in seinem Wagen Freunde und ein Mädchen von einer Gastwirtschaft zu einem einsamen Feldweg gefahren. „Dort wollte man mit dem Mädchen geschlechtlich verkehren. Das wußte der Angeklagte. Ob er damit rechnete, daß der Geschlechtsverkehr auch gegen den Willen des Mädchens gewaltsam erzwungen werden sollte, hat die Strafkammer nicht feststellen können[44]." Die Freunde notzüchtigten das Mädchen im Wagen des Angeklagten. Der Angeklagte war vorher ausgestiegen und schritt gegen die Notzucht nicht ein. Es wurde ihm Beihilfe durch Unterlassen zur Notzucht vorgeworfen. Als zweifelhaft wurde nur der subjektive Tatbestand angesehen. Der Sachverhalt läßt offen, ob die Täter selbst schon vor Antritt der Fahrt entschlossen waren, eine Notzucht zu verüben. Da aber Landgericht und BGH trotz dieser Lücke im Sachverhalt ohne weiteres für den Angeklagten, der den Wagen geführt hatte, eine Rechtspflicht zur Verhinderung der Notzucht annahmen, hielten sie es offenbar für unwesentlich, wann die Täter den Entschluß zur Notzucht gefaßt hatten. Der BGH will demnach eine Garantenstellung auch dann bejahen, wenn das Mädchen den Geschlechtsverkehr vor

---
[43] BGHSt. 11/353, 355.
[44] BGHSt. 16/155.

Antritt der Fahrt zugesagt und sich erst geweigert hatte, als die Fahrt schon beendet war. In diesem Falle könnte aber dem Angeklagten keinesfalls vorgeworfen werden, daß er zu dem Feldweg gefahren war.

2.2.5 Gefährdung durch Dulden oder Unterlassen

Auch in einer Unterlassung hat das RG in *RGSt. 68/99* eine rechtspflichtbegründende Gefährdung erblickt. Der Angeklagten wurde Hinterziehung der Vermögenssteuer für das 1931 vorgeworfen. Sie war jedoch für dieses Jahr gar nicht zur Vermögenssteuer veranlagt worden. Dies wäre sie nur, wenn sie eine Vermögenserklärung abgegeben hätte. Hierzu war sie aber ohne Aufforderung nicht verpflichtet. Eine Aufforderung hatte sie nicht erhalten. Hätte sie jedoch — was sie unlassen hatte — für die Jahre 1927/28 eine Vermögenserklärung abgegeben, wozu sie damals ohne Aufforderung verpflichtet war, so hätte sie für das Jahr 1931 eine Aufforderung bekommen. Das RG wandte bei diesem Sachverhalt den Ingerenzgedanken an und sah die „Gefährdung" darin, daß die Angeklagte die Vermögenserklärung für 1927/28 nicht abgegeben hatte. Es führt aus: „Übrigens hat das RG, soweit ersichtlich, diesen Grundsatz bisher nur in solchen Fällen angewendet, in denen der Täter durch wirkliches Handeln eine Gefahr herbeigeführt hatte; doch ist der Grundsatz nach allgemeiner Regel auch anwendbar, wenn der Täter die Gefahr durch eine Unterlassung herbeigeführt hat, obwohl er zum Handeln rechtlich verpflichtet war (also z. B. er es unterlassen hat, eine Vermögenserklärung abzugeben, obwohl er zur Abgabe rechtlich verpflichtet war)[45]."

In einer Duldung sah das *OLG Bremen NJW 1957/72* eine Gefährdung. Die Ehefrau des Angeklagten hatte einen Hund geschenkt bekommen und in die gemeinsame Wohnung aufgenommen. Der Hund biß später mehrere Personen. Der Ehemann wurde wegen Körperverletzung durch Unterlassen angeklagt, weil er nicht dafür gesorgt habe, daß der Hund eingesperrt wurde. Zur Rechtspflicht hierzu führt das OLG Bremen aus: „Nach Ansicht des Vorderrichters hat der Angeklagte die Gefahr für die Begehung der Straftat dadurch ‚geschaffen', daß er die Aufnahme des Hundes in seinen Haushalt zunächst geduldet hat und später damit einverstanden gewesen ist. Daß er die Gefahrlage nicht durch ein Tun, sondern durch Dulden geschaffen hat, ist unerheblich. Dulden ist kein echtes Unterlassen und daher grundsätzlich dem ihm entsprechenden positiven Tun — der selbständigen Aufnahme — gleich[46]."

---

[45] RGSt. 68/104, 105.
[46] NJW 1957/73.

Dies waren Beispiele aus der Rechtsprechung für Gefährdungshandlungen verschiedener rechtlicher Qualität. Als nächstes soll untersucht werden, wie die Gerichte den Begriff der Gefahr kennzeichnen, der in dem Satz von der rechtspflichtbegründenden Vorhandlung oft wiederkehrt.

2.3 Begriff der Gefahr in der Ingerenzformel

2.3.1 Objektive Anforderungen

Der Begriff der Gefahr spielt vorwiegend in den Urteilen zur Meineidsbeihilfe eine Rolle. In einer Reihe Urteile wurden die Angeklagten freigesprochen, weil sie keine „Gefahr" für den Meineid oder die Falschaussage geschaffen hätten.

Der BGH definiert den Begriff der Gefahr in einem Meineidsbeihilfeurteil als „die naheliegende Möglichkeit des Eintritts eines Schadens"[47]. In dem konkreten Falle sah der BGH keine Gefahr für einen Meineid gegeben, weil der Täter, der eine wahre Behauptung im Prozeß bestritten und erklärt hatte, der vom Gegner benannte Zeuge möge vernommen werden, auf den Zeugen eingewirkt hatte, die Aussage zu verweigern[48].

Eine „ernste Gefahr" für einen Meineid erblickt der BGH, „wenn mit der Offenbarung der Wahrheit schwere Nachteile für den Zeugen verbunden sind"[49]. Die Notwendigkeit, sich einer leichten Unehrenhaftigkeit zu bezichtigen, genüge im allgemeinen nicht.

In einigen Urteilen wird bemerkt, daß es sich um eine „besondere, dem Prozeß nicht mehr eigentümliche (inadäquate) Gefahr der Falschaussage"[50] bzw. um eine „verfahrensunangemessene, besondere Gefahr der Falschaussage"[51] gehandelt haben müsse, ohne daß diese Begriffe näher erläutert und abgegrenzt würden.

Mehrfach wird auch ausgeführt, daß es genüge, wenn der Täter die Gefahr des Meineids „näher gerückt"[52], „verstärkt"[53] oder „vergrö-

---

[47] NJW 1953/1399, 1400.
[48] In BGHSt. 14/229 wird allerdings Meineidsbeihilfe durch Unterlassen angenommen, obwohl die Partei dem Zeugen geraten hatte, die Aussage zu verweigern.
[49] BGHSt. 1/22, 23.
[50] BGHSt. 4/327, 330; der Begriff kommt in dem dort zitierten Urteil BGHSt. 2/129 nicht vor.
[51] BGH NJW 1958/956.
[52] OLG Hamm HESt. 2/242.
[53] BGHSt. 14/229, 230.

ßert"⁵⁴ habe. Die Entstehung der Gefahr müsse nicht allein auf sein Verhalten zurückzuführen sein.

Die Gefahr, die der Täter zu bekämpfen hat, wird in einigen Urteilen zur Meineidsbeihilfe nicht in einer Gefährdung der *Rechtspflege*, sondern in einer Gefährdung des *Zeugen* gefunden. In dem Urteil BGHSt. 4/217 heißt es zum Beispiel: „Die Rechtspflicht der Partei gegenüber dem Zeugen, von ihm die Gefahr einer Eidesverletzung abzuwenden, besteht in einem bürgerlichen Rechtsstreit nur, wenn sie die Gefahr einer falschen Aussage bewußt oder unbewußt durch eigene Tätigkeit heraufbeschworen und die Möglichkeit gehabt hat, zu verhindern, daß sie beeidigt wurde⁵⁵." Ähnlich wird in den Urteilen BGHSt. 6/322 und BGH NJW 58/956 der Meineidige als der Gefährdete bezeichnet.

Unter Zuhilfenahme des Begriffs der Gefahr hat die Rechtsprechung bei der Meineidsbeihilfe eine umfangreiche Kasuistik zu der Frage entwickelt, welches Verhalten eine Rechtspflicht zur Verhinderung eines Meineids begründet. Die Urteile lassen aber nicht erkennen, daß aus den verwendeten Begriffen, wie z. B. dem der prozeßunangemessenen Gefahr der Falschaussage, tatsächlich übergeordnete Kriterien für die Entscheidung des Einzelfalls gewonnen werden konnten.

Von der Kasuistik zu dieser speziellen Frage abgesehen, spielt der Begriff der Gefahr in der Ingerenzrechtsprechung so gut wie keine Rolle. Dies rührt wohl daher, daß in allen abgeurteilten Fällen der „Erfolg" eingetreten war. Ist jedoch *kein* Schaden entstanden, so wird nach der etwa geschaffenen Gefahr gar nicht gefragt; es ist jedenfalls kein Urteil bekannt, in dem ein Täter wegen eines versuchten unechten Unterlassungsdelikts angeklagt oder verurteilt wurde, nur weil er eine Gefahr geschaffen und nicht beseitigt hat. Die abgeurteilten Versuchsfälle betreffen Sachverhalte, wo der Schaden eingetreten war, der Täter ihn aber nicht hätte abwenden können.

2.3.2 Subjektive Anforderungen

Von Bedeutung ist schließlich noch die Frage, ob der Täter bei der Gefahrschaffung erkannt haben muß, daß er eine Gefahr begründet. Nur vereinzelt und in kürzester Form wird in der Rechtsprechung hierzu Stellung genommen. Die Aussagen sind uneinheitlich.

In dem *BGH*-Urteil *NJW 54/1047* ist zu lesen: „Nur wenn davon ausgegangen wird, daß der Angeklagte durch sein Mitfahren eine ihm

---

⁵⁴ BGH NJW 1953/1399, 1400.
⁵⁵ BGHSt. 4/217, 218.

2.3 Begriff der Gefahr in der Ingerenzformel

erkennbare Gefahrenlage für den alsdann Verunglückten geschaffen hat, entstand im Rahmen der Möglichkeit und Zumutbarkeit für ihn eine Pflicht zum Handeln." Auch das *KG* stellt in einem Urteil[56] fest, daß der Angeklagte „eine ihm erkennbare Gefahrenlage" geschaffen habe. Aus dem Urteil ist aber nicht zu ersehen, ob das Gericht das Erkennen oder Erkennenkönnen der Gefahr bei der Gefährdungshandlung als eine notwendige Voraussetzung der Erfolgsabwendungspflicht ansieht.

Überwiegend werden subjektive Voraussetzungen bei der Gefährdungshandlung verneint. Das *OLG Hamm*[57] entschied: „Zwar ist der Angeklagte nach den Urteilsfeststellungen bei der Schaffung der Gefahrenlage sich zunächst der Gefahr nicht bewußt gewesen; jedoch ist dies — entgegen der Ansicht der Revision — unerheblich, da es nur auf die objektive Herbeiführung der Gefahr ankommt."

Welche Folgerungen sich daraus im Einzelfall ergeben können, veranschaulicht das Urteil *OGHSt. 3/1*. Der Sohn hatte auf dem stark verschuldeten Hof seiner Eltern einen Brand gelegt. Die wegen Beihilfe angeklagte Mutter hatte den Brand nicht gelöscht, obwohl der Sohn sie gleich nach der Tat von dem Brand unterrichtet hatte. Es wurde ermittelt, daß die Angeklagte „Monate vorher die hoffnungslose Lage des Hofes mit ihrem Sohn besprochen hatte; beide waren darüber einig gewesen, daß auf dem Hof ‚etwas geschehen' müsse". Der OGH sah dies als eine Gefahrbegründung für die Brandstiftung an und leitete daraus eine Erfolgsabwendungspflicht her. Zur subjektiven Seite führt der OGH aus: „Das würde selbst dann gelten, wenn die Angeklagte bei Erklärung ihrer Billigung mit einer solchen Wirkung gar nicht gerechnet haben sollte oder auch nur hätte rechnen können[58]."

In dem „*1. Gastwirtsurteil*"[59] läßt der *BGH* es ebenfalls genügen, wenn der Täter erst nachträglich erkennt, daß er eine Gefahr geschaffen hat: „Jedenfalls erkannte die Angeklagte im Laufe der Zeit, die sie nach dem Abendbrot noch mit Sch. in der Gaststube verbrachte, daß die alkoholischen Getränke, die dieser bei ihr genossen hatte, ihn untüchtig gemacht hatten, die Fahrt mit dem Kraftwagen fortzusetzen."

Meist aber gehen die Gerichte über die hier angeschnittene Frage stillschweigend hinweg oder verquicken sie mit der rechtlichen Qualität der Vorhandlung. So wenn es — wie häufig ähnlich — heißt: „Zu

---
[56] VRS 10/138, 139.
[57] HESt. 2/242, 243.
[58] OGHSt. 3/4.
[59] BGHSt. 4/20, 22; vgl. oben S. 21 f.

dieser Erfolgsabwendung war er ohne Rücksicht darauf verpflichtet, ob er die für V. entstandene Gefahr schuldhaft oder ohne Verschulden herbeigeführt hatte[60]."

2.4 Einschränkungen der Ingerenzformel

2.4.1 Einschränkung über die Vorhandlung

Besonderem Interesse begegnen die Urteile, in denen die Rechtsprechung die Ingerenzformel eingeschränkt hat. Dies sind vorwiegend Urteile, in denen ein Freispruch bestätigt oder eine Verurteilung aufgehoben wurde. Soweit Freisprüche oder Zurückverweisungen aber darauf beruhen, daß die Obergerichte den subjektiven Tatbestand nicht für gegeben oder ausreichend festgestellt hielten oder dem Angeklagten trotz bestehender Rechtspflicht ein Handeln nicht zumuten wollten, bleiben diese Urteile hier außer Betracht. Obwohl auch diese Urteile praktisch eine Einschränkung des Ingerenzsatzes bedeuten können, sind sie hier nicht von Interesse, weil sie von vornherein keine Verallgemeinerung zulassen.

Von der Art der Vorhandlung her schränkt der BGH im „*Bahngeländefall*" BGHSt. 3/203 die Ingerenzformel ein. Der Angeklagte, Dienststellenleiter einer Bahnmeisterei, hatte Bauschutt auf bahneigenem Gelände ablagern lassen. Dadurch wurde ein Fußpfad, den Bewohner eines Behelfsheimes unberechtigt über das Bahngelände getreten hatten, zugeschüttet. Sie trampelten daraufhin einen neuen Weg, der über einen zerbombten Bachdurchlaß auf dem Bahngelände führte. Ein sechsjähriges Kind, das auf diesem Pfad ging, fiel von dem Durchlaß herab und ertrank im Bach. Die Strafkammer hatte den Angeklagten wegen fahrlässiger Tötung verurteilt. Sie hatte die Anweisung des Angeklagten, den Bauschutt auf dem ursprünglichen Pfad abzulagern, als gefahrbegründendes Tun gewertet und den Angeklagten für verpflichtet gehalten, dieser Gefahr zu begegnen. Der BGH hob das Urteil aber auf und verwies die Sache zurück: der rechtmäßig Handelnde, wie hier der Angeklagte, brauche nicht dafür einzustehen, daß aufgrund der von ihm befugtermaßen geschaffenen Sachlage durch rechtswidriges Verhalten verantwortlicher Dritter eine Gefahr herbei geführt werde[61].

Eine Einschränkung des Ingerenzsatzes bringt auch die „*2. Gastwirtsentscheidung*" des *BGH*[62]. Der BGH verneint eine Pflicht des

---

[60] BGHSt. 11/353, 355; vgl. oben S. 30 f.
[61] BGHSt. 3/203, 205.
[62] BGH 19/152 (Beschluß nach § 121 GVG).

2.4 Einschränkungen der Ingerenzformel

Gastwirts, betrunkene Gäste an der Weiterfahrt mit ihrem Auto zu hindern, wenn er an der Entstehung dieser Gefahr nur durch ein sozial übliches und von der Allgemeinheit gebilligtes Verhalten mitgewirkt habe. Zu den allgemein als sozial üblich anerkannten Verhaltensweisen gehöre das Ausschenken und der Genuß alkoholischer Getränke in Gastwirtschaften. Die daraus erwachsenden Gefahren nehme die Gesellschaft, was die Rechtspflichten des Gastwirts angehe, in erträglichen Grenzen in Kauf. Nur wenn der Gastwirt so viel Alkohol ausgeschenkt habe, daß der Gast nach verständiger Beurteilung nicht mehr eigenverantwortlich handeln könne, müsse er eingreifen. In diesem Falle habe er auch gegen das Gaststättengesetz verstoßen, das dem Gastwirt untersage, geistige Getränke an Betrunkene auszuschenken. In dieser Entscheidung taucht zum ersten Mal der Begriff des *sozial üblichen Verhaltens* im Zusammenhang mit dem Ingerenzsatz auf.

Über den Begriff der *„natürlichen Verantwortlichkeit"* sucht das *BayObLG NJW 1953/556* eine Einschränkung des Ingerenzsatzes zu gewinnen. Nicht ausnahmslos jeder Beitrag zur Entstehung einer Gefahr könne eine Garantenpflicht hervorrufen. „Dies würde zu einer uferlosen Ausweitung derartiger Pflichten führen. Vielmehr ist ein solches Tun erforderlich, das nach der allgemeinen Lebensauffassung eine — nicht notwendig auf Verschulden beruhende — natürliche Verantwortlichkeit für die Entstehung einer Gefahrenlage begründet." Die Angeklagten hatten mit einem Bekannten, dem P., in einer Gastwirtschaft Karten gespielt und größere Mengen Alkohol getrunken. Im Zustand starker Angetrunkenheit verließ P. vor den Angeklagten das Lokal, um zu Fuß nach Hause zu gehen. Die Angeklagten trafen auf dem Heimweg wieder mit P. zusammen. P. stürzte infolge seiner Trunkenheit wiederholt zu Boden. Die Angeklagten waren ihm, so gut sie konnten, behilflich, seinen Weg fortzusetzen. Als er aber wieder einmal hinfiel und auf ihre Aufforderung, aufzustehen, sich nicht erhob und auch keine Antwort gab, ließen sie ihn liegen. P. lag mehrere Stunden bei kühler Witterung im Freien, bevor er gefunden wurde. Das Landgericht verurteilte die Angeklagten wegen Aussetzung. Sie hätten aufgrund ihres vorausgegangenen Tuns (Kartenspielen, Zechen) die Rechtspflicht gehabt, für die Fortschaffung P.s zu sorgen. Das BayObLG sprach sie frei, weil ihr Beitrag zur Entstehung der Gefahr keine auf natürlicher Verantwortlichkeit beruhende Fürsorgepflicht gegenüber P. begründet habe.

Auch das *OLG Oldenburg NJW 1961/1938* hat auf die „natürliche Verantwortlichkeit", die ein gefährdendes Tun begründet haben müsse, abgehoben und eine Rechtspflicht, den Zechgenossen an der Heimfahrt mit seinem Auto zu hindern, verneint.

2.4.2 Einschränkung aus der Strafnorm

Eine Einschränkung erfährt der Ingerenzsatz auch dadurch, daß bestimmte Straftaten durch ein bloßes Unterlassen nach einem gefährdenden Tun nicht begangen werden können. Auf diese Frage sei hier nur am Rande eingegangen.

Was gemeint ist, verdeutlicht das Urteil *BGH 18/133*. Der BGH untersucht dort, was unter „Widerstand leisten" im Sinne des § 113 StGB zu verstehen ist. Es ging in diesem Falle um die Frage, ob das Errichten eines Hindernisses vor Beginn der Amtshandlung ein Widerstandsleisten darstellen kann. Der BGH kommt zu dem Ergebnis, daß ein vorweggenommenes tätiges Handeln nur dann tatbestandsmäßig sei, wenn es im Hinblick auf die spätere Amtshandlung vorgenommen werde, der Täter also die Widerstandsleistung vorbereitet habe. „Nicht tatbestandsmäßig ist dagegen eine ohne solche Absicht entfaltete Tätigkeit, die sich äußerlich zwar auch als Hindernisbereitung auswirkt, als solche zunächst aber nicht gedacht ist und deren Ergebnis erst später vom Täter lediglich als schon vorhandenes Hindernis benutzt wird. Bei dieser Ausnutzung einer ohne Beziehung auf erwartete künftige Widerstandsleistung herbeigeführten Hindernislage handelt es sich nicht um ein tätiges Verhalten, sondern um einen in der Nichtbeseitigung eines bereits vorhandenen Hindernisses bestehenden und deshalb straflosen Ungehorsam[63]." Es wäre hier durchaus möglich gewesen, ein strafbares Unterlassungsdelikt zu konstruieren und die Rechtspflicht aus dem vorangegangenen Tun herzuleiten. Der BGH erörtert jedoch nicht einmal diese Möglichkeit. Dies zeigt, daß der BGH den Ingerenzsatz nicht mit allen Strafnormen in Verbindung bringt.

2.4.3 Einschränkung durch zusätzliche Erfordernisse

Eine „*sozialethische Beziehung*" zusätzlich zur Gefährdung fordert der *BGH* in *NJW 1954/1047*, wenn eine Rechtspflicht zur Erfolgsabwendung angenommen werden soll. Der Angeklagte hatte mit dem ihm befreundeten L. gezecht. L. brachte ihn anschließend mit seinem Motorrad nach Hause, schlug dann aber vor, noch eine weitere Gaststätte gemeinsam aufzusuchen. Der Angeklagte lehnte zunächst ab, fuhr dann aber doch mit. Auf dieser Fahrt verunglückte der das Rad steuernde L. tödlich. Die Strafkammer verurteilte den Angeklagten wegen fahrlässiger Tötung, weil er die Fahrt nicht verhindert habe. Der BGH pflichtete der Strafkammer darin bei, daß der Angeklagte eine Gefahr für L. geschaffen habe, weil er sich bereit erklärt habe,

---

[63] BGH 18/133, 135.

mit dem stark angetrunkenen L. nochmals wegzufahren. Ohne ihn wäre L. nicht gefahren. Der BGH fährt dann aber fort, die Pflicht zur Verhinderung der Fahrt könne nicht auf das bloße Mitzechen gestützt werden. „Einer so losen und jeder sittlichen Bedeutung entbehrenden Verbindung, wie sie die Zechgemeinschaft ist, fehlt es an der mit Recht von Nagler (LK 7. Aufl. Einl. Anh. 2 Nr. 3 S. 33) verlangten sozialethischen Beziehung. Dieser Begrenzung bedarf der Grundsatz, daß die Abwendung von Gefahren, die man durch eigenes Verhalten hervorgerufen hat, zur Pflicht wird. Ohne diese Einschränkung würde die Gefahr uferloser Ausweitung strafrechtlicher Vorschriften bestehen[64]."

Auch das *KG VRS 10/138* sucht in den persönlichen Beziehungen zwischen den Beteiligten, nicht in der bloßen Gefahrbegründung allein den Rechtsgrund für eine Garantenpflicht. Auch in diesem Falle war einer Motorradfahrt eine gemeinsame Zecherei vorausgegangen. Der Fahrer verunglückte tödlich. Der Beifahrer wurde wegen fahrlässiger Tötung, begangen durch Unterlassen, verurteilt. Das KG bestätigte das Urteil, blieb aber bei der Feststellung nicht stehen, daß der Angeklagte durch seine Bereitschaft, an der Fahrt teilzunehmen, eine Gefahr für den alsdann Verunglückten geschaffen habe und deshalb zum Eingreifen verpflichtet gewesen sei. „Neben den sonstigen persönlichen Bindungen des Verunglückten gegenüber dem Angeklagten war die Eigenschaft des Angeklagten als Soziusfahrer die Grundlage für eine Gemeinschaft, aus der heraus die sozialethische Pflicht zur Verhinderung einer Gefahr ohne Rechtsirrtum hergeleitet werden kann. Schließlich ist von maßgebender Bedeutung, daß ein Verkehrspolizist, wie es der Angeklagte war, von Amts wegen verpflichtet ist, gegen einen angetrunkenen Fahrer einzuschreiten, wenn eine Gefährdung der Allgemeinheit oder eines ihrer Mitglieder droht. Wenn auch der Angeklagte sich nicht im Dienst befand, so war er doch durch seine genaue Kenntnis der Sachlage und die Einbeziehung seiner Person in die gefahrbringenden Vorgänge der Rechtsordnung gegenüber verpflichtet, hier hindernd einzugreifen[65]."

2.4.4 Ersetzung der Ingerenz durch andere Gesichtspunkte

Einzelne Entscheidungen verzichten ganz darauf, die Rechtspflicht zum Handeln auf ein vorangegangenes gefahrbegründendes Tun zu stützen, obwohl ein solches nach herkömmlicher Meinung durchaus vorgelegen hätte. Die Garantenstellung aus vorangegangenem Tun wird hier aber nicht etwa abgelehnt, sondern schon gar nicht erwähnt.

---

[64] NJW 1954/1047, 1048.
[65] VRS 10/138, 139.

Diese Urteile können nicht ohne weiteres als einschränkende Ingerenzurteile bezeichnet werden. In allen drei hier zu erwähnenden Entscheidungen kamen die Gerichte auch ohne die Ingerenz zu einer Verurteilung. Wird diese Rechtsprechung aber fortgesetzt, so sind Ergebnisse zu erwarten, die bei uneingeschränktem Abheben auf die Ingerenz nicht zu rechtfertigen wären. Insofern handelt es sich, zumindest den praktischen Ergebnissen nach, um eine Einschränkung der Garantenpflicht aus vorangegangenen Tun.

In dem Urteil *VRS 14/197* knüpfte der *BGH* die Garantenstellung nicht an eine vorausgegangene Gefährdungshandlung an, obwohl dies möglich gewesen wäre. Der Angeklagte und sein Vorgesetzter W. hatten an einer Festveranstaltung teilgenommen. W. hatte reichlich Alkohol getrunken. Nach dem Fest drängte er den Angeklagten, ihn noch mit dem Geschäftswagen, der dem Angeklagten überlassen war, zu einem Ball in eine andere Stadt zu fahren. Der Angeklagte lehnte jedoch ab und trat mit W. die Heimfahrt an. Unterwegs stieg er für eine kurze Zeit aus dem Wagen. Den Zündschlüssel ließ er stecken. Als er zurückkehrte, saß W. am Steuer und erklärte, daß sie jetzt zu dem Ball führen. Der Angeklagte setzte sich neben W. und unternahm nichts. W. kam wenig später bei hoher Geschwindigkeit mit dem Wagen von der Straße ab und verunglückte tödlich. Eine Rechtspflicht des Angeklagten, die Fahrt zu verhindern, hätte sich daraus herleiten lassen, daß der Angeklagte die Gefahr für den Unfall geschaffen habe, indem er den Zündschlüssel stecken ließ. Der BGH entschied jedoch, daß der Angeklagte als *verantwortlicher Fahrer* verpflichtet gewesen sei, die Fahrt zu verhindern, besonders da er gewußt habe, daß W. erst vor ganz kurzer Zeit die Fahrprüfung abgelegt habe.

In *VRS 11/357* prüft das *KG* die Verantwortlichkeit eines Gastwirts für die Trunkenheitsfahrt eines seiner Gäste, mit dem er mehrere Stunden gezecht hatte. Das KG stützt die Rechtspflicht zum Eingreifen nur auf ein *enges sozialethisches Verhältnis* und geht auf eine etwaige Gefährdungshandlung des Gastwirts gar nicht ein. Der Fahrer sei „für ihn nicht ‚irgendein' Gast unter zahlreichen anderen Gästen, sondern ein alter Bekannter, mit dem er seit Jahren befreundet war und sich duzte", gewesen. Aus dieser Beziehung heraus sei er verpflichtet gewesen, ihn an der Weiterfahrt in betrunkenem Zustand zu hindern.

Endlich sei noch auf das Urteil *BGHSt. 6/198* hingewiesen, das einen Betrug durch Unterlassen betrifft. In dieser, wie auch in einer Reihe ähnlicher Entscheidungen wird die Rechtspflicht, den Vertragspartner von einer nachträglichen Verschlechterung der Vermögensverhältnisse zu unterrichten, allein auf *Treu und Glauben*, nicht auf ein vorausgegangenes Tun gestützt. Es hätte nichts im Wege gestanden, in der Bestellung einer Ware ein vorausgegangenes Tun zu erblicken, aufgrund dessen der Besteller verpflichtet ist, dem Lieferanten mitzuteilen, wenn er zahlungsunfähig geworden ist. Der Grundsatz von Treu und Glauben erlaubt jedoch ein näheres Eingehen und Abwägen für den Einzelfall. Dieser Gesichtspunkt macht die Anwendung des Ingerenzsatzes bei der Beurteilung des Betrugs durch Unterlassen überflüssig.

2.5 Gliederung nach Sachverhaltsmerkmalen

In dem bisherigen Überblick über die Rechtsprechung wurden die Urteile nach den Begriffen: Vorhandlung, Gefahr und Einschränkungen gegliedert. Unter diesen Begriffen sind die Urteile zu Gruppen zusammengerückt, die durch rechtliche Gemeinsamkeiten gekennzeichnet sind. Bei dieser Gliederung ist der Sachverhalt des einzelnen Urteils an sich belanglos. Er dient nur der Veranschaulichung des Begriffsinhalts. An seine Stelle könnte ein beliebiger anderer Sachverhalt treten, der die gleichen rechtlichen Merkmale aufweist.

Es ist fraglich, ob man der Rechtsprechung zur Ingerenz gerecht wird, wenn man sie allein abstrakt begrifflich betrachtet. Für den Richter, insbesondere den Strafrichter in der Tatsacheninstanz, steht der Sachverhalt ganz im Vordergrund. Dem Wesen der strafrichterlichen Tätigkeit entspräche es deshalb mehr, wenn die Urteile nach *Gemeinsamkeiten im Sachverhalt* und nicht nur nach übereinstimmenden rechtlichen Gesichtspunkten geordnet würden. Dies würde eher versprechen, einen Eindruck von der Gerichtspraxis zu geben, als die Gliederung nach begrifflichen Merkmalen. Man steht dabei aber vor großen Schwierigkeiten. Was im Revisionsurteil, und mit solchen hat man es überwiegend zu tun, vom Sachverhalt mitgeteilt wird, ist meist recht dürftig. Vor allem kann man daraus nicht ersehen, was den Tatrichter bewogen haben kann, den Sachverhalt gerade so und nicht anders „festzustellen". Auch seine Schilderung ist ja nur ein Ausschnitt aus dem, was er in der Verhandlung erlebt hat. Wie stark zum Beispiel sein Verdacht war, das Geschehen könne sich anders, als in den Gründen beschrieben, abgespielt haben, kommt selten zum Ausdruck. Es soll hier aber trotzdem versucht werden, wenigstens an Hand einiger Urteile eine Gliederung nach Sachverhaltsmerkmalen anzudeuten, weil dies auf die Rechtsprechung zur Ingerenz noch ein anderes Licht wirft.

Man kann die Urteile zur Garantenstellung aus vorangegangenem Tun nach den Sachverhaltsmerkmalen in drei Gruppen einteilen:

2.5.1 „Beweisnoturteile"

Die erste — größte — Gruppe ist dadurch gekennzeichnet, daß der Staat dem Angeklagten gegenüber in „Beweisnot" war. Diese zivilprozessuale Betrachtungsweise trifft die Situation vielleicht am ehesten. Von einer Beweisnot soll hier gesprochen werden, wenn es greifbar nahe lag, daß sich das Geschehen anders abgespielt hatte, als es der Angeklagte darstellte, seine Darstellung aber nicht zu widerlegen war.

Kann man beispielsweise dem SS-Untersturmführer in der oben Nr. 2.2.2 angeführten OGH-Entscheidung OGHSt. 2/63 glauben, daß er tatsächlich nicht wußte, warum der schwerverwundete Soldat aus der Haftanstalt abgeholt wurde? Sollte er auf dem längeren Weg dorthin seine beiden Begleiter wirklich nicht danach gefragt haben? Sie hatten keinen Grund ihm zu verschweigen, daß der Abzuholende erschossen werden sollte. Sie waren ja durch einen Erschießungsbefehl von „höchster Stelle", wie es in dem Urteil heißt, gedeckt, den sie sogar bei sich trugen. Nachher erschossen sie denn auch den Soldaten in Gegenwart des Angeklagten ohne jede Heimlichtuerei. Die letzte Gewißheit aber, daß der Angeklagte mit „Wissen und Wollen" die anderen unterstützt hatte, war nicht zu erlangen. Es blieb nur die Möglichkeit, ein Unterlassungsdelikt zu konstruieren. Hier konnte der Angeklagte die nötige Sachverhaltskenntnis nicht leugnen.

Ähnlich liegt es in dem Fall des Bauern, dem „zufällig" die brennende Pfeife auf seinem Heuboden aus dem Mund fällt und der den Hof dann tatenlos abbrennen läßt[66]. Es ist höchst unwahrscheinlich, daß sich jemand so plötzlich entschließt, seinen gesamten Besitz abbrennen zu lassen. Greifbar nahe liegt, daß der Angeklagte den Brand vorsätzlich gelegt hat. Wie sollte man dies aber nachweisen, da niemand ihn beobachtet hatte?

Vielleicht hätte es Tatrichter gegeben, die in diesen Fällen die Angeklagten wegen eines Handlungsdelikts verurteilt hätten und nicht auf ein Unterlassungsdelikt ausgewichen wären. Die Konstruktion eines Unterlassungsdelikts war hier aber für die Richter „bequemer". Sie brauchten ihre Zweifel, ob die Angeklagten vielleicht doch nicht vorsätzlich gehandelt hatten, nicht niederzukämpfen, um die Verurteilung vor sich und vor dem Angeklagten rechtfertigen zu können. Gelegentlich hat man wohl sehr rasch nach dieser Bequemlichkeitslösung gegriffen.

Typische Beispiele einer Beweisnotsituation sind auch die meisten Fälle der Meineidsbeihilfe durch Unterlassen. Ohne ein Geständnis

---

[66] RGSt. 60/77; vgl. oben S. 25 f.

2.5 Gliederung nach Sachverhaltsmerkmalen

ist die psychische Beihilfe zu einem Meineid kaum nachzuweisen. Der Richter „muß" dem Angeklagten glauben, daß die Aussage vorher nicht besprochen wurde. Will er nun nicht kapitulieren, so bleibt nur der Weg zum Unterlassungsdelikt. Hier kann sich der Angeklagte nicht auf unbeweisbare Positionen zurückziehen.

Unter diesem Blickwinkel betrachtet ist die Linie der Rechtsprechung zur Meineidsbeihilfe durch Unterlassen verständlich. Die weitaus meisten Urteile betreffen Meineide in Scheidungsprozessen. Nach der Rechtsprechung begründet das fortbestehende ehebrecherische Verhältnis die Gefahr eines Meineids, während aus der schon gelösten Beziehung keine Gefahr mehr drohen soll[67]. Dauert ein ehebrecherisches Verhältnis während des Scheidungsprozesses eines der Beteiligten an, so ist sehr wahrscheinlich, daß die Ehebruchspartner sich über ihre Aussage im Prozeß besprechen. Meist wollen sie gleich nach der Scheidung heiraten und sind am Ausgang des Prozesses deshalb äußerst interessiert. Man kann sich schwer vorstellen, daß sie dann kein Wort über den Prozeß sprechen. Bewiesen in dem Sinne, wie es prozeßrechtlich gemeint ist, ist dieses „Wissen" d. h. „bestimmt Annehmen" aber nicht. Bezeichnenderweise stellt das oben Nr. 2.2.1 a. E. erwähnte Urteil BGHSt. 14/229 ausdrücklich fest, daß der Angeklagte die Meineidszeugin nach der Scheidung seiner Ehe heiraten wollte. Anders liegt es, wenn die ehebrecherische Beziehung schon gelöst ist. Dann ist nicht ohne weiteres anzunehmen, daß die ehemaligen Partner über ihre Aussage vor Gericht gesprochen haben. Sie werden nach der Lösung ihrer Beziehung eher abgeneigt sein, einander zu begegnen. Die Rechtsprechung verneint unter diesen Umständen eine Meineidsbeihilfe durch Unterlassen.

Die Beweisnot kann auch die Täterschaft des Angeklagten betreffen. In zwei der oben angeführten verkehrsrechtlichen Entscheidungen zum Beispiel war der Angeklagte der einzige Überlebende des Unfalls. Man mußte ihm glauben, daß nicht er, sondern der tödlich Verunglückte das Fahrzeug geführt hatte[68]. Man kann sich des Eindrucks aber nicht erwehren, daß bei der Urteilsfindung der Verdacht, es sei doch der Angeklagte gefahren, mitbestimmend dafür war, den Angeklagten wegen eines unechten Unterlassungsdeliktes zu verurteilen.

Bei der Beurteilung der Rechtsprechung zur Ingerenz muß diese häufig gegebene Beweisnotsituation mitberücksichtigt werden. Die Entscheidungsfindung kann hierdurch im Einzelfall beeinflußt sein. Andere Garantenstellungen sind nicht in demselben hohen Maße

---

[67] BGHSt. 17/321, 323.
[68] BGH NJW 1954/1047; KG VRS 10/138; (vgl. oben S. 38 f.).

anfällig, als „Ersatzbegründungen" herangezogen zu werden. Das Urteil über den Bereitschaftsarzt zum Beispiel[69], der einen Krankenbesuch ablehnt, kann in der dort gegebenen Pflichtbegrenzung nicht dadurch „getrübt" sein, daß das Gericht einen anderen gravierenden Geschehensablauf für wahrscheinlich hielt. Bei vielen Ingerenzurteilen aber kann man zweifeln, ob der Angeklagte zu der konkreten Strafe auch verurteilt worden wäre, wenn der Richter wirklich überzeugt gewesen wäre, daß sich der Fall tatsächlich so und nicht anders abgespielt hatte, wie der Angeklagte behauptet hatte und wie der Richter feststellen konnte.

2.5.2 Unterlassungsdelikt als „Chance" für den Täter

Nicht alle Ingerenzurteile sind aber solche Beweisnoturteile. Eine zweite Gruppe ist durch andere Merkmale gekennzeichnet. Welcher Art sie sind, soll am Beispiel des „1. Gastwirtsurteils" des BGH[70] gezeigt werden. Es ist fraglich, ob dieses Urteil solche Beachtung gefunden hätte, wenn der Leitsatz anders formuliert gewesen wäre. Hätte der BGH den Leitsatz z. B. in Form einer Frage vorangestellt („Muß ein Gastwirt einen betrunkenen Gast an der Weiterfahrt mit dem Auto hindern?"), so wäre der Leser gezwungen gewesen, den Sachverhalt eingehend zu studieren. Die Besorgnis, daß die strafrechtliche Haftung der Gastwirte zu weit gezogen wurde, wäre dann sicherlich nicht so leicht aufgekommen, weil die Tatumstände im konkreten Falle beträchtlich von denen abwichen, die man sich als üblich vorstellt. So wie der Leitsatz aber jetzt lautet, erweckt er den Eindruck, als erfahre man die entscheidungserheblichen Umstände des Falles schon aus dem Leitsatz: „Ein Gastwirt, der einem länger verweilenden Kraftfahrer so viel Alkohol ausschenkt, daß dieser völlig fahrunfähig wird, hat die Pflicht, die Fortsetzung der Fahrt zu verhindern, wenn ihm dies möglich ist. Eine Verständigung der Polizei ist auch gegenüber einem Stammgast zumutbar."

Einige Sätze aus den Gründen, die dort über mehrere Seiten verstreut stehen, geben im Zusammenhang gelesen ein plastischeres Bild vom Sachverhalt: „Die Angeklagte betreibt seit Jahren eine Gastwirtschaft. Bei ihr verkehrte der Handelsvertreter Sch. . . . Die Angeklagte wußte, daß ihr Gast einen Kraftwagen fuhr und wegen Trunkenheit am Steuer vorbestraft war. . . . Sie hat gleich zu Beginn ihrem Gast geraten, er sollte, bevor er sich ‚einen trinke', zunächst nach Hause fahren; sie hat sich nach 8 Schnäpsen geweigert, weitere einzu-

---

[69] BGHSt. 7/211.
[70] BGHSt. 4/20; vgl. auch oben S. 21 f.

2.5 Gliederung nach Sachverhaltsmerkmalen

schenken, so daß sich Sch. die restlichen zwei selbst eingoß. Die Angeklagte nahm schließlich Flasche und Glas fort und forderte ihren Gast auf, Kaffee zu trinken und Schnittchen zu essen und dann mit der Straßenbahn nach Hause zu fahren. Ihr Versuch, den Wagenschlüssel an sich zu nehmen, mißlang. Sch. trank schließlich auf ihr Drängen eine Flasche Coca-Cola". Auf der Heimfahrt kam Sch. mit dem Wagen von der Straße ab und überfuhr eine Frau tödlich. Diese besonderen Tatumstände ebnet der BGH im Leitsatz ein in die Feststellung „einem länger verweilenden Kraftfahrer".

Die Angeklagte hatte die Gefahr also „sehenden Auges" geschaffen. Es hat sich nichts anderes ereignet, als was sie von Anfang an befürchtet hatte. Sie erkannte, daß ihr Gast über den Durst trinken wolle und auch fahren werde, wenn er völlig betrunken war. Trotzdem hat sie ihm Alkohol ausgeschenkt. Man fragt sich, warum die Angeklagte nicht wegen eines Handlungsdeliktes verurteilt wurde, wenn das Gericht schon der Meinung war, an dem Unfall treffe sie eine Mitschuld. Nach dem Ausschank der Getränke sind keine Tatsachen hervorgetreten, die ihr nicht schon vorher bekannt waren oder die sie hätte voraussehen können.

Der Grund, auf ein Unterlassungsdelikt auszuweichen, dürfte einmal darin liegen, daß das Gericht sich scheute, in einer Handlung, die „normalerweise" rechtlich indifferent ist, einen kriminellen Akt zu sehen. Zum andern räumte das Gericht, indem es nur auf das Unterlassen abhob, der Angeklagten eine erhebliche Vergünstigung ein. Hätte man ein Handlungsdelikt angenommen, so wäre es belanglos gewesen, ob die Angeklagte überhaupt die Möglichkeit hatte, die Fahrt noch zu verhindern. Die Annahme eines Unterlassungsdelikts wirkte sich also zu ihren Gunsten aus. Tatsächlich ist sie später auch freigesprochen worden, weil sie die Abfahrt des Gastes nicht verhindern konnte[71].

Bei der zweiten Gruppe der Ingerenzurteile bewirkt das Ausweichen auf den Unterlassungsvorwurf also, daß der Täter eine Chance erhält, einen schon begangenen Fehler wieder gut zu machen. Erst wenn er auch dann noch versagt, wird er bestraft.

2.5.3 Reine Unterlassungsfälle

Die dritte Gruppe der Ingerenzurteile kann man als reine Unterlassungsfälle bezeichnen. So zum Beispiel den Fall aus der Rechtsprechung des RG, in dem die Angeklagten Pferdedärme im Ausland bestellt

---

[71] BGH VRS 6/447; vgl. oben S. 19.

hatten, solange deren Einfuhr noch erlaubt war[72]. Hier kann weder an eine „Ersatzbestrafung" wegen Beweisschwierigkeiten noch an die Einräumung einer Chance zum „Rücktritt" gedacht werden. Das Kriminelle kann nur in der Unterlassung gefunden werden. Ingerenzurteile dieser Art gibt es sehr wenige.

Mit diesen Beispielen soll die Gliederung nach Sachverhaltsmerkmalen abgeschlossen werden. Es sind nur wenige markante Fälle herausgegriffen worden. Oft liegen in den Urteilen mehrere Gesichtspunkte dicht beieinander, so daß sich schwer entscheiden läßt, ob das Urteil mehr der einen oder anderen Gruppe zuzurechnen ist.

2.6 Zusammenfassung

Der Überblick hat gezeigt, daß es eine einheitliche Rechtsprechung zur Garantenstellung aus vorangegangenem Tun nicht gibt. Sogar für gleiche oder ähnliche Fälle sind ganz unterschiedliche Urteile ergangen (Verkehrsunfälle), ohne daß für die Abweichung ein Grund genannt worden wäre.

Das wechselhafte Gesicht, das die Garantenstellung aus vorangegangenem Tun in der Rechtsprechung zeigt, hat sich auch als eine Folge der unterschiedlichen „Aufgaben", die sie zu bewältigen hat, herausgestellt.

Es gibt eine ganze Reihe einschränkender Entscheidungen. Sie lassen sich jedoch nicht auf einen Nenner bringen. An diesen Urteilen fällt auf, daß die Gerichte sich hüten, allgemeine Grundsätze aufzustellen. Der Leitsatz und die Gründe der „2. Gastwirtsentscheidung" des BGH[73] zum Beispiel sprechen nur von den Pflichten des Gastwirts. Die Frage, ob der Gesichtspunkt des „sozial üblichen Verhaltens" auch auf andere Situationen übertragen werden kann, läßt der BGH offen. Andererseits stellt er gerade in dieser Entscheidung ein Bekenntnis zur Ingerenz obenan.

Die Gerichte konnten die Ingerenzhaftung noch auf besondere Weise einschränken. *Schaffstein* weist darauf hin, daß es für die Rechtsprechung nahe gelegen habe, einen Ausgleich im subjektiven Tatbestand zu suchen, indem man die Pflichtwidrigkeit zum Tatbestandsmerkmal erhob und so für den Vorsatz die Kenntnis der Gebotsnorm forderte[74]. Tatsächlich haben die Obergerichte zahlreiche Ingerenzurteile aufgehoben, weil der subjektive Tatbestand nicht aus-

---

[72] RGSt. 46/337; vgl. oben S. 29.
[73] BGH 19/152; vgl. oben S. 36 f.
[74] Göttinger Festschrift, S. 203.

2.6 Zusammenfassung

reichend festgestellt worden sei. Wenn auch der Ausgang dieser Prozesse nicht bekannt ist, kann doch angenommen werden, daß die Verurteilung in vielen Fällen am subjektiven Tatbestand gescheitert ist. Die Kontur der Garantenstellung aus vorangegangenem Tun in der Gerichtspraxis verschwimmt dadurch noch mehr. Die Entscheidung des Gr. Senats BGHSt. 16/155 macht es jetzt aber weitgehend unmöglich, die Garantenstellung aus vorangegangenem Tun über den subjektiven Tatbestand einzuschränken. Um so dringlicher ist es, die Rechtspflicht von vornherein richtig festzulegen.

Drittes Kapitel

Überblick über das Schrifttum

3.1 Fragestellung

Die Bestrafung der unechten Unterlassung birgt zahlreiche Probleme, von denen in der vorliegenden Untersuchung nur ein einziges herausgegriffen wird. Dem engen Thema entsprechend soll auch der Überblick über das Schrifttum begrenzt werden. Dies birgt aber die Gefahr, daß Äußerungen über die Ingerenz, die in einem größeren Zusammenhang stehen, hier bruchstückhaft angeführt werden, und deshalb die Meinung des betreffenden Autors nur ungenau erkennen lassen. Doch soll im folgenden möglichst vermieden werden, in eine allgemeine Darstellung der Dogmatik des unechten Unterlassungsdelikts abzuschweifen. Beiden Gefahren entgeht man am ehesten, wenn man eine konkrete Frage aufwirft und hierauf eine Antwort im Schrifttum sucht.

Welzel meint, es liege nicht der geringste sachliche Grund vor, warum die bloße Verursachung der Gefahr eine Garantenstellung begründen solle[1]. Ob *Welzel* darin recht zu geben ist, muß geklärt werden. Das Augenmerk richtet sich deshalb darauf, Argumente zu finden, warum man annimmt, daß ein gefahrbegründendes Tun eine Garantenstellung nach sich zieht. Ist die Begründung entdeckt, so dürfte es nicht schwer fallen, die richtige Anwendung auf den Einzelfall sicherzustellen.

Als erste Äußerung über die rechtspflichtbegründende Wirkung der Vorhandlung beim Unterlassungsdelikt gilt eine Stelle in *Stübels* Schrift „Über die Theilnahme mehrerer Personen an einem Verbrechen" von 1828[2]. *Stübel* schreibt: „Es gibt allerdings Fälle, in denen Jemand, vermöge eines besonderen Verhältnisses, oder einer vorhergehenden Handlung desselben, zu einer Handlung rechtlich verpflichtet ist. So machen sich z. B. Eltern, wenn sie ihren Kindern die zur Erhaltung des Lebens nothwendige Pflege versagen, und diejenigen,

---

[1] LB, S. 195.
[2] *Clemens*, Strafr. Abh. Heft 149, S. 14; *Nagler*, GS 111, S. 26 Anm. 60; *Kaufmann*, Dogmatik, S. 241.

welche einen Andern in einen Zustand versetzt haben, in welchem er ohne ihre Hülfe um das Leben kommen muß, wenn sie ihm solche nicht leisten, des Verbrechens einer Tödtung schuldig. Man denke sich den Fall, daß Jemand einen Andern einsperrt und ihm die erforderlichen Lebensmittel zu reichen unterläßt[3]." Diese Stelle steht in dem Kapitel mit der Überschrift „Es gibt keine negative Mitwirkung zu einem Verbrechen". Wer einen anderen nicht hindere, ein Verbrechen zu begehen, sei kein Teilnehmer. Von diesen Unterlassungen habe man diejenigen wohl zu unterscheiden, „welche eigene besondere Verbrechen sind, da durch sie Rechte verletzt werden und auf ihnen Strafen stehen"[4]. Es folgen dann die erwähnten Beispiele.

Warum jemand „vermöge einer vorhergehenden Handlung" zu einer anderen Handlung „rechtlich verpflichtet" ist, erläutert *Stübel* nicht näher. Er verläßt sich offenbar auf die Evidenz seines Beispiels. Verallgemeinert man dieses, so gilt *Stübels* Rechtssatz nur für besonders gelagerte Ingerenzfälle. Es müßte eine Lebensgefahr vorliegen, die nur der bekämpfen kann, der sie rechtswidrig und schuldhaft verursacht hat. Hätten noch andere rettend eingreifen können, wie zum Beispiel, wenn jemand einen Nichtschwimmer ins Wasser stößt und ertrinken läßt und mehrere Personen tatenlos zusehen, so ist schon zweifelhaft, ob *Stübel* seinen Satz hier angewendet wissen wollte.

Das, was das Wesen des Ingerenzsatzes heute ausmacht, nämlich seine unbeschränkte Allgemeingültigkeit, wird durch diese Stelle nicht belegt. Für die Herausbildung dieses Satzes war *Stübels* beiläufige Äußerung, wie sich noch zeigen wird, ohne weittragende Bedeutung.

In *Feuerbachs* Lehrbuch des peinlichen Rechts findet man keine Belege für die Rechtspflicht aus vorangegangenem Tun. Nach *Feuerbach* können Rechtspflichten nur aus Gesetz oder Vertrag entstehen: „... so setzt ein Unterlassungsverbrechen immer einen besonderen Rechtsgrund (Gesetz oder Vertrag) voraus, durch welchen die Verbindlichkeit zur Begehung begründet wird. Ohne diesen wird man durch Unterlassung kein Verbrecher[5]." Auf die Kausalität der Unterlassung geht *Feuerbach* nicht ein. Er betrachtet sie als etwas ganz Selbstverständliches.

Gerade dies war sie aber bald nicht mehr. Die Kausalität der Unterlassung wurde für die Strafrechtswissenschaft des 19. Jahrhunderts zum Problem. Da die Wurzeln der Rechtspflicht aus vorangegangenem

---

[3] *Stübel*, Über die Theilnahme, S. 61.
[4] *Stübel*, a.a.O., S. 60/61.
[5] *Feuerbach*, Lehrbuch, S. 27 § 24.

Tun bis in diese Zeit hineinreichen, muß den damaligen Lehren zu dieser Frage nachgegangen werden.

Der Tatbestand eines Verbrechens, so lautet die Ausgangsfeststellung, kann nur gegeben sein, wenn sich zeigt, „daß der zum Begriff desselben gehörige Erfolg zur Thätigkeit eines Menschen im Verhältniß der Wirkung zur Ursache steht"[6]. Eine „wirkende Ursache" mußte deshalb auch bei den „Commissivdelikten", die durch Unterlassung begangen wurden, gefunden werden. Es bot sich an, sie in einer dem Unterlassen vorhergehenden Tätigkeit zu suchen.

Die Hauptvertreter dieser Lehren, die zusammenfassend als „Kausallehren des 19. Jahrhunderts" bezeichnet werden sollen, waren *Luden*, *Krug*, *Glaser*, *Merkel* und *Binding*. Die Unterschiede in ihren Lehren wird der folgende Abschnitt näher aufzeigen. Gemeinsam ist ihnen allen, daß sie glaubten, den Nachweis führen zu müssen, das unechte Unterlassungsdelikt sei in jeder Beziehung ein *Begehungsdelikt*. Einen strukturellen Unterschied verneinten sie. Unterlassungsdelikte sind nach ihrer Meinung nur die Ommissivdelikte, d. h. die echten Unterlassungsdelikte.

Nagler betont, daß diese Lehren für die Garantenstellung aus vorangegangenem Tun sehr bedeutsam gewesen wären. Ihre Pflege und gründliche Durchbildung verdanke die Ingerenz diesen Lehren. Sie bilde das „lebensfähige Glanzstück" dieser Forschungen[7]. Auch *Maurach* spricht von den Kausallehren als von einer „für die Garantenstellung des Unterlassenden fruchtbaren Konstruktion"[8].

3.2 Kausallehren des 19. Jahrhunderts

3.2.1 Luden

Luden legte den Grund für die Entwicklung der Kausallehren, indem er das Augenmerk auf eine zwischen echten und unechten Unterlassungsdelikten zu treffende Unterscheidung hinlenkte. „Der Hauptfehler, in welchen unsere Criminalisten dabei verfallen, liegt darin, daß sie nicht gehörig unterscheiden zwischen Unterlassungsverbrechen im eigentlichen Sinne, und zwischen Verbrechen, welche durch Unterlassungshandlungen begangen werden[9]." Unterlassungsverbrechen im eigentlichen Sinne verletzten ein Präceptivgesetz, während Begehungs-

---

[6] *Glaser*, Abhandlungen, S. 297.
[7] GS 111, S. 26.
[8] LB AT, S. 500.
[9] Abhandlungen, 2. Bd., S. 219, 220.

3.2 Kausallehren des 19. Jahrhunderts

verbrechen durch die Verletzung eines Prohibitivgesetzes gekennzeichnet seien.

Durch eine Unterlassung werde ein Begehungsverbrechen begangen, wenn die Unterlassung „die Richtung auf dieses Verbrechen" habe[10]. Diese Richtung habe eine Unterlassung, wenn durch sie eine „verbrecherische Erscheinung hervorgebracht" werde[11]. Eine genau durchdachte Konstruktion eines Kausalzusammenhanges gibt *Luden* nicht.

Unter den von *Luden* erörterten Beispielen findet sich eines, das veranschaulicht, wie er zu begründen sucht, daß jeder verpflichtet sei, die Folgen eines gefährdenden Tuns durch Gegenmaßnahmen abzuwenden. Ein Holzfäller, der einen Ast absäge, ohne den Vorübergehenden „Vorgesehen" zuzurufen, begehe eine Tötung, wenn jemand deshalb von dem herabfallenden Ast erschlagen werde. „Wenn der Baumschneider in diesem Falle gestraft werden muß, so geschieht es nach dem allgemeinen Gesetze über das Verbrechen der Tödtung, unter welches jedes Benehmen des Menschen fällt, welches auf die Tödtung eines Andern gerichtet war. In diesem Falle wird das Verbrechen durch die unterlassene Warnung begangen; allein eine Unterlassung, welche zu einer verbrecherischen Erscheinung führt, ist in sofern Handlung, und es ist Nichts als eine Anerkennung dieser Wahrheit, keines Weges aber eine besondere Pönalvorschrift, nach welcher jeder Baumschneider ‚Vorgesehen' rufen müsse[12]."

Luden gibt keine hinreichende Begründung, warum der Baumschneider, wenn er etwas nicht getan hat, was er seiner Meinung nach hätte tun sollen, nämlich „Vorgesehen" zu rufen, gehandelt und nicht unterlassen hat. Seine Feststellung, die Unterlassung habe die Richtung auf den verbrecherischen Erfolg gehabt und sei deshalb Handlung, macht deutlich, daß er die „Gleichheit" letztlich nur erreicht, indem er die Unterlassung wie eine Tötungshandlung *bewertet*.

3.2.2 Krug

Krugs „Abhandlungen" zeigen, wie die „Pflicht zur Erfolgsabwendung" mit der Konstruktion des Kausalzusammenhangs verflochten wird: Das Unterlassen an sich (die reine Untätigkeit) könne nie Ursache eines rechtsverletzenden Erfolges sein; es müsse mit einer positiven Handlung in Verbindung treten. Diese Verbindung sei hergestellt, wenn der Unterlassende durch die Handlung bestimmte Pflichten übernommen habe, sei es als Inhalt eines Amtes, um das er sich beworben

---

[10] *Luden*, a.a.O., S. 226.
[11] *Luden*, a.a.O., S. 242.
[12] *Luden*, a.a.O., S. 247, 248.

habe, oder als Folge eines privaten Versprechens[13]. Wenn ich einem schlechten Schwimmer verspräche, ihm, wenn er matt werde, eine Stange zu reichen, es hernach aber unterließe, so daß er ertrinke, hätte ich seinen Tod durch mein Versprechen verursacht. „Denn dieses Versprechen war es, welches den Schwimmer bestimmte, auf meine Hülfe zu rechnen. Ohne dieses Versprechen würde er sich der Gefahr des Ertrinkens nicht ausgesetzt haben. Er würde das Schwimmen entweder ganz unterlassen, oder doch nicht bis zur äußersten Kraftermattung fortgesetzt, oder für einen anderweiten Beistand gesorgt haben. Ich bin es also, der durch sein Versprechen die Naturkräfte, welche ihm den Untergang bereiten, wenn auch nur mittelbar, in Bewegung gesetzt hat, denn mein Versprechen bewog ihn, sich in eine Lage zu versetzen, wo die Naturkräfte ihn überwältigen konnten. Daher habe ich nun auch die Wirkung dieser Naturkräfte ganz nach den allgemeinen Regeln der Imputation zu vertreten[14]."

Der Weichenwärter, der die Weiche nicht bediene und den Zug entgleisen lasse, habe nicht durch eine Unterlassung, sondern durch die Übernahme seines Amtes die Ursache für das Unglück gesetzt. „Hierdurch veranlaßte er sowohl den Lokomotivenführer, als das übrige Personal, sich auf ihn zu verlassen; ohne seine Verpflichtung würden entweder Andere die Stellung der Schienen besorgt, oder der Lokomotivenführer würde sich den Schienen nicht anvertraut haben. Er ist es daher, der durch seine übernommene Verpflichtung den Lokomotivenführer, und durch diesen die in dem Dampfkessel waltende Naturkraft in eine gefahrbringende Thätigkeit setzt. Auch ihm ist daher das entstandene Unglück, je nach seiner Willensrichtung, zur culpa oder zum dolus anzurechnen[15]."

Als Ergebnis stellt *Krug* fest: „Auch wir gründen daher die Imputation von Unterlassungshandlungen auf das Vorhandensein einer Pflicht zu positivem Handeln, allein diese Pflicht muß auf einer vorausgegangenen Handlung des Individuums beruhen. Hierdurch werden also allgemeine Bürgerpflichten, ja selbst gesetzliche Pflichten völlig ausgeschlossen ...[16]." Aber nicht nur eine „förmliche Dienstverpflichtung" oder ein „Privatversprechen" könnten, wenn sie nicht erfüllt würden, zu einem verbrecherischen Erfolg führen. Auch gemeingefährliche Handlungen, das seien „solche, durch welche Naturkräfte in Bewegung gesetzt" würden, die, wenn man sie nicht bewache und beschränke, ein Unglück herbeiführen könnten und unter Umständen herbeiführen müßten, zögen „ihrer Natur nach eine Verpflichtung

---

[13] *Krug*, Abhandlungen, S. 34.
[14] *Krug*, a.a.O., S. 34/35.
[15] *Krug*, a.a.O., S. 35.
[16] *Krug*, a.a.O., S. 36.

zu speziellem positivem Handeln" nach sich. „Wer sie unternimmt, ist daher eo ipso verpflichtet, mit Vorsicht zu verfahren und jeden möglichen Nachteil nach Kräften abzuwenden, weil, wenn er dies nicht thut, das Unglück aus seiner gefährlichen Handlung hervorgeht, folglich mit seiner positiven Thätigkeit in Causalzusammenhang steht[17]."

Bevor das Wesen der Krugschen „Rechtspflicht" näher untersucht wird, sollen noch die Lehren der anderen „Kausalisten" kurz geschildert werden.

3.2.3 Glaser

Den Zugang zu Glasers Lehre findet man am schnellsten, wenn man prüft, wie er den von Krug her bekannten Fall des verlassenen Schwimmers beurteilt. A. ist in Glasers Beispielfall der „ungeübte ängstliche Schwimmer", B. der gewandte, der A. entgegen seinem Beistandsversprechen im Stich läßt. Glaser bezieht noch andere Personen, die zufällig am Ufer stehen, in seine Betrachtung ein. Glaser schreibt: „Hat man aber nöthig, die auf B. fallende Verantwortung durch die ihm obliegende, juristisch wenigstens schwer zu formulierende Verpflichtung zur Rettung A.'s zu erklären? Gewiss nicht. Nicht weil B. in höherem Grade als die Anderen pflichtwidrig handelte, wird er als der Urheber des eingetretenen Todes angesehen, sondern weil dieselben Umstände, welche seine Pflicht, für die Rettung des A. thätig zu sein, begründen, ihn in einen bestimmten Causalnexus mit dem eingetretenen Tode gebracht haben. Nicht weil er verpflichtet war, A. zu retten, und es unterließ, erscheint er als Urheber seines Todes; sondern weil sein Versprechen, Hilfe zu leisten, es war, was A. bestimmte, sich der Gefahr auszusetzen, der er erlag, weil er es also war, der ihm die Gefahr zugezogen hat. Eine der posiviten Bedingungen des Eintritts dieses bestimmten Erfolges und zwar die wesentlichste, die erste, ist durch B. in diesem Falle geradezu gesetzt worden; also nicht durch seine Unterlassung, sondern durch sein positives Thun (welches allerdings durch die Unterlassung ergänzt wird) hat er den Tod des A. herbeigeführt. Ohne die bestimmte Erwartung, daß ihm nöthigenfalls Hilfe zu Theil werde, würde A., wie sich gar nicht verkennen läßt, sich der Gefahr nicht ausgesetzt haben. Die Einflössung dieser Erwartung war also die unerlässliche Voraussetzung des eintretenden Unfalls, und sie beruht nicht auf dem negativen, sondern auf dem positiven Verhalten des B.[18]."

Eine Rechtspflicht aus vorangegangenem Tun findet man bei Glaser also nicht. Mit Krugs Worten zu sprechen, gründet er die Imputation

---
[17] Krug, a.a.O., S. 39/40.
[18] Glaser, Abhandlungen, S. 312.

von Unterlassungen nicht auf das Vorhandensein einer Pflicht zu positivem Handeln. Er betrachtet vielmehr das positive und negative Verhalten „von dem Augenblicke angefangen, wo der Mensch zu dem Object der Verletzung in eine thatsächliche Beziehung tritt, bis zu dem, wo der Bestand oder Nichtbestand der Verletzung von seiner Willkühr völlig unabhängig geworden ist" als ein Ganzes. Tritt innerhalb dieses Zeitraums der Dolus in die getroffenen Vorbereitungen hinein und treibt er den Handelnden an, „sie seinem neugefaßten Zwecke dienstbar zu machen, gibt er ihnen rückwirkend den verbrecherischen Charakter... — dass aber dieser Dolus schon von dem ersten Augenblicke an, in welchem die thatsächliche Beziehung begann, eingetreten sein müsse, wird wohl Niemand ernstlich verlangen"[19].

3.2.4 Merkel

Auch *Merkel* sieht das Strafwürdige und Strafbare am unechten Unterlassungsdelikt darin, daß der Täter etwas *getan* hat, was er nicht hätte tun dürfen, nicht darin, daß er etwas *unterlassen* hat. Zahlreiche Handlungen, lehrt *Merkel*, dürften nur vorgenommen werden, wenn ihnen gewisse andere Handlungen zur Seite gingen, nachfolgten oder vorangingen. „So ist die Übernahme der Obsorge für ein Kind oder einen Kranken, der Bewachung eines Feuers, der Leitung eines Schiffes oder eines Eisenbahnzuges, der Stellung eines Bahnwärters usw., Bestandteil eines mit den Zwecken des Rechtes harmonierenden Vorgangs nur unter der Voraussetzung, daß dieser Handlung gewisse weitere Handlungen folgen, von welchen es abhängt, daß nicht aus jener verderbliche Wirkungen für andere sich entwickeln. In diesen anderweiten Handlungen der Genannten liegen die ergänzenden Bedingungen der Rechtmässigkeit ihres Verhaltens[20]." Der Täter müsse die ergänzende Handlung vornehmen, nicht weil er hierzu rechtlich besonders verpflichtet sei, sondern weil er sonst *ursächlich* würde für einen verbotenen Erfolg und deshalb bestraft würde. „Wir bedürfen daher für die Pflicht zur Vornahme jener ergänzenden Handlungen keiner, außerhalb dieses Zusammenhangs liegenden gesetzlichen Begründung. Dieselbe hat ihr ausreichendes Fundament in den Eigenschaften des thätigen Verhaltens der betreffenden Personen, darin, daß das letztere ohne jene Ergänzung Verletzungen rechtlich geschützter Interessen und der diese Verletzungen betreffenden Verbote mit sich führt[21]."

---

[19] *Glaser*, a.a.O., S. 301.
[20] *Merkel*, Lehrbuch, S. 111/112.
[21] *Merkel*, a.a.O., S. 112/113.

3.2.5 Binding

Da hier kein erschöpfender Überblick über die Dogmengeschichte des unechten Unterlassungsdelikts zu geben ist, interessieren von *Bindings* Lehren nur die Gedanken, die der Erfassung der Rechtspflicht aus vorangegangenem Tun dienlich sein können. Alles andere aber soll, als für dieses Anliegen nicht wesentlich, beiseite gelassen werden.

Binding gibt folgendes Beispiel: „Ich nehme einen Hund mit mir auf die Strasse — einerlei ob meinen Hund oder den eines Anderen —, der die Untugend hat, alle schlecht angezogenen Leute ernsthaft anzufallen, aber die Tugenden besitzt, auf mein Wort zu hören und sich nicht aus meiner Sehweite zu entfernen. Ich will ihm gerade jene Untugend abgewöhnen. Soll ich nun nicht Urheber der Schäden werden, die der Hund anrichtet, so bedarf es einer Willensanspannung in zweifacher Richtung: Ich muss die Aufmerksamkeit so scharf anspannen als nötig, um sofort zu bemerken, wenn der Hund seine Tücke üben will, und muss schon zum voraus gewillt sein, im gleichen Moment mit Ruf, Pfiff oder Peitsche zu intervenieren. Diese Willensspannung nehme ich vor. Solange ich bei ihr beharrend rechtzeitig intervenire, wird der Hund nicht beissen... (Mein) rein psychischer Hemmungsapparat muß unbedingt funktioniren, wenn es nicht zu Verletzungen von Passanten auf der Strasse durch den Hund kommen soll. Es wäre ein grober Fehler, dieses ‚Muss' im Sinne der Rechtspflicht zu nehmen; es ist ganz allein im Sinne unserer Kausalitätsauffassung zu verstehen. Das Präjudiz der Verletzung dieses ‚Muss' ist nicht die Entstehung der Verantwortlichkeit, sondern die Entstehung der Urheberschaft[22]."

An anderer Stelle sagt *Binding* allgemein: „Habe ich getan, was den Tod eines Menschen herbeiführen kann, welchen Erfolg ich aber vermeiden will, so muß ich jetzt die Wirkung meines Tuns paralysiren, soll ich nicht Urheber des Erfolgs werden. Mit dem ‚Muss' ist scheinbar meine Tätigkeitspflicht statuirt, diese wird dann als Rechtspflicht gedeutet und damit ist die schlimmste Konfusion fertig. Das ‚Muss' ist aber nur eine Konsequenz meines bisherigen kausalen Wirkens. Will ich nun nicht Urheber werden, so muß ich das hintertreiben, ganz einerlei, ob das, wovon ich nicht Urheber werden will, ein erlaubter oder verbotener Erfolg ist. Das ‚Muss' ist nur ein Muss vom Standpunkt der Kausalitätsbetrachtung aus, und hat mit dem Recht gar nichts zu tun[23]."

---

[22] *Binding*, Normen II, 1, S. 552 f.
[23] *Binding*, a.a.O., S. 549.

3.3 Wesen der Rechtspflicht in den Kausallehren

Nach der Theorie der Kausalisten gibt es keine „unechten" Unterlassungsdelikte. Es gibt nur Begehungs- und Unterlassungsdelikte. Die *unechten Unterlassungsdelikte* seien, wird gelehrt, in Wahrheit *echte Begehungsdelikte*. Wer einem ungeübten Schwimmer verspreche, ihm bei einer Schwimmpartie behilflich zu sein, ihm aber hernach nicht beistehe, so daß er ertrinke, verursache seinen Tod nach demselben Kausalbegriff, nach dem er ursächlich sei, wenn er ihn töte, indem er ihn ins Wasser stoße. In beiden Fällen habe er eine „wirkende Ursache" für den Tod des anderen gesetzt, im einen Falle dadurch, daß er ihm den Stoß versetzte, im anderen dadurch, daß er ihn bewogen habe, ins Wasser zu gehen. Da es aber verboten sei, eine wirkende Ursache für den Tod eines anderen zu setzen, habe er in beiden Fällen dieses Verbot übertreten. Der Täter hätte es unterlassen sollen, den Tod des anderen zu bewirken. Weil er dem Verbot zuwider eine wirkende Ursache gesetzt habe, werde er bestraft. Der Unterschied der beiden Verhaltensweisen bestehe nur darin, daß hier *verschiedene Tatmodalitäten des Begehungsverbrechens* vorlägen. Wie es aber unerheblich sei, ob jemand einen anderen ertränke, erschieße oder erwürge, sei es auch einerlei, ob er den Tod des anderen durch ein nichteingehaltenes Versprechen oder eine Amtsübernahme bewirke. Wenn im konkreten Falle ein Versprechen dieselbe Wirkung habe wie ein Schuß auf das Opfer, dann müsse es auch strafrechtlich die gleichen Folgen nach sich ziehen.

Eine „Gleichstellungsproblematik"[24] zwischen Begehung und Unterlassung taucht bei dieser Betrachtungsweise nicht auf. Es werden nicht verschiedenartige Verhaltensweisen, Tun und Unterlassen, unter bestimmten Voraussetzungen einander in der Rechtsfolge gleichgestellt, sondern *Gleiches wird gleich behandelt*. Daraus folgt für die Kausallehren, daß beim Begehungsdelikt in der Tatmodalität des unechten Unterlassens so wenig die Konstruktion einer besonderen Rechtspflicht, den Erfolg abzuwenden, erforderlich ist, wie beim „normalen" Begehungsdelikt. Die Kausalisten leugnen deshalb — von ihrem Standpunkt aus folgerichtig —, daß es rechtlich begründete Erfolgsabwendungspflichten gebe. „In Wahrheit bedürfen wir solcher Gebote nicht, und wo sie bestehen, da können sie eine sonst fehlende Verursachung weder erzeugen noch ersetzen[25]." Nach *Binding* ist das ‚Muß' nur ein Muß vom Standpunkt der Kausalitätsbetrachtung aus, und hat mit

---

[24] So das Thema der Schrift von *Rudolphi*: Die Gleichstellungsproblematik des unechten Unterlassungsdelikts und der Gedanke der Ingerenz. Vgl. Schrifttumsverzeichnis.

[25] *Merkel*, Lehrbuch, S. 115.

3.3 Wesen der Rechtspflicht in den Kausallehren

dem Recht gar nichts zu tun[26]. Wenn der geübte Schwimmer, der einem ungeübten Hilfe versprochen habe, ihn aus der Gefahr rette, mache er die von ihm begonnene, zu dem Tod des anderen hinstrebende Kausalreihe unschädlich. Er handle, damit er nicht Urheber des Todes des anderen werde. Daß diese Gedankengänge einst auch in die Rechtsprechung Eingang gefunden haben, zeigt ein Satz aus dem oben Nr. 2.2.4 angeführten Urteil RGSt. 58/244 (Benennung eines KP-Mitglieds als verantwortlicher Redakteur). Das RG schweift darin zu dem gedachten Falle einer Kuppelei durch Vermieten von Wohnräumen ab und führt aus: „Um sich vor strafrechtlicher Verantwortung zu schützen, ist er daher gezwungen, den Ursachenverlauf zu hemmen, den sonst sich ergebenden ursächlichen Zusammenhang zu unterbrechen[27]." Dies ist es, was die Kausalisten meinten, wenn sie von einer „Erfolgsabwendungspflicht" sprachen: sich selbst vor strafrechtlicher Verantwortung schützen.

Den Kausallehren ist es nicht gelungen, worauf schon *Traeger* hingewiesen hat[28], die Klippe des dolus subsequens sicher zu umschiffen. Wer einen anderen versehentlich ins Wasser stößt und ihn danach wissentlich und willentlich nicht vor dem Ertrinkungstode rettet, hat die wirkende Ursache, den Stoß, nicht vorsätzlich gesetzt. Trotzdem soll er nach Meinung der Kausalisten ein vorsätzliches Tötungsdelikt begangen haben[29]. Der Vorsatz folgt hier aber der Handlung erst nach. Letztlich kommen die Kausallehren deshalb doch dazu, die Unterlassung zu bestrafen.

Läßt sich der Gedanke der kausalen Verknüpfung aber nicht wenigstens für die Begründung einer Garantenstellung fruchtbar machen? Wer einem ungeübten Schwimmer verspricht, ihm zu helfen, wenn er matt werde, und wer einen anderen versehentlich ins Wasser stößt, ist nach heute h. L. Garant. Erfüllt er seine Garantenpflichten vorsätzlich nicht, so ist er wegen Totschlags oder Mordes strafbar. Das Ergebnis unterscheidet sich demnach von dem der Kausallehren nicht. Bei dem versehentlichen Stoß, mit dem jemand einen anderen ins Wasser befördert, ist die kausale Verknüpfung zwischen dieser Handlung und dem Tode des Ertrunkenen klar ersichtlich. Sie ist aber auch bei einem Beistandsversprechen, das nachher nicht erfüllt wird, gegeben. Ohne die zugesagte Hilfe würde sich der ungeübte Schwimmer der Gefahr nicht ausgesetzt haben, in der er umgekommen ist.

---

[26] Vgl. oben S. 55.
[27] RGSt. 58/244, 246.
[28] *Traeger*, Das Problem der Unterlassungsdelikte, S. 32 u. 57.
[29] *Krug*, Abhandlungen, S. 40; *Glaser*, Abhandlungen, S. 301; *Binding*, Normen, II, 1, S. 604 f.

Eine bloße kausale Verknüpfung genügt aber als alleiniger Entstehungsgrund von Garantenpflichten offensichtlich nicht. Eine Kausalbeziehung ist in vielen Fällen nicht gegeben, in denen doch Garantenpflichten zweifelsfrei bejaht werden, so zum Beispiel bei den Garantenstellungen aus engen familiären Beziehungen. Ist mithin der Kausalbegriff als Grundlage der Garantenpflichten einerseits zu eng, so ist er andererseits aber auch zu weit. Der Bereich des strafbaren Unterlassens würde ins Uferlose erstreckt, wenn ausnahmslos *jeder* kausale Beitrag als Grundlage einer Garantenstellung genügen würde. Der Erbauer eines Schwimmbassins, in dem später jemand zu ertrinken droht, wäre dann ebenso Garant, wie der, auf dessen vorschriftsgemäß geparktes Auto ein anderer auffährt und sich schwer verletzt. So uneingeschränkt nimmt aber heute niemand das kausale Wirken zur Begründung einer Garantenstellung. Daß ein Zusammenhang, der „faktische Vorgänge in völlig wertfreier Weise miteinander verknüpft, allein nicht geeignet ist, eine Rechtspflicht zu erzeugen"[30], wird heute nicht bezweifelt[31]. Es bedarf deshalb einer weiteren Begründung dafür, daß aus einem gefährdenden Tun eine Garantenstellung entsteht, als nur des Hinweises auf den kausalen Zusammenhang. Nach dieser Begründung soll im Schrifttum weiter gesucht werden.

3.4 Andere Begründungen für die Rechtspflicht

3.4.1 Weg der Untersuchung

Ein Überblick setzt eine ordnende Hand voraus, wenn er ein Gesamtbild vermitteln soll. Es bieten sich zwei Möglichkeiten an, diese Ordnung zu schaffen. Entweder faßt man diejenigen Autoren zu einer Gruppe zusammen, die eine gleiche oder ähnliche Begründung für die Rechtspflicht aus vorangegangem Tun geben, oder man ordnet die Autoren zueinander, die von derselben dogmatischen Konstruktion des unechten Unterlassungsdelikts ausgehen. Der erste Weg entspricht dem Ordnungsideal, Gleiches zu Gleichem zu stellen, eher als der zweite. Doch dürfte man hier mannigfachen Schwierigkeiten begegnen. Einmal wird es angesichts der vielen Nuancen nicht leicht sein, zu entscheiden, ob die Äußerung eines Autors über die Ingerenz der eines anderen entspricht. Die Mühe, dies zu untersuchen, würde aber nicht mehr Gewinn bringen, als daß eben formal Ordnung geschaffen werden kann. Zum anderen müßte der dogmatische Ausgangspunkt jedes Autors jeweils besonders dargestellt werden, um den Zusammen-

---

[30] *Henkel*, MschrKrim. 1961/185.
[31] *Gallas*, Niederschriften Bd. 12, S. 79; *Kaufmann*, Dogmatik, S. 286; *Rudolphi*, Gleichstellungproblematik, S. 12 u. 19.

3.4 Andere Begründungen für die Rechtspflicht

hang seiner Lehre erkennen zu lassen. Die Darstellung wäre dadurch der Gefahr, unübersichtlich zu werden, ausgesetzt. Der zweite Weg verspricht dagegen gleich mehrere Vorteile. Erstens kann der dogmatische Ausgangspunkt vorweg gemeinsam für mehrere Autoren erläutert werden. Zweitens zeigt sich, ob und wie sich die Begründungen für die Rechtspflicht aus vorangegangenem Tun im Laufe der Zeit geändert haben, da die Darstellung der historischen Entwicklung der Dogmatik des unechten Unterlassungsdelikts folgen kann. Drittens läßt sich erkennen, ob die dogmatische Konstruktion einen Einfluß auf den Inhalt der Rechtspflicht aus vorangegangenem Tun hat. Diese Vorteile geben den Ausschlag für den zweiten Weg.

Die verschiedenartigen dogmatischen Ansätze der Lehren zum unechten Unterlassungsdelikt hat *Kaufmann* in seiner „Dogmatik der Unterlassungsdelikte" in eine übersichtliche Gliederung gebracht. Seine Einteilung ist differenzierter als andere Systeme und deshalb besser geeignet, die Besonderheiten der einzelnen Lehren erkennen zu lassen. Die historische Entwicklung wird sichtbar, weil *Kaufmann* von den ältesten Konstruktionen zur heute herrschenden Lehre hinführt. Diese Einteilung soll der folgenden Übersicht zugrunde gelegt werden. Dies ermöglicht es, die Darstellung der allgemeinen Lehren zum unechten Unterlassungsdelikt knapp zu halten und das Hauptgewicht auf die Rechtspflicht aus vorangegangenem Tun zu legen.

Kaufmann unterscheidet *drei Hauptgruppen* von Theorien, die er jeweils wieder in Untergruppen gliedert[32]. In der *ersten Hauptgruppe* faßt *Kaufmann* diejenigen Lehren zusammen, die durch entsprechende Erweiterung der „generellen Tatbestandsmerkmale" des Kommissivdelikts die Fälle der Begehung per ommissionem zu erfassen suchen. Gemeinsam ist diesen Autoren, daß es ihnen um den Nachweis geht, gerade die unechten Unterlassungen — und unter den Unterlassungen nur diese — unterfielen dem Handlungsbegriff oder dem Kausalbegriff der Begehungsdelikte. Zu dieser Gruppe gehören die bereits erörterten Lehren von *Krug, Glaser, Merkel* und *Binding*. Aber auch *v. Rohland, v. Bar* und *v. Liszt* sind trotz der Unterschiede in ihren Lehren hierher zu rechnen. Der *zweiten Gruppe* von Theorien ist gemeinsam, daß sie die unechte Unterlassung als ein Problem der Rechtswidrigkeit ansehen, und zwar als ein Problem der Rechtswidrigkeit des Begehungsdelikts. Hier sind, jeweils gegliedert in Untergruppen, zu nennen: *Beling, M. E. Mayer, R. v. Hippel, Frank, Sauer, Kissin, Schaffstein* und *Dahm*. Die *dritte Gruppe* sieht den Standort des Problems im Tatbestand. In den Begehungstatbestand wird ein ungeschriebenes Tat-

---
[32] *Kaufmann*, Dogmatik, S. 243 ff.

bestandsmerkmal, die Garantenstellung, eingefügt. Diese auf *Nagler* zurückgehende Lehre ist heute herrschend. *Kaufmanns* eigene Lehre, der sich *Welzel* angeschlossen hat, müßte als neue Untergruppe hier genannt werden. *Kaufmann* konstruiert einen ungeschriebenen Gebotstatbestand. Im folgenden Abschnitt wird nun untersucht, welche Begründungen für die Rechtspflicht aus vorangegangenem Tun die Vertreter dieser Gruppen geben. Der dogmatische Ausgangspunkt wird dabei jeweils kurz geschildert.

3.4.2 Die unechte Unterlassung als Kausal- oder Handlungsproblem

3.4.2.1 v. Rohland, v. Bar

In Abkehr von den oben dargestellten Kausallehren sieht *v. Rohland* die Kausalität der Unterlassung dadurch gegeben, „daß vom Standpunkt der rechtlichen Erwartung aus betrachtet der Verlauf der Dinge durch sie ein anderer geworden ist, als er sonst geworden wäre..."[33]. Die Unterlassung als solche könne also ursächlich sein. Sie sei es aber nur, wenn „vom Standpunkt des Rechts aufgrund einer vorhandenen Rechtspflicht" ein Handeln erwartet werden könne[34].

Der „Rechtspflicht" widmet sich *v. Rohland* nur kurz. Sein Hauptanliegen ist die dogmatische Konstruktion. Er schreibt: „Rechtlich verpflichtet zur Abwendung von Gefahren ist einerseits, wer, ohne rechtswidrige Absicht handelnd, durch sein Tun die mögliche Ursache zu einem rechtswidrigen Erfolg setzt, wer also zu komplementärer Thätigkeit verpflichtet war, andererseits gegenüber nicht selbsterzeugten Gefahren, wem gesetzlich oder vertragsmäßig die Fürsorge für andere obliegt, wie z. B. den Eltern über ihre Kinder, dem Krankenpfleger, Gefangenen- und Bahnwärter[35]."

Dies ist nun wirklich eine Äußerung über die Rechtspflicht, die dem heutigen Verständnis entspricht, doch bleibt *v. Rohland* eine nähere Erläuterung schuldig.

Der Auffassung von *v. Rohlands* nah verwandt ist die Lehre *v. Bars*. Auch er verneint einen „natürlichen Kausalzusammenhang" zwischen Unterlassung und Erfolg, spricht aber der Unterlassung in besonders zu begründenden Ausnahmefällen „aufgrund einer unausweichlich sich aufdrängenden Anschauung des Lebens, der das Recht die Anerkennung nicht versagen" könne, kausalähnliche Wirkung zu[36]. Diese

---

[33] *v. Rohland*, Kausallehre, S. 59.
[34] *v. Rohland*, a.a.O., S. 59.
[35] *v. Rohland*, a.a.O., S. 57.
[36] *v. Bar*, Gesetz und Schuld, Bd. II, S. 258.

3.4 Andere Begründungen für die Rechtspflicht

Ausnahme liege vor, wenn das Tätigwerden „gleichsam selbstverständlich" sei. Bei einer Rechtspflicht zum Handeln sei dies stets der Fall. Aber auch ohne eine solche werde in besonderen Fällen ein Tätigwerden als selbstverständlich empfunden. Hierher rechnet *v. Bar* bestimmte Fälle von gefährdendem Tun. „Ebenso werden wir es als selbstverständlich ansehen, daß jemand die schädlichen Folgen eines an sich fehlerhaften (schuldhaften) Verhaltens durch positive Tätigkeit abwendet, sofern er noch rechtzeitig von dem wahrscheinlichen Eintreten jener Folgen Kenntnis erhält, oder daß er diese Folgen, sofern sie schon eingetreten sind, minder schädlich, minder dauernd mache. Dagegen ist niemand rechtlich verpflichtet, bei einem voraufgegangenen, völlig fehlerlosen, eine komplementäre Tätigkeit nicht erfordernden Verhalten noch tätig zu werden, um unvorsichtige Personen zu warnen, ihnen zu helfen oder sonstige, allerdings im mechanischen Sinne durch sein Verhalten verursachte Unglücksfälle zu verhüten[37]."

v. Bar kommt also zu einer Strafbarkeit der Unterlassung in bestimmten Ingerenzfällen, ohne die Pflicht zum Handeln zur Rechtspflicht zu erheben.

3.4.2.2 *v. Liszt*

v. Liszt bezeichnet die Pflicht zur Erfolgsabwendung aus einem gefährdenden Tun wieder als eine Rechtspflicht. Nur wenn eine Rechtspflicht zur Hinderung des Erfolges begründet gewesen sei, stehe die Nichthinderung des Erfolges seiner Verursachung gleich. Nur die rechtswidrige Unterlassung ziehe die Rechtsfolge des Tuns nach sich. „Die Rechtspflicht zum Tun kann sich ergeben: I... II. aus einem vorangegangenen fremde Interessen gefährdenden Tun, das, auch wenn es nicht rechtswidrig war, den Gefährdenden zur Abwendung drohender Verletzungen verpflichtet[38]." *v. Liszt* führt zur Begründung nur an, dies sei „gemeine Meinung"[39].

3.4.3 Die unechte Unterlassung als Problem der Rechtswidrigkeit

3.4.3.1 *Beling, M. E. Mayer, R. v. Hippel, Frank*

Alle diese Autoren behandeln das unechte Unterlassungsdelikt nur bei der Rechtswidrigkeitsprüfung anders als das Begehungsdelikt. „Tatbestandlich (ist) die Nichtabwendung eines tatbestandlichen Er-

---

[37] *v. Bar*, a.a.O., S. 267.
[38] *v. Liszt*, Lehrbuch, S. 127.
[39] *v. Liszt*, a.a.O., S. 127 Anm. 6.

folges eben auch Tatbestandsverwirklichung, also ‚Tötung' im Sinne des § 211 usw... Das ‚Töten' umfaßt das ‚Nichtretten'. Der Tatbestand ist hier schlechthin unempfindlich gegen eine verschiedene Behandlung ... nur die Frage nach der Rechtswidrigkeit harrt differenzierter Behandlung[40]." Rechtswidrig sei das Unterlassen nur, wenn es einer Rechtspflicht zuwiderlaufe. Nach *Beling* besteht eine Rechtspflicht zum Handeln nur insoweit, „als das positive Eingreifen 1. von einer speziellen Satzung gefordert wird; oder 2. in einen kraft Gesetzes mit einer gewissen Rechtsstellung verbundenen Pflichtenkreis einschlägt (Eltern, Beamte); oder 3. jemand willentlich die künftige Abwendung von Gefahren in seine Hand genommen hat, sei es a) daß er durch eine wenn auch unverbotene oder schuldlose Handlung die Gefahr heraufbeschworen hatte, z. B. Einbringung wilder Tiere; sei es b) daß er aus freien Stücken eine Schützerrolle übernommen (z. B. ein ausgesetztes Kind zu sich genommen) hatte"[41]. *Belings* Beispiel für das gefährdende Tun ist sehr speziell: Einbringung wilder Tiere. Da er nichts weiter hinzufügt, bleibt offen, ob jede beliebige Gefährdung genügt, oder ob erforderlich ist, daß eine Gefahrenquelle eröffnet wird, aus der ständig Gefahren drohen.

M. E. *Mayer* sieht in der Ingerenz nur ein Problem des Zusammentreffens mehrerer Straftaten. „Jede auf ein Delikt folgende tatbestandsmäßige Unterlassungstätigkeit ist rechtswidrig, es sei denn daß ein Rechtfertigungsgrund eingreift; gesonderter Bestrafung unterfällt die Untätigkeit nur, falls sie selbständig ist[42]. Für die „Selbständigkeit" läßt M. E. *Mayer* folgende Kriterien entscheidend sein: „Die dem ersten Delikt nachfolgende Unterlassung ist als selbständiger Vorgang zu würdigen (Realkonkurrenz), wenn sie das Ergebnis eines neuen Entschlusses oder die Bedingung eines neuen Erfolges ist; andernfalls ist die Unterlassung unselbständig (unechte Realkonkurrenz)[43]." Ob die Unterlassung das Ergebnis eines neuen Entschlusses sei, hänge vom Wesen des alten ab. Wer aus Versehen ein Wasserrohr anschlage und dann befriedigt zusehe, wie das ausströmende Wasser die Möbel beschädige, habe für sein Unterlassen einen neuen Entschluß gefaßt. An die fahrlässige straflose Beschädigung des Rohres reihe sich deshalb die vorsätzliche strafbare der Möbel an. Dieses Beispiel zeigt, daß M. E. *Mayer* eine tatbestandsmäßige und rechtswidrige Vorhandlung genügen läßt. Sie braucht nicht schon für sich strafbar zu sein.

Nach R. v. *Hippels* Ansicht gehören zur Rechtspflicht aus vorangegangenem Tun „zwei wesentliche, schärfer bestimmbare Gruppen

---

[40] *Beling*, Die Lehre vom Verbrechen, S. 164, 224, 225.
[41] *Beling*, Grundzüge, S. 38, 39.
[42] M. E. *Mayer*, Der allg. Teil, S. 192.
[43] M. E. *Mayer*, a.a.O., S. 194.

3.4 Andere Begründungen für die Rechtspflicht

von Fällen: a) die Ausübung jeder Tätigkeit, jedes Wirkungskreises, der die rechtlich geschützten Interessen Dritter berührt, begründet die Rechtspflicht, die nach den Regeln des Verkehrs erforderlichen Vorsichtsmaßregeln gegenüber möglichen Gefahren und Unglücksfällen zu treffen. Wer die unterläßt und dadurch den Erfolg verursacht, handelt widerrechtlich und ist wegen Kommisivdelikts durch Unterlassen strafbar... b) Wer im Einzelfalle durch aktives Handeln, wenn auch schuldlos, die Gefahr eines konkreten Erfolges erzeugt hat, ist verpflichtet, den Eintritt des Erfolges durch Handeln zu hindern, wenn er dazu imstande ist"[44]. Soweit eine Rechtspflicht zum Handeln grundsätzlich bestehe, bedürfe doch deren Umfang im Einzelfalle unter Umständen der näheren Prüfung. So könne von jemandem, der einen anderen in Notwehr verletzt habe, nicht verlangt werden, daß er ihm nachher zu Hilfe eile[45].

Kritisch äußert sich *Frank* über die Rechtspflicht aus vorangegangenem Tun. Er erkennt sie an, wenn jemand bewußtermaßen eine gefährdende Handlung vollzieht. Darin liege die stillschweigende Übernahme der Verpflichtung zur Schadensabwendung. Der Arzt, der zu Heilzwecken den Körper des Kranken öffne, übernehme gleichzeitig die Verpflichtung, die Wunde wieder zu schließen[46]. Daß aber ein Gewohnheitsrechtssatz existiere, wonach auch die unbewußte Herbeiführung einer Gefahr die Verpflichtung begründe, den schädlichen Folgen soweit als möglich entgegenzutreten, sei in dieser Allgemeingültigkeit entschieden zu bestreiten. Dies stünde auch in Widerspruch zu anderen Rechtsgrundsätzen. Zum Beispiel dürfe dem, der fahrlässig einen Brand verursacht habe, eine Pflicht zum Löschen dann nicht auferlegt werden, wenn er sich dadurch als Täter der fahrlässigen Brandstiftung bloßstellen würde. Auch sei es sehr fraglich, ob der Satz nicht zur Annahme eines dolus subsequens führe. *Frank* schreibt am Ende seiner Ausführungen zur Strafbarkeit der unechten Unterlassungen: „Daß in der Frage nach der Haftbarkeit für Unterlassungen das letzte Wort noch nicht gesprochen wurde, ist sicher... Vorläufig handelt es sich um ein ungelöstes Problem[47]."

3.4.3.2 Sauer, Kissin

Sauer und *Kissin* sehen die Frage nach der strafbegründenden Garantenpflicht als ein Problem der materiellen Rechtswidrigkeit an. Nach *Sauer* ist das Unterlassungsproblem nur lösbar, wenn Voraus-

---
[44] R. v. Hippel, Deutsches Strafrecht, 2. Bd., S. 163, 164.
[45] R. v. Hippel, a.a.O., S. 166.
[46] Frank, StGB, Anm. IV zu § 1, S. 18.
[47] Frank, a.a.O., Anm. IV 2 zu § 1, S. 19.

setzungen und Grad der Strafwürdigkeit der Unterlassung erforscht werden. Die Strafwürdigkeit bestimme sich nach zweierlei: „nach dem Maß der staatlich-sozialen Gefährlichkeit und Schädlichkeit der Tat (materielles Unrecht) und nach dem Maß der in ihr enthaltenen rechtlich-sittlichen Verwerflichkeit des Täters, d. h. nach seiner Pflichtwidrigkeit (materielle Schuld)"[48]. „Sozial gefährlich" oder „schädlich" ist die Untätigkeit nach *Sauer*, wenn sie objektiv geeignet ist, ein Rechtsgut zu verletzen oder zu gefährden[49] oder, wie es an anderer Stelle heißt, „sozial gefährdend ist die Unterlassung, wenn die (soziologisch) erwartete Handlung die Gefahr voraussichtlich beseitigt hätte"[50]. Darin liege das materielle Unrecht. Die subjektive Pflichtwidrigkeit des Täters (materielle Schuld) richte sich nach Inhalt und Stärke der Pflicht zur Gefahrenabwehr[51].

Ein gefährdendes Tun begründe eine besonders starke Pflicht zur Verhütung der dadurch drohenden Schäden. Bleibe der Täter untätig, so sei sein Verhalten besonders verwerflich. „Bei Begründung oder Verschärfung der Gefahr durch den Täter selbst, sei es auch ohne Schuld (so daß nicht schon dieses ‚Handeln' strafbar ist), entsteht die Rechtspflicht zur Abwehr des unerwünschten Erfolges lediglich auf Grund jener Verursachung. Der Grad der Pflicht ist in diesem Fall ein entsprechend hoher, und die von dem Täter zu bringenden, erwarteten Opfer sind ebenfalls hoch, weil ohne ihn nicht die Gefährdung eingetreten wäre. Dies ist eine Forderung der Gerechtigkeit[52]."

Kissin rechtfertigt die Pflicht zur Abwendung selbstgeschaffener Gefahren unmittelbar aus der Rechtsidee. Der Staat dürfe ein positives Handeln nur anbefehlen, wenn daraus für die staatliche Gemeinschaft mehr Nutzen als Schaden erwachse. Mehr Nutzen als Schaden habe die Gemeinschaft von einem Gebot zum Handeln, wenn entweder der durch das Gebot verhütete Schaden größer sei als der in der Einschränkung der Handlungsfreiheit liegende oder wenn die Handlungsfreiheit durch das Gebot im konkreten Fall nicht stärker eingeschränkt werde, als durch die gewöhnliche Verbotsnorm[53]. Richte die Gemeinschaft an den Einzelnen das Gebot, Gefahren zu beseitigen, an deren Entstehung er Anteil gehabt habe, so beschränke sie seine Handlungsfreiheit nicht weitergehend als durch das Verbot, Schaden zu stiften. Die Gemeinschaft könne vom Einzelnen nicht erwarten, daß er ihr

---

[48] *Sauer*, GS 114/289, 290.
[49] *Sauer*, a.a.O., S. 292.
[50] *Sauer*, Allg. Strafrechtslehre, S. 90.
[51] *Sauer*, GS 114/304.
[52] *Sauer*, a.a.O., S. 304, 305.
[53] *Kissin*, Strafr. Abh., Heft 317, S. 84 u. 99.

3.4 Andere Begründungen für die Rechtspflicht

einen Vorteil bringe, den sie ohne sein Dasein nicht hätte. Wohl aber könne sie verlangen, daß ein Schaden ausbleibe, der bei Nichtexistenz dieses Mitglieds nicht eingetreten wäre. Im Endergebnis dürfe die Gemeinschaft durch das Zusammenleben mit einem ihrer Mitglieder also nicht belastet werden. Daraus folgert *Kissin*, daß die Pflicht zur Beseitigung einer Gefahr dem auferlegt werden muß, „von dessen Dasein der befürchtete Erfolg im Falle seines Eintritts in irgendeiner Weise abhängig sein würde"[54]. Für diese Abhängigkeit genüge allerdings nicht die Beziehung einer conditio sine qua non. Das vorangegangene Tun müsse vielmehr die „nahe Wahrscheinlichkeit" für den Eintritt des Erfolges begründet haben, er müsse die „generelle Tendenz" zu dem schädlichen Erfolg aufgewiesen haben[55]. Warum dies so sein müsse, erläutert *Kissin* nicht.

3.4.3.3. Schaffstein, Dahm

Schaffstein und *Dahm* lehrten, daß die formale Pflichtwidrigkeit der Unterlassung allein das Unterlassungsdelikt noch nicht ausmache. Der Unterlassende müsse auch dem vom Gesetzgeber bei dem fraglichen Einzeltatbestand vorausgesetzten Tätertypus entsprechen.

Ob es richtig ist, diese Lehre hier, unter den „Rechtswidrigkeitslösungen", einzuordnen, kann bezweifelt werden. *Kaufmann* begründet es damit, *Schaffstein* und *Dahm* sei es nicht darum gegangen, das Gleichstellungsproblem wenigstens grundsätzlich als eine Frage des Tatbestands des Begehungsdelikts zu erweisen[56]. Da hier keine gesamtsystematische Untersuchung angestellt wird, kann diese Frage auf sich beruhen.

Für *Schaffstein* ist es eine Frage des Besonderen Teils, ob eine pflichtwidrige Unterlassung den Unterlassenden als Täter erscheinen lasse. Sie könne nur nach der spezifischen Eigenart gerade des Delikts, das in Frage stehe, beantwortet werden. Es gäbe jedoch einzelne Kriterien, die zwar nicht mit logischer Notwendigkeit und insbesondere nicht bei allen Delikten gleichmäßig, aber doch besonders oft den Unterlassenden als Täter erscheinen ließen, und denen deswegen eine symptomatische Bedeutung für die Täterbegriffe der meisten Delikte zukomme. Ein solches Kriterium sei auch die eigene Vorhandlung des Unterlassenden, welche eine erhöhte Pflicht zur Beseitigung der dadurch hervorgerufenen Gefahren begründe[57]. Oft bestehe eine Pflicht

---

[54] *Kissin*, a.a.O., S. 101, 102.
[55] *Kissin*, a.a.O., S. 105.
[56] *Kaufmann*, Dogmatik, S. 248 Anm. 63 a.
[57] *Schaffstein*, Gegenwartsfragen, S. 110.

zur Erfolgsabwendung unter sonst gleichen Umständen auch ohne ein vorausgegangenes Tun. „Aber erst dieses Tun wird regelmäßig die Verletzung jener Pflicht als so schwer erscheinen lassen, daß das gesunde Volksempfinden den pflichtwidrig Unterlassenden zum Täter stempelt. Wer im Wald oder im Dorf einen in der Entstehung begriffenen Brand bemerkt, ist, auch wenn er an seiner Entstehung nicht beteiligt ist, in der Regel verpflichtet, das Feuer zu löschen. Aber erst der Umstand, daß der Unterlassende durch sein eigenes unvorsichtiges Tun den Brand verursacht hat, läßt ihn, wenn er den Brand nicht löscht, als Brandstifter erscheinen[58]."

Schaffstein hebt erstmals klar hervor, daß man unterscheiden müsse zwischen der Frage, ob jemand im Einzelfalle verpflichtet sei, einer schädlichen Entwicklung entgegenzutreten, und der ganz anderen Frage, ob er, wenn er das nicht tue, sich nach der Strafnorm eines entsprechenden Begehungsdeliktes strafbar mache. Daß man diese beiden Fragen nicht genügend scharf auseinandergehalten hat, belastet die Diskussion um die Garantenstellung aus vorangegangenem Tun bis heute. Bei einem Verkehrsunfall zum Beispiel kann es keine Frage sein, daß der Autofahrer dem Verletzten helfen muß und eine grobe Pflichtwidrigkeit begeht, wenn er flüchtet. Eine ganz andere Frage ist aber, ob sein vorangegangenes Tun allein geeignet ist, diese Pflichtwidrigkeit als Mord oder Totschlag erscheinen zu lassen.

Nach *Schaffstein* wird sich dafür, daß den Unterlassenden gerade sein eigenes vorausgegangenes Tun meist zum Täter stempelt, keine völlig rationale Erklärung geben lassen. „Es scheint hier in der Tat so zu sein, daß für eine wesenhafte und aus dem Volksempfinden geschöpfte Anschauung vom Täter das ursprüngliche aktive Tun selbst dann relevant ist, wenn es nicht vom Erfolgsvorsatz getragen war, und wenn dieser beim Tun noch fehlende Vorsatz gewissermaßen als dolus subsequens bei der Unterlassung nachgeholt wird[59]."

Dahm nennt die Rechtspflicht aus vorangegangenem Tun einen zwar nicht entbehrlichen, aber „rohen und primitiven Gesichtspunkt". Es sei ein Stück Haftung ohne Schuld, an der kein Willensstrafrecht etwas ändere. Je stärker das Rechtsdenken auf formale Gesichtspunkte, wie der Begründung der Pflicht durch Gesetz oder Rechtsgeschäft wert lege, desto mehr bedürfe es einer Ergänzung und Korrektur durch eine Rücksichtnahme auf die grobe und rein faktische Wirklichkeit. Den „willkommenen Lückenbüßer" finde man im vorangehenden Tun[60].

---

[58] *Schaffstein*, a.a.O., S. 113.
[59] *Schaffstein*, a.a.O., S. 113.
[60] *Dahm*, ZStW Bd. 59, S. 177.

3.4 Andere Begründungen für die Rechtspflicht

Die Lehre bedürfe einer Verfeinerung und Vertiefung. „Vor allem kann nicht hingenommen werden, daß Rechtswidrigkeit oder Schuldhaftigkeit des vorhergehenden Tuns ohne Bedeutung sei. Wer einen anderen absichtlich einschließt, muß ihn sofort herauslassen, wer dies aus entschuldbarem Versehen getan hat oder gar derjenige, in dessen Räumen sich einer eingeschlichen hat, der nun nicht wieder heraus kann, ist nicht der Freiheitsberaubung schuldig, wenn er sich die angemessene Zeit läßt (wohl aber der Tötung, wenn der den Eingeschlossenen verhungern läßt). Das Ob und Wie der Pflicht ist so von der Schuldhaftigkeit und Rechtswidrigkeit des Vorhandelns in erheblichem Umfange abhängig...[61]".

3.4.4 Die unechte Unterlassung als Problem des Tatbestandes

Die heute herrschende, von *Nagler* begründete Lehre besagt, daß das unechte Unterlassungsdelikt schon auf der *Tatbestandsebene* vom Begehungsdelikt abweicht. „Töten" und „Nichtretten" sind nach ihr nicht gleichermaßen tatbestandsmäßig im Sinne des § 212 StGB, wie *Beling* lehrte[62]. Von diesem Ausgangspunkt gehen alle hier genannten Autoren aus. Auf die dogmatischen Unterschiede ihrer Lehren braucht hier nicht näher eingegangen zu werden, da sie für unsere Frage bedeutungslos sind.

Die Auswahl aus dem Schrifttum ist sehr begrenzt. Sie will nur von der Vielfalt der Meinungen einen Eindruck geben, nicht aber eine Nachschlagetafel für alle Äußerungen über die Ingerenz sein. Die Reihenfolge der Zitate richtet sich nach dem Erscheinungsjahr der zitierten Schriften.

Ein Bekenntnis zur Ingerenz legt *Nagler* ab: „Gleichviel wie man die Rechtspflicht kraft Ingerenz rechtfertigt, ... — daß das praktische Bedürfnis sie erfordert, steht außer jedem Zweifel[63]." *Nagler* unterscheidet zwei Formen der Ingerenz: a) Die „Herbeiführung einer Gefahr für bestimmte geschützte Rechtswerte: die Gefahr würde sich bei Untätigkeit des Gefährdenden zum widerrechtlichen Erfolg auswachsen. ... b) Die Begründung oder Aufrechterhaltung von zunächst ungefährlichen Lebenslagen (z. B. durch irgendeinen Gewerbebetrieb, die Ausübung eines Berufs, eine sonstige Hantierung, die Schaffung eines größeren Wirkungsbereichs), deren Weiterentwicklung angesichts einer später hinzutretenden, besonderen Komplikation den widerrechtlichen Erfolg nach sich ziehen würde, falls nicht die Abwehr recht-

---

[61] *Dahm*, a.a.O., S. 178.
[62] Siehe oben S. 61 f.
[63] *Nagler*, GS 111/27.

zeitig einsetzt. Hierher gehört insbesondere auch die Gefährdung durch den schlechten Zustand (Schadhaftigkeit, Ungeeignetheit, Unsicherheit) der vom Täter dem Verkehr oder auch nur der Benutzung eines anderen geöffneten Grundstücks (Berufsraum, Miethaus, Theater, Bahnhof) oder sonstiger Anlagen (wie Wege, Kanäle, Brücken). Dabei ist es gleichgültig, ob die zu besorgende Schädigung auf Naturkräfte zurückgeht (die z. B. einen Hausgiebel lockern oder Glatteis auf dem zu unterhaltenden Wege bilden) oder ob sie von Angestellten droht, die sich zu widerrechtlichen Betätigungen anschicken[64]." Die Einzelbegrenzung der Rechtspflicht hält *Nagler* für „noch unsicher". Insbesondere werde bestritten, ob die Gefahrbegründung verschuldet sein müsse oder aber — wofür schlechterdings alles spreche — die schuldlose Eröffnung der Gefahrenquelle ausreiche[65]. Dem Gesetzgeber empfiehlt *Nagler* „die Bereinigung der letzten Streitfrage hinsichtlich der Ingerenz (schuldhafte oder schuldlose Vorhandlung?)"[66].

Vogt leitet die Pflicht zum Handeln bei der Ingerenz aus einer „engeren sozialen Ordnung" her. Es fehle hier zwar an einer konstanten sozialen Sonderordnung oder auch nur an einer vorübergehenden sozialen Verbundenheit aufgrund eines bewußt eingegangenen Gemeinschaftsverhältnisses, wodurch sonst engere soziale Ordnungen gekennzeichnet seien[67]. „Und dennoch liegt auch bei der Ingerenz eine engere soziale Ordnung vor, und zwar eine der bedeutungsvollsten und von jeher in der Volksanschauung lebendigsten zugleich. Wo zwei aufeinandertreffen, da ist zwar von Gemeinschaft noch keine Rede, weil es an einer konkreten Vergemeinschaftung fehlt, wo aber einer den anderen in Gefahr gebracht oder eine bestehende Gefahr verstärkt hat, da umschlingt sie augenblicks ein stärkeres Band sozialer Zusammengehörigkeit, als es vordem der Fall war. Die allgemeine Pflicht, anderen zu helfen, verdichtet sich hier, und aus der allgemeinen Pflicht, Gefährdungen anderer zu unterlassen, erwächst die besondere Pflicht, die selbst geschaffene Gefahr zu beseitigen. Die Gefährdung des einen durch den anderen läßt einerseits den Gefährdeten in erster Linie auf die Rettung durch den Gefährdenden angewiesen sein und weist andererseits den Gefährdenden an, die von ihm vollzogene Störung des Gemeinschaftslebens nach Kräften abzuparieren. Die Ingerenz schafft also eine ganz besondere, ausschließlich auf Gefahrenabwehr gerichtete Ordnung des Sozialprozesses, und die ihr so zuteil werdende Erklärung ist ungleich

---

[64] *Nagler*, a.a.O., S. 26, 27.
[65] *Nagler*, a.a.O., S. 27.
[66] *Nagler*, a.a.O., S. 120.
[67] *Vogt*, ZStW Bd. 63, S. 402.

3.4 Andere Begründungen für die Rechtspflicht

lebensnaher als alle anderen Deutungsversuche, die ihr Wesen nicht zu erschöpfen vermögen[68]."

Vogt wendet sich gegen jede Einschränkung von der Vorhandlung her. Es sei völlig gleich, ob die Vorhandlung rechtmäßig oder rechtswidrig, schuldlos oder schuldhaft gesetzt wurde. Wer einen anderen in Notwehr niedergeschossen habe, sei ebenso zur Abwendung des drohenden Todes verpflichtet wie der Polizeibeamte, der rechtmäßig von der Schußwaffe Gebrauch gemacht habe. „In beiden Fällen bedeutet der kampfunfähig Gewordene keine Gefahr mehr, sondern nur noch ein Glied der Gemeinschaft, das durch seine Hilflosigkeit und sein Angewiesensein auf den, der ihm die Verwundung beigebracht hat, besonders eng mit jenem verbunden erscheint[69]."

Im Gegensatz zu dieser Meinung steht *Kaufmanns* Urteil über die Garantenstellung aus vorangegangenem Tun. „Mit der Ingerenz hat sich eine verfehlte dogmatische Konstruktion, eine Kausalitätsbetrachtung, über deren Scheitern heute Einmütigkeit herrscht, auf dem Umweg über eine ‚Rechtspflicht' zum Gewohnheitsrecht verhärtet[70]." Ein Erfolgsabwendungsgebot könne nur dann auf die Vorhandlung gestützt werden, wenn Klarheit darüber bestehe, daß aus dem Vorliegen dieses Erfolgsabwendungsgebots allein kein Schluß auf die Gleichstellung mit dem Begehungsdelikt gezogen werden dürfe. „Denn auch die Herbeiführung der Wahrscheinlichkeit des Erfolgseintritts vermag nicht ohne weiteres eine Garantenposition zu begründen; es bedarf zusätzlicher Kriterien, um hier die (annähernde) Gleichheit der Strafwürdigkeit von Unterlassen und Handeln zu rechtfertigen[71]." Diese zusätzlichen Kriterien zu entwickeln, sieht *Kaufmann* als eine Frage des Besonderen Teils an.

Mehr als nur die Verursachung einer Gefahr fordert auch *Henkel*, um eine Garantenstellung zu bejahen. Bei der Beurteilung und Festlegung einer Garantenposition seien unübersehbare, vielfältige, spezifische Gruppenmerkmale und letztlich auch konkrete Fallmomente zu berücksichtigen. Wenn man deshalb ohne weiteres z. B. dem Totschläger denjenigen gleichstelle, der durch eine gefährliche Handlung die nahe Wahrscheinlichkeit des Todeseintritts herbeigeführt habe, so greife die Formel viel zu weit. Sie umschließe auch Fallsituationen, in denen eine Tötung eindeutig abgelehnt werden müsse, wie beispielsweise im Fall der Verletzung eines Räubers, den der in

---

[68] *Vogt*, a.a.O., S. 402, 403.
[69] *Vogt*, a.a.O., S. 403.
[70] *Kaufmann*, Dogmatik, S. 286.
[71] *Kaufmann*, a.a.O., S. 286.

Notwehr Befindliche dann in menschenleerer Gegend liegen lasse, so daß er verblute. Es fehle hier am „sozialen Kontakt" zwischen den Beteiligten[72]. Die wertfreie, rein faktische Verknüpfung von Gefahrverursachung und Erfolg sei nicht geeignet, eine Rechtspflicht zu erzeugen. Dazu bedürfe es vielmehr einer normativen Betrachtung des zwischen den Beteiligten hergestellten sozialen Kontaktes. „Nicht der faktische Ausgangspunkt, sondern nur der normative Gesichtspunkt der aus ihm sich ergebenden Sozialbeziehung vermag also einen Haltepunkt für die Begründung der hier einschlägigen Garantenstellung herzugeben. Die noch gelegentlich aufrecht erhaltene Behauptung, es handle sich bei der Garantenpflicht aus vorausgegangenem Tun um einen gewohnheitsrechtlichen Satz, ist einerseits unbewiesen, andererseits aber für eine rechtsquellenmäßige Herleitung der Garantenpflicht deshalb nicht geeignet, weil ihr damit gerade die Qualität einer gesetzlichen Bestimmung im Sinne des ‚nullum crimen sine lege' abgesprochen wird[73]." *Henkel* empfiehlt, differenzierte Fallgruppen zu bilden und an ihnen die Voraussetzungen der Garantenpositionen zu untersuchen[74].

Androulakis rechtfertigt die Garantenstellung, ähnlich wie *Vogt*, aus einer engen Beziehung, die durch die Gefährdung begründet werde. „Indem jemand einen anderen (selbst aus Versehen) gefährdet, rückt er in die unmittelbare Nähe zu diesem, läßt sich von derselben gespannten Situation umringen. Der Andere als Gefährdeter geht ihn mehr an als er irgendwelchen anderen Menschen angeht. Er drängt sich seinem Blick auf, nicht wie ein zufälliger in Gefahr befindlicher Dritter, sondern als der ihm in dieser und wegen dieser Gefahr Aufgegebene. Der vor der Gefährdung Zufällige wird durch sie als innigst Verbundener dem Gefährdenden anvertraut. Letzterer ist wiederum hier der ‚Du', demgegenüber alle andern ‚Andere' in der ‚dritten' Person sind. All dies ist u. E. vor allem dem Laien selbstverständlich[75]."

Schröder widmet der Begründung der Garantenstellung aus vorangegangenem Tun nur einen Satz. Sie ergebe sich aus dem Verbot, andere zu verletzen, das zugleich das Gebot enthalte, selbstgeschaffene Gefahren zu beseitigen, wenn aus ihnen die Verletzung fremder Rechtsgüter drohten[76]. *Schröder* stellt neben allgemeinen Regeln über die Voraussetzungen der Gefahrabwendungspflicht noch besondere für zwei spezielle Fallgruppen auf: die Herbeiführung der unmittelbaren

---

[72] *Henkel*, MschrKrim. 1961, S. 183, 187.
[73] *Henkel*, a.a.O., S. 184.
[74] *Henkel*, a.a.O., S. 189 ff.
[75] *Androulakis*, Studien, S. 214.
[76] *Schönke-Schröder*, Kommentar, Vorbem. z. AT, Rdnr. 119.

3.4 Andere Begründungen für die Rechtspflicht

Gefahr durch einen verantwortlich handelnden Dritten und die Verabreichung von Rauschmitteln[77].

Bei den zur „allgemeinen" Gruppe gehörenden Fällen fordert *Schröder*, daß durch das frühere Verhalten die nahe (adäquate) Gefahr für den Eintritt eines Schadens herbeigeführt worden sei. Es genüge nicht, daß der Unterlassende durch sein Verhalten irgendwie für den Eintritt der Gefahr ursächlich geworden sei; sein Verhalten müsse vielmehr gerade geeignet gewesen sein, den Gefahrenzustand herbeizuführen. Weitere Voraussetzungen seien nicht erforderlich. Insbesondere müsse die Vorhandlung nicht rechtswidrig sein. Einschränkungen ergäben sich allerdings über die Zumutbarkeit. Von dem Notwehrtäter, der den Angreifer verletzt habe, könne man z. B. nur verlangen, daß er die Polizei oder einen Arzt benachrichtige, nicht aber, daß er selbst Samariterdienste leiste[78].

Auf die Fälle, in denen die unmittelbare Gefahr erst durch den deliktischen Willen eines verantwortlich Handelnden herbeigeführt werde, könnten die allgemeinen Regeln nicht ohne Einschränkung angewandt werden. Eine Rechtspflicht zum Einschreiten komme hier nur dann in Betracht, wenn die Vorhandlung pflichtwidrig gewesen sei. So sei z. B. derjenige, der einem anderen ein Messer leihe, ohne daß darin bereits eine Pflichtwidrigkeit gesehen werden könne, nicht verpflichtet, einzuschreiten, falls er bemerke, daß der andere das Messer zur Begehung einer Körperverletzung benutzte, geschweige denn, daß er, nachdem die Tat begangen sei, Garant für die Erhaltung des Lebens des Verletzten sei[79]. Die gleichen Regeln gälten grundsätzlich auch, wenn jemand einem anderen Rauschmittel verabreicht habe und dieser dadurch zu einer Gefahr für die Allgemeinheit geworden sei. Da jeder Mensch als verantwortliches Wesen zunächst für sich selbst verantwortlich sei, komme hier eine strafrechtliche Haftung des Hintermannes nur dann in Betracht, wenn die Verantwortung des anderen ausgeschlossen sei, z. B. bei heimlichem Verabreichen, Verleiten eines Unerfahrenen oder Abgabe an einen schon Betrunkenen[80].

Schröder ordnet die Garantenstellung aus vorangegangenem Tun in die Gruppe der Garantenpositionen ein, die ihre Grundlage in der Schaffung von Gefahren für andere oder in der Verantwortlichkeit für Gefahrenquellen habe. Die andere große Gruppe ergäbe sich aus der speziellen Verpflichtung des Täters, bestimmte Rechtsgüter zu

---
[77] *Schönke-Schröder*, a.a.O., Rdnr. 120—122.
[78] *Schönke-Schröder*, a.a.O., Rdnr. 120.
[79] *Schönke-Schröder*, a.a.O., Rdnr. 121.
[80] *Schönke-Schröder*, a.a.O., Rdnr. 125.

schützen[81]. Neben der Garantenstellung aus vorangegangenem Tun steht bei *Schröder* eine Garantenstellung „aus der Verantwortung für bestimmte, in den eigenen Zuständigkeitsbereich fallende Gefahrenquellen". Wer Eigentümer oder Besitzer von Sachen, Anlagen, Maschinen usw. sei, oder wer Tiere halte, sei verpflichtet, die davon ausgehenden Gefahren zu kontrollieren und zu verhindern, daß aus ihnen Schädigungen fremder Rechtsgüter entstünden. Auch bei der Unterhaltung eines gefährlichen Betriebs sei der Inhaber verpflichtet, die aus der Betriebsgefahr entstehenden Gefahren zu beseitigen[82]. *Schröder* erörtert hier etwa den Kreis von Fällen, den *Nagler* als besondere Form der Ingerenz anführte[83].

Welzels kritische Einstellung zur Ingerenz ist bereits erwähnt worden. Auch die 9. Auflage seines Lehrbuchs kündet davon. Er geht jedoch nicht so weit, sie von vornherein abzulehnen. Die haftungsbegründenden Gesichtspunkte seien offenbar differenzierter und komplexer. Vor allem komme es auch darauf an, in wessen (sozialem) Herrschaftsbereich die Gefahr eines tatbestandsmäßigen Erfolges auftrete. Für die richtige Handhabung der Ingerenz ließen sich zur Zeit nur einzelne Richtpunkte aufzeigen. Einschränkungen seien vor allem dort zu machen, wo zwischen Gefährdung und Erfolgseintritt das selbstverantwortliche Handeln eines Dritten dazwischentrete. Der Gastwirt z. B. müsse die Trunkenheitsfahrt seines Gastes nur verhindern, wenn er eine besondere, inadäquate Gefahr geschaffen habe. Auch bei einer rechtmäßigen Vorhandlung will *Welzel* offenbar eine Garantenstellung verneinen[84].

E. A. Wolff kennzeichnet die Garantenstellung allgemein als ein „rechtlich gegründetes Vertrauensverhältnis". Kraft dieses Vertrauensverhältnisses baue der Einzelne darauf, daß die anderen ihre Verpflichtung wirklich erfüllen, und durch dieses Vertrauen sei er von ihnen abhängig. Die Abhängigkeit könne von Mängeln der eigenen Person (Kind) herrühren oder von Mängeln der eigenen Gestaltungsmöglichkeiten (Nichtschwimmer begibt sich im Vertrauen auf die zugesagte Hilfe eines anderen ins Wasser)[85].

Beim vorausgegangenen Tun sei das die Garantenstellung ausmachende Vertrauensverhältnis weder die Folge eines privaten Versprechens noch die einer auf Dauer angelegten persönlichen Beziehung. Enttäuscht werde hier ggf. aber das allgemeine staatsbürgerliche

---

[81] *Schönke-Schröder*, a.a.O., Rdnr. 103.
[82] *Schönke-Schröder*, a.a.O., Rdnr. 124 ff.
[83] GS 111 S. 26, 27.
[84] *Welzel*, LB, S. 195, 196.
[85] E. A. *Wolff*, Kausalität, S. 40, 41.

3.4 Andere Begründungen für die Rechtspflicht

Vertrauen, daß sich jeder „richtig" verhalten und als ordentlicher Staatsbürger keine der typischen Verbotsverletzungen begehen werde. „Bleibt jemand hinter diesem ordentlichen Staatsbürger zurück, dann kann es sein, daß er ohne subjektive Verbotsverletzung Handlungen ins Werk setzt, die ein ordentlicher Staatsbürger gerade deswegen nicht getan hätte, weil sie einem (den anderen vor Verletzung schützenden) Verbot zuwiderlaufen. Diese schuldlosen Handlungen verletzen aber — wenn die Betroffenen ihn typisierender Betrachtung unterwerfen — nicht weniger das Vertrauen, als die schuldhaften Handlungen. Mithin müssen — wenn das notwendige Vertrauen erhalten bleiben soll — neben die Verbote, keine verletzenden Kausalverläufe in Gang zu setzen, die Gebote treten, gefährdende Kausalverläufe, die rechtswidrig in Gang gesetzt wurden, wieder anzuhalten. Diese Pflicht muß den Urheber der gefährdenden Kausalverläufe treffen[86]." Daß diese Gebote nicht nur bestehen müssen, sondern auch wirklich bestehen, ergebe sich aus der „tatsächlichen Übung" und der „Rechtsüberzeugung". Etwas anders begründet *Wolff*, daß als vorausgegangenes Tun auch ein Handeln im Rahmen des erlaubten Risikos in Frage komme. „In diesen Fällen — etwa bei der Teilnahme am Straßenverkehr — wird es dem Einzelnen vom Recht eingeräumt, in bestimmtem Umfang zu gefährden. Diese Möglichkeit ist aber unmittelbar gekoppelt mit der Pflicht, alles zu tun, um die Gefährdung, die sich größer als vorgesehen erweist und unmittelbar auf die Verletzung sich zu entwickelt, wieder rückgängig zu machen. Denn die Gründe, die zu einer Erweiterung der erlaubten Gefährdung führen, sind nicht geeignet, für den Einzelnen ein Eingriffsrecht gegenüber dem anderen zu rechtfertigen. Auch hier ist das Garantenverhältnis als ein Vertrauensverhältnis zu verstehen. Nur ist das Vertrauen schon ausdrücklich auf die Aktionen des Garanten, die Gefahr einzuschränken, bezogen[87]."

Eine sehr eingehende Untersuchung hat jüngst *Rudolphi* der Ingerenz gewidmet. *Rudolphi* sucht die gemeinsamen Grundlagen aller Garantenstellungen zu erfassen und von dieser Basis aus die Garantenstellung aus vorangegangenem Tun aufzuhellen. Das stets gleichbleibende Merkmal aller unechten Unterlassungsdelikte bestehe darin, daß der Unterlassende im sozialen Leben eine Schutzfunktion ausübe, kraft deren er in der Weise zur Abwendung der einem bestimmten Rechtsgut drohenden Gefahren berufen sei, daß ihm die maßgebliche Entscheidung über den Eintritt der drohenden Rechtsgutsverletzung obliege und er daher als Garant für den Nichteintritt dieser Rechts-

---
[86] E. A. *Wolff*, a.a.O., S. 42.
[87] E. A. *Wolff*, a.a.O., S. 43.

gutsverletzung erscheine; der Unterlassende müsse m. a. W. die „Zentralgestalt" des zur Rechtsgutsverletzung hindrängenden Geschehens sein[88]. Diese Formel sei allerdings zunächst nicht mehr als ein formales und inhaltsloses Kriterium, dem noch nicht entnommen werden könne, unter welchen Voraussetzungen nun im einzelnen ein Unterlassender als Garant anzusprechen sei und wann nicht. Der Garantenbegriff bedürfe noch der Konkretisierung und Ausfüllung. Dazu seien drei Stufen zu überwinden: erstens seien mit Hilfe einer sinnerfassenden Betrachtungsweise die verschiedenen sozialen Erscheinungsformen der Garantenstellungen in ihren Grundtypen zu ermitteln; zweitens seien jeweils für die verschiedenen Typen der Garantenstellungen diejenigen gesetzlichen Wertvorstellungen und Ordnungsprinzipien festzulegen, die darüber entschieden, ob und unter welchen Voraussetzungen in den ihnen zugehörigen Fällen der Unterlassende als die Zentralgestalt des zu dem Unrechtserfolg hinstrebenden Geschehens erscheine und drittens seien mit Hilfe dieser Wertmaßstäbe die einzelnen sozialen Erscheinungsformen des unechten Unterlassens zu werten[89].

Bei den sozialen Erscheinungsformen der Garantenstellungen unterscheidet *Rudolphi* zwei Grundtypen: die Garantenstellungen zur Verteidigung bestimmter Rechtsgüter und die Garantenstellungen zur Überwachung von Gefahrenquellen. Den Garantenpositionen der ersten Gruppe sei gemeinsam, daß sie eine, wenn auch im einzelnen stark unterschiedliche, soziale Beziehung zwischen dem Garanten und dem bedrohten Rechtsgut oder dessen Träger voraussetzten. Als Beispiel nennt *Rudolphi* den Vater, das Kindermädchen, die Krankenschwester und den Nachtwächter. Der soziale Sinn und Zweck der Schutzpositionen der zweiten Gruppe bestehe darin, daß der Garant eine konkrete Gefahrenquelle einzudämmen und alle Rechtsgüter, denen Verletzungen aus der zu überwachenden Quelle drohten, vor diesen, aber auch nur vor diesen Gefahren zu schützen habe. Als Beispiele für solche Gefahrenquellen führt *Rudolphi* a. a. an: Tiere, ein baufälliges Haus, ein Mensch, der Straftaten begehen könne. Eine Gefahrenquelle sei auch ein einzelner zu einer Rechtsgutsverletzung hindrängender Kausalprozeß, wie z. B. die Entfachung eines Brandes, der sich selbständig weiter zu entwickeln drohe und die Verletzung eines Fußgängers durch einen Kraftfahrer, der zu sterben drohe, falls nicht rechtzeitig ärztliche Hilfe herbeigeschafft werde[90].

Die gesetzlichen Wertvorstellungen und Ordnungsprinzipien, die darüber entschieden, ob ein Unterlassender als Zentralgestalt des zu

---

[88] *Rudolphi*, Gleichstellungsproblematik, S. 99.
[89] *Rudolphi*, a.a.O., S. 100.
[90] *Rudolphi*, a.a.O., S. 102 ff.

3.4 Andere Begründungen für die Rechtspflicht

einer Rechtsgutsverletzung hindrängenden Geschehens erscheine oder nicht, seien aber nicht nur von den sozialen Erscheinungsformen der verschiedenen Schutzverhältnisse abhängig, sondern ebenso von den sozialen Notwendigkeiten, aus denen die einzelnen Schutzverhältnisse hervorgingen. Die soziale Notwendigkeit der Garantenstellung sieht *Rudolphi* bei einer Gruppe von Fällen darin, daß hier unmittelbar bestimmte Gegebenheiten des sozialen Gemeinschaftslebens sie forderten (Primäre Garantenstellungen), bei einer anderen Gruppe von Fällen darin, daß sie auf einer Störung des sozialen Gleichgewichts der Kräfte beruhten (Sekundäre Garantenstellungen). Die primären Garantenstellungen seien das zur Erhaltung eines gedeihlichen sozialen Gemeinschaftslebens notwendige Korrelat zu einem von Natur aus bestehenden Unvermögen des Rechtsgutsträgers (z. B. Kind, Geisteskranker oder Gebrechlicher) oder einer durch die sozialen Gegebenheiten bedingten Unfähigkeit des Rechtsgutsträgers (z. B. Reisender in der Bundesbahn), sich vor allen bzw. bestimmten Gefahren zu schützen[91].

Charakteristisch für die sekundären Garantenstellungen sei der Umstand, daß sie sowohl in ihrer Existenz als auch in ihrer Tragweite von einem Verhalten des Garanten selbst, nämlich von einer ihm herbeigeführten Störung des sozialen Gleichgewichts der Kräfte abhängig seien. Die Rechtsordnung, die zugleich Schutzordnung sei, enthalte notwendig auch eine Ordnung der einzelnen, zum Schutze der von ihr anerkannten Rechtswerte erforderlichen Instanzen. Überall da, wo die Rechtsordnung nicht darauf vertrauen könne, daß der Rechtsgutsträger als primäre Schutzinstanz dazu fähig sei, seine ihm zustehende Rechtspositionen vor Beeinträchtigungen zu schützen, schaffe sie in bestimmten Grenzen besondere Instanzen, denen sie den Schutz dieser wehrlosen Rechtsgutsträger anvertraue. Bei den sekundären Garantenstellungen habe der Garant die primäre Ordnung der zum Rechtsgüterschutz berufenen Instanzen im Einzelfall gestört und damit diese Instanzen in mehr oder weniger großem Umfang außer Gefecht gesetzt. Die Schutzfunktion des Garanten reiche deshalb in diesem Falle nur so weit, wie er durch sein Verhalten einen Zustand der völligen oder teilweisen Schutzlosigkeit eines Rechtsgutes hervorgerufen habe[92].

Die Garantenstellung aus vorangegangenem Tun beruht also nach *Rudolphi* auf einer Störung der primären sozialen Schutzordnung. Die Folge dieser Störung ist, daß der Störer selbst den Schutz des durch sein Verhalten gefährdeten Rechtsgutes übernehmen muß.

---

[91] *Rudolphi*, a.a.O., S. 106 ff.
[92] *Rudolphi*, a.a.O., S. 108, 109.

Daraus, daß die von *Rudolphi* gemeinte Schutzordnung gleichbedeutend mit der Rechtsordnung ist, ergibt sich für ihn die wesentliche Konsequenz, daß nur die rechtswidrige, d. h. pflichtwidrige Störung als Zurechnungsgrund für die verursachte Gefahrenlage in Betracht kommt. Gebiete die Rechtsordnung einem Staatsbürger ein bestimmtes Verhalten, so bestehe keine Möglichkeit, ihm die Verantwortung für die Folgen seiner Pflichterfüllung aufzubürden. Wenn ein gesetzlich gebotenes Verhalten zu einer Gefährdung für Rechtsgüter Dritter führen könne, so sei der Gesetzgeber selbst gehalten, diesen Gefahren zu begegnen. Versäume er, diese ihm gestellte Aufgabe durch Normierung entsprechender Gegenpflichten zu lösen, so könne jedenfalls nicht der Pflichtige für die Folgen seiner Pflichterfüllung haftbar gemacht werden[93]. Auch wenn das vorangegangene Tun des Unterlassenden von der Rechtsordnung zwar nicht geboten, aber doch erlaubt sei, so besage dies, daß er sich so verhalten habe, wie es die Rechtsgemeinschaft und auch jeder einzelne Staatsbürger von ihm erwarten hätten können und dürfen. Daraus folge, daß alle anderen mit diesem Verhalten hätten rechnen und sich darauf einstellen können und zur Wahrung der eigenen Interessen auch müssen. Sie bedürften deshalb nicht in der gleichen Weise des Schutzes durch den Unterlassenden wie in den Fällen eines rechtswidrigen vorangegangenen gefährdenden Tuns. Und auch der Unterlassende selbst müsse darauf vertrauen dürfen, daß sein rechtmäßiges Handeln nicht zu Rechtsgutsverletzungen führe, die von der Rechtsordnung mißbilligt würden[94].

3.5 Zusammenfassung und Ergebnis

Der Überblick über das Schrifttum zeigt, daß eine Wechselbeziehung zwischen der dogmatischen Konstruktion des unechten Unterlassungsdelikts und der Stellungnahme der einzelnen Autoren zu Inhalt und Umfang der Rechtspflicht aus vorangegangenem Tun nicht festzustellen ist. Die „Rechtswidrigkeits-" oder „Tatbestandslösungen" in ihren verschiedenen Formen präjudizieren offenbar noch keine bestimmte Aussage über die Garantenstellung aus vorangegangenem Tun. Innerhalb der einzelnen Gruppen findet man stark abweichende Meinungen über die Ingerenz. *Beling, M. E. Mayer, R. v. Hippel* und *Frank* haben denselben dogmatischen Ausgangspunkt. Für sie ist die Frage nach der Strafbarkeit der unechten Unterlassung ein Problem der Rechtswidrigkeit. Nach Beling begründet aber ein gefährdendes Tun wohl nur dann eine Rechtspflicht zur Erfolgsabwendung, wenn eine Ge-

---

[93] *Rudolphi*, a.a.O., S. 158.
[94] *Rudolphi*, a.a.O., S. 178.

3.5 Zusammenfassung und Ergebnis

fahrenquelle geschaffen wurde, aus der dauernd Gefahren drohen, wie z. B. beim Einbringen wilder Tiere. Für M. E. *Mayer* genügt dagegen jedes straftatbestandsmäßige und rechtswidrige Tun als Grundlage der Rechtspflicht. Am weitesten geht R. *v. Hippel*. Nach seiner Ansicht zieht jedes Handeln, das die Gefahr eines strafbaren Erfolges erzeugt, eine Rechtspflicht zur Abwendung nach sich. Nur der Umfang der Pflicht bedürfe im Einzelfalle der näheren Prüfung. *Frank* schließlich will nur an eine bewußte Gefährdungshandlung die Rechtspflicht zur Erfolgsabwendung knüpfen. Auch in der Gruppe der Autoren, die das unechte Unterlassungsdelikt als ein Problem des Tatbestandes ansehen, gehen trotz des einheitlichen dogmatischen Ausgangspunktes die Meinungen über Voraussetzungen und Tragweite der Garantenstellung aus vorangegangenem Tun weit auseinander. *Nagler* und *Vogt* erkennen die Ingerenz in weitestem Umfang an. *Kaufmann* aber hält nicht näher bezeichnete zusätzliche Kriterien für erforderlich. Nach *Henkel* bedarf es einer normativen Betrachtung des zwischen den Beteiligten hergestellten sozialen Kontaktes. *Schröder* fordert eine nahe, adäquate Gefahr und unterscheidet außerdem, ob der Erfolg mit oder ohne das Dazwischentreten eines Dritten eingetreten ist. *Welzel* hält für entscheidend, in wessen sozialem Herrschaftsbereich die Gefahr eines tatbestandsmäßigen Erfolges auftrete. Nur bei pflichtwidrigen Gefährdungen nimmt *Rudolphi* eine Garantenstellung an.

Die hier zutage tretende Unabhängigkeit der Garantenstellung aus vorangegangenen Tun von der dogmatischen Konstruktion des unechten Unterlassungsdelikts erlaubt es, die Frage nach dem dogmatischen Standort der Garantenstellung aus der folgenden Untersuchung auszuklammern.

Der Überblick läßt auch einen Schluß auf die Entstehungsgeschichte der Garantenstellung aus vorangegangenem Tun zu. *Kaufmanns* Deutung, mit der Ingerenz habe sich eine verfehlte dogmatische Konstruktion, eine Kausalitätsbetrachtung, auf dem Umweg über eine „Rechtspflicht" zum Gewohnheitsrecht verhärtet, erklärt die Entwicklung am besten[95]. Ähnlich sieht auch *Henkel* die Entstehungsgeschichte der Ingerenz[96]. Alle Deutungs- und Begründungsversuche für die Ingerenz sind jedenfalls erst unternommen worden, als sie schon lange fest eingeführt war. Aus „Rücksichtnahme auf die grobe und rein faktische Wirklichkeit"[97] mußte man die klassischen Rechtsgründe, Gesetz und Vertrag, erweitern. Das unabweisbare „praktische Bedürfnis"[98] zwang

---

[95] *Kaufmann,* Dogmatik, S. 286.
[96] *Henkel,* MschrKrim. 1961, S. 184.
[97] *Dahm,* ZStW Bd. 59, S. 177.
[98] *Nagler,* GS 111, S. 27.

zur Suche nach weiteren „Rechtspflichten". Hier drängten sich die Formulierungen der Kausallehren auf, die von einer „Pflicht" zum Handeln sprachen, wenn jemand die Gefahr eines Erfolges geschaffen habe. Man brauchte diese Lehren der Form nach nicht einmal zu ändern, um sie als neuen Rechtsgrund neben Gesetz und Vertrag stellen zu können. Da diese Formulierungen fast 100 Jahre im Rechtsdenken lebendig waren, fühlte man sich der Notwendigkeit einer genauen Überprüfung enthoben. Mit dem dritten, neu eingefügten Rechtsgrund konnten die strafwürdig erscheinenden Unterlassungsfälle auch von der Rechtspflichttheorie bewältigt werden. Hätte man nur „Gesetz" und „Vertrag" als Entstehungsgründe einer Rechtspflicht gehabt, so wären bedenkliche Strafbarkeitslücken hervorgetreten. Alle zivilrechtlich nicht voll wirksamen Verträge und alle Beziehungen ohne Vertragscharakter und ohne gesetzliche Normierung wären als Grundlage einer Garantenstellung entfallen. Diese Lücke mußte **die Garantenstellung aus vorangegangenem Tun** schließen[99].

Die dogmatisch bedenkliche Entstehungsgeschichte erlaubt aber noch kein abschließendes Urteil über diese Garantenstellung. Sie hat später Deutungen erfahren, die in keinem Zusammenhang mehr mit ihrem historischen Ausgangspunkt stehen. So könnte mit der Rechtspflicht aus vorangegangenem Tun ein wertvoller Gedanke aufgetaucht sein, der nur mit dem Makel einer ursprünglich verfehlten Begründung behaftet ist. Erst wenn man den Wert der späteren Deutungen geprüft hat, läßt sich entscheiden, ob diese Garantenstellung beibehalten werden kann.

Der Überblick hat auch gezeigt, daß die Garantenstellung aus vorangegangenem Tun einem stillen Wandel unterworfen war. Ihr Anwendungsbereich ist mehr und mehr geschrumpft. Ursprünglich war sie das große Auffangbecken für alle mit „Gesetz" oder „Vertrag" nicht faßbaren, aber strafwürdig erscheinenden Unterlassungen. Schon die Lösung der Garantenstellung aus Vertrag von zivilrechtlichen Bindungen brachte einen starken Aderlaß. In Fällen, in denen kein zivilrechtlich einwandfreier Vertrag vorlag, brauchte nicht mehr auf ein vorangegangenes Tun zurückgegriffen werden[100]. Diese Fälle konnten nun mit der Garantenstellung aus „freiwilliger Übernahme", zu welcher die Vertragsgarantenstellung fortentwickelt war, entschieden werden. Der Prozeß, der sich hier angebahnt hat, ist mittlerweile weiter fortgeschritten. Der Kreis der Garantenstellungen wurde geöffnet. Neben die drei „klassischen" Garantenstellungen traten neue, die zahl-

---

[99] So noch heute bei *Baumann*, LB AT, S. 230.
[100] Anders aber noch *Baumann*, a.a.O., S. 230.

3.5 Zusammenfassung und Ergebnis

reiche Fallgruppen aufnehmen[101]. Hier sind insbesondere die Garantenstellungen aus der Verantwortung für den eigenen Herrschaftsbereich zu nennen. Die Rechtsprechung ist diesen Weg mitgegangen. Auch sie hat sich von der Beschränkung auf drei Garantenstellungen freigemacht[102]. Durch die Herausnahme zahlreicher Fallgruppen aus der Garantenstellung aus vorangegangenem Tun sind aber die verbleibenden Fälle nicht deutlicher umgrenzt worden. Es ist immer noch eine Sammlung unterschiedlichster Fälle. Die Lückenbüsserrolle, die schon *Dahm* der Garantenstellung aus vorangegangenem Tun zugeschrieben hatte, wird dadurch bestätigt. Alle Fälle, die sonst nicht unterzubringen sind, werden mit der Garantenstellung aus vorangegangenem Tun gelöst. Man scheint sich dieser Garantenstellung nur zu erinnern, wenn sich keine „bessere" Lösung bietet. So hat sie sich bis heute behauptet. Ihre rechtliche Durchbildung wurde nur wenig verändert. Bei *Schröder* zum Beispiel gesellt sie sich im alten Gewande zu den modernen Garantenstellungen aus der Verantwortung für bestimmte Gefahrenquellen. Noch kann man nicht entscheiden, ob die Garantenstellung aus vorangegangenem Tun im Aussterben begriffen ist oder einen Gesundungsprozeß durchmacht. Das hängt allein davon ab, ob in ihr ein lebensfähiger und erhaltungswürdiger Kern enthalten ist.

Die Begründungen, die für die Garantenstellung aus vorangegangenem Tun gegeben werden, lassen sich zu sechs Argumenten zusammenfassen:

1. Der Einzelne darf der Gemeinschaft keinen Schaden zufügen, der ohne sein Dasein nicht entstanden wäre. Aus seinem Verhalten drohende Schäden muß er deshalb abwenden *(Kissin)*.
2. Das Verbot, andere zu verletzen, enthält zugleich das Gebot, selbstgeschaffene Gefahren zu beseitigen *(Schröder)*.
3. Die Volksanschauung läßt es genügen, wenn der beim Tun noch fehlende Vorsatz gewissermaßen als dolus subsequens nachgeholt wird *(Schaffstein)*.
4. Die Gefahrbegründung erzeugt eine engere soziale Ordnung *(Vogt)*.
5. Die Garantenstellung aus vorangeggangenem Tun ist die Folge einer Störung der primären sozialen Schutzordnung. Der Störer muß selbst den Schutz des durch sein Verhalten gefährdeten Rechtsgutes übernehmen *(Rudolphi)*.

---

[101] *Kaufmann*, Dogmatik, S. 282 ff.; *Henkel*, MschrKrim. 1961, S. 189 ff.; Schönke-Schröder, Kommentar, Vorb. z. AT, Rdnr. 103.
[102] Vgl. z. B. BGHSt. 19/167, 168.

6. Die Garantenstellung aus vorangegangenem Tun ist Gewohnheitsrecht *(Rechtsprechung)*.

Gibt eines dieser sechs Argumente (oder mehrere) eine stichhaltige Begründung für die Garantenstellung aus vorangegangenem Tun, so ist sie beizuhalten. Von der Art der Begründung wird es auch abhängen, welche Richtlinien für die Handhabung im Einzelfall zu geben sind. Maßstab der Prüfung soll in erster Linie der Bestand an Fällen sein, den uns die Gerichte bieten. An diesen Fällen müssen sich die Argumente bewähren. Nicht die theoretische Begründung, sondern letztlich die praktischen Ergebnisse haben dieser Garantenstellung Gegnerschaft eingetragen. Nur von diesen Ergebnissen her kann sie, wenn überhaupt, rehabilitiert werden.

Viertes Kapitel

Kritische Würdigung der Argumente für die Ingerenz

4.1 Das Argument Kissins

Kissins Argument lautete: Der Einzelne darf der Gemeinschaft keinen Schaden zufügen, der ohne sein Dasein nicht entstanden wäre. Aus seinem Verhalten drohende Schäden muß er deshalb abwenden[1]. In ähnliche Richtung weist auch das Argument *Wolffs,* das er für die Fälle der „erlaubten Gefährdung" gibt. Das Recht, gefährdend handeln zu dürfen, sei unmittelbar gekoppelt mit der Pflicht, alles zu tun, um die Gefährdung, die sich größer als vorgesehen erweise und unmittelbar auf die Verletzung sich zu entwickele, wieder rückgängig zu machen[2].

Anders sieht der BGH in der „2. Gastwirtsentscheidung"[3] das Verhältnis zwischen Einzelnem und Gemeinschaft: „Soweit aus dem Ausschenken von Alkohol an Gäste, auch an Kraftwagenführer, die ihr Fahrzeug bei sich haben, Gefahren erwachsen, nimmt sie die Gesellschaft, was die Rechtspflichten des Gastwirts angeht, in erträglichen Grenzen in Kauf." Der Gastwirt darf nach dem Urteil des BGH „in erträglichen Grenzen" nicht nur *gefährden,* sondern sogar *schädigen,* ohne dafür verantwortlich zu sein. Verursacht sein Gast infolge des Alkoholgenusses einen noch so schweren Verkehrsunfall, so rechnet der BGH dem Gastwirt diese Folge nicht an, es sei denn, der Gast habe sich bei ihm bis zum Ausschluß seiner Verantwortlichkeit betrunken. Das „normale" Risiko seines Gewerbes überbürdet der BGH also der Gemeinschaft. Sie soll den Gastwirt gewähren lassen, obwohl aus seiner Tätigkeit Schäden erwachsen können, die nicht entstanden wären, wenn er nicht dagewesen wäre. Ginge man von *Kissins* These aus, so müßte umgekehrt der Gastwirt der Gemeinschaft das Risiko seines Tuns abnehmen. Er müßte alles daran setzen, daß aus seiner Tätigkeit anderen keine Schäden entstehen. Er dürfte den stark angetrunkenen Fahrer nicht in den Verkehr entlassen.

---

[1] Vgl. oben S. 64 f.
[2] E. A. *Wolff,* Kausalität, S. 43.
[3] BGHSt. 19/152, 155.

Die vom BGH vorgenommene Abgrenzung des Verantwortungsbereichs des Gastwirts ist sachgerecht. Weder bürdet der BGH dem Gastwirt eine übergroße Verantwortung auf, der er kaum gewachsen wäre und an der er früher oder später wohl scheitern müßte, noch räumt er ihm eine schrankenlose Gewerbefreiheit auf Kosten der Allgemeinheit, insbesondere der Verkehrsteilnehmer, ein. Der Gastwirt soll den Gast nur dann hindern müssen, sein Fahrzeug zu führen, wenn er infolge seiner Trunkenheit nicht mehr eigenverantwortlich handeln kann. Der Gastwirt muß den schwersten, in dieser Stärke aber wohl relativ selten auftretenden Gefahren des Alkoholausschanks begegnen.

Der Einzelne hat also nicht stets nachteilige Folgen, die aus der Betätigung der ihm eingeräumten Freiheit entstehen, abzuwenden. Sein Verantwortungsbereich ist enger. Was ihm an Freiheit eingeräumt wird, wird nicht sogleich wieder dadurch beschränkt, daß ihm die volle Verantwortung zugeschoben wird. Mit *Kissins* These, daß die Gemeinschaft vom Einzelnen nichts bemerken dürfe, daß das Facit seiner Existenz „plus minus null" aufgehen habe, ist für den tatsächlich enger gezogenen Verantwortungsbereich des Einzelnen weder eine Begründung zu geben, noch eine Leitlinie für die Begrenzung zu finden. Schon der Ausgangspunkt trifft nicht zu. Auch eine Einschränkung kann ihn nicht berichtigen. Sie wäre von der Ausgangsthese her nicht begreiflich, weil sie nicht in ihrer Konsequenz läge. Tatsächlich gibt *Kissin* für die in seiner Schrift unvermittelt eingeführte Begrenzung auf Vorhandlungen, die die „nahe Wahrscheinlichkeit" eines schädlichen Erfolges herbeigeführt haben, keine Begründung. Sie ist offenbar aus der Einsicht geboren, daß die Ausgangsthese den Verantwortungsbereich doch zu weit gezogen hat. *Kissins* Argument gibt der Garantenstellung aus vorangegangenem Tun demnach keine feste Grundlage.

4.2 Das Argument Schröders

Schröder rechtfertigt die Garantenstellung aus vorangegangenem Tun damit, daß das Verbot, andere zu verletzen, zugleich das Gebot enthalte, selbstgeschaffene Gefahren zu beseitigen[4].

Mit den Thesen der Kausallehren des 19. Jahrhunderts ließe sich dieses Argument ohne weiteres begründen. Wenn das Verbot lautet: Du sollst nicht kausal werden für einen bestimmten Erfolg, dann hat dieses Verbot derjenige übertreten, der „kausal" geworden ist. Um sich außerhalb der Verbotszone zu halten, muß deshalb jedermann

---

[4] Vgl. oben S. 70.

4.2 Das Argument Schröders

dauernd darauf bedacht sein, nicht für einen schädlichen Erfolg kausal zu werden. Eventuell in Gang gesetzte Kausalverläufe muß er also unschädlich machen. Wir haben uns mit dieser Deutung der Erfolgsabwendungspflicht bereits auseinandergesetzt und sie als unannehmbar erkannt. Wenn das Argument von *Schröder* nur auf eine Wiederkehr jener Thesen hinausliefe, wäre es von vornherein nicht geeignet, die Garantenstellung aus vorangegangenem Tun zu rechtfertigen. Die Begründung, soll sie stichhaltig sein, muß also anders lauten.

Außer von den Vertretern der Kausallehren wird von niemand in Frage gestellt, daß auch das unechte Unterlassungsdelikt ein Unterlassungsdelikt ist, d. h. daß der Täter bestraft wird, weil er etwas *nicht* getan hat, was er hätte tun sollen. *Schröder* meint nun, daß das, was der Unterlassende hätte *tun sollen*, daraus entnommen werden könne, was er *nicht* hätte *tun dürfen*. Durch die Strafnormen sei ihm gesagt, daß er andere nicht verletzen dürfe, also sei ihm auch gesagt, daß er selbstgeschaffene Gefahren beseitigen müsse.

Verbote befehlen dem Einzelnen, bestimmte Handlungen zu unterlassen. Aus der Pflicht, diese verbotenen Handlungen nicht vorzunehmen, läßt sich durch keinen logischen Schluß herleiten, was unter ganz anderen Umständen von dem Einzelnen um der Gemeinschaft oder eines ihrer Mitglieder willen zu tun verlangt wird. Vom Verbot zum Gebot führt der Weg nur über eine *Wertung*[5]. Aus dem Verbot leitet man das Gebot so selbstverständlich ab, weil man es als unerträglich empfinden würde, wenn das mit Strafe verbundene Unwerturteil nur ein Handeln, nicht auch ein „gleichwertiges" Unterlassen treffen würde. Der Blick richtet sich hier „auf den vom Gesetz gemeinten wertwidrigen Sachverhalt selbst" und veranlaßt uns, Tun und Unterlassen bei gleichem Unwert gleich zu behandeln[6]. Die Gleichwertigkeitsprüfung fehlt im Argument von *Schröder* ganz. Nur über sie könnte aber aus einer Verbotsnorm eine Gebotsnorm, selbstgeschaffene Gefahren zu beseitigen, entwickelt werden. *Schröder* will die Gleichwertigkeit nicht etwa allgemein bejahen oder diese Prüfung für überflüssig erklären, sonst wäre nicht verständlich, warum er so differenzierte Regeln über die Voraussetzungen des Erfolgsabwendungsgebots in den Fällen des vorangegangenen Tuns aufstellt.

Das Argument *Schröders* gibt also der Garantenstellung aus vorangegangenem Tun nur dann einen Haltepunkt, wenn die Gleichwertigkeitsprüfung positiv ausfällt. Diese Frage wird noch untersucht werden müssen. Hier ist zunächst nur festzustellen, daß die Begründung so, wie sie von *Schröder* gegeben wird, nicht ausreicht.

---
[5] *Kaufmann*, Dogmatik, S. 259 ff.
[6] *Schmidhäuser*, Gesinnungsmerkmale, S. 160 Anm. 15.

4.3 Das Argument Schaffsteins

Schaffsteins Äußerung über die Rechtspflicht aus vorangegangenem Tun darf man wohl weniger ein Argument für diese Rechtsfigur nennen als vielmehr einen Weg, sie verständlich zu machen. Nach der Volksanschauung scheine das ursprüngliche aktive Tun selbst dann relevant zu sein, wenn es nicht vom Erfolgsvorsatz getragen war, und dieser beim Tun noch fehlende Vorsatz gewissermaßen als dolus subsequens bei der Unterlassung nachgeholt werde[7].

Die „völlig rationale Erklärung" dafür, die *Schaffstein* für nicht auffindbar hielt, sucht *Lampe* nun zu geben. Die Abgrenzung zwischen Handlungs- und Unterlassungsdelikt sei so, wie sie die Dogmatik seit langem vornehme, unrichtig. Sie klebe zu sehr am äußerlich Sichtbaren, der Körperbewegung des Täters. Sie müsse sich daher den Vorwurf eines allzu veräußerlichten Naturalismus gefallen lassen, welcher den sozialen Sinngehalt der Handlung, der oft nicht in der Körperbewegung, sondern in dem mit ihr verfolgten weiteren Zwecke zum Ausdruck komme, unbeachtet lasse bzw. ihn in die Schuld verweise[8]. Zur Handlung rechnet *Lampe* auch die Beherrschung der Wirkungen der körperlichen Aktivität. Wenn jemand vom Orte A zum Orte B gehen wolle, so sei nicht allein das Gehen Inhalt (Zweck) seines Willens, wie etwa beim planlosen (willkürlichen) Umherschlendern, sondern die Fortbewegung mit dem Ziel, den Ort B zu erreichen; die Handlung sei daher erst abgeschlossen, wenn er den Ort B erreicht habe. Wer ein Tier erschießen wolle, mache nicht das Schießen schlechthin zum Inhalt seines Willens, sondern nur zum Zweck des Treffens und Tötens; die Handlung sei daher erst mit dem Tod des Tieres abgeschlossen. *Lampe* kommt zu dem Ergebnis: „Der Täter handelt solange, als er die Wirkungen seiner körperlichen Aktivität in ihren Ursachen beherrscht hat; nur die Beherrschung des übrigen Kausalgeschehens unterfällt dem Begriff der Unterlassung. Was schließlich aber den Vorsatz anbelangt: dieser kann solange durch eine finale Handlung verwirklicht werden, wie er (als gesetzten Zweck) seine Beziehung zur Objektivität als Seiendem und beherrschbar Sein-Könnendem zu finden, wie er den durch das Subjekt in Gang gesetzten Prozeß des Werdens (die Handlung) mit der Subjektivität in der Reflexion zu vereinigen vermag. Tritt der Vorsatz in diesem Zeitraum ein, sei es vor, sei es nach Abschluß der Körperbewegung, ist er nicht nur Billigung des vorgängigen Tuns, sondern auch Wissen und Wollen der sich aus diesem Tun herleitenden handlungsmäßigen

---

[7] Vgl. oben S. 65 f.
[8] *Lampe*, ZStW Bd. 72, S. 103.

Folgen⁹." Die Schwierigkeiten, die sich bei der rechtlichen Beurteilung der Ingerenzfälle ergeben, sieht *Lampe* nur als eine Folge davon, daß sie fälschlicherweise als Unterlassungsfälle behandelt wurden. Man finde die verschiedensten Ansichten darüber, welchen Charakter die Vorhandlung haben müsse, um eine Rechtspflicht zur Erfolgsabwendung zu begründen. Keine der Antworten wirke überzeugend, weil man die Begründungen nicht als zwingend empfinde. „Man wird schließlich Welzel beipflichten müssen, daß das Problem der Rechtspflicht aus vorangegangenem Tun bisher ungelöst ist. Und man wird darüber hinausgehend fragen, ob dieses Problem überhaupt lösbar ist, sofern man mit dem Begriff der ‚Vorhandlung' arbeitet, wie es bisher geschehen ist[10]."

Ist aber das Ingerenzproblem wirklich gelöst oder lösbar, wenn man von *Lampes* Handlungsbegriff ausgeht? Zunächst scheint ein bedeutender Fortschritt erzielt zu sein. Man braucht nur zu fragen, ob der „nichtabgewendete Erfolg" die Wirkung einer körperlichen Tätigkeit war, ob der körperlich Tätige diese Wirkung seines Tuns hätte beherrschen können und ob er sie mit Wissen und Wollen nicht beherrscht hat. Der Richter stünde allenfalls noch vor tatsächlichen Schwierigkeiten, wenn er diese Umstände ermitteln muß, kaum aber mehr vor rechtlichen. So einfach denkt sich *Lampe* die Lösung des Problems jedoch nicht. Es sei nicht zu verkennen, daß auch die Strafbarkeit des dolus subsequens durchaus eigene Schwierigkeiten bereite. Vor allem müsse das Problem der Zumutbarkeit normgerechten Verhaltens bei den Handlungsdelikten neu durchdacht werden. *Lampe* konnte dieser Frage im Rahmen seines Aufsatzes nicht weiter nachgehen. Man muß aus seiner Äußerung jedoch schließen, daß er in der Zumutbarkeit das entscheidende Kriterium bei den Ingerenzfällen erblickt.

Worauf bezieht sich aber die Frage nach der Zumutbarkeit? Auch *Lampe* könnte nur fragen, ob dem Täter zuzumuten war, etwas zu tun. Die Zumutbarkeitsprüfung müßte sich auf ein *Handeln* (die Erfolgsabwendung), nicht auf ein *Unterlassen* beziehen. Wer in einsamer Gegend überfallen wird, darf von der Schußwaffe Gebrauch machen, wenn der Angriff eine entsprechende Intensität hat. Es wird ihm nicht zugemutet, eine weniger wirksame Verteidigung zu wählen. Fraglich kann nur sein, ob ihm zugemutet werden kann, den schwer verletzten Angreifer zu verbinden oder Hilfe für ihn herbeizuholen. Es kommt nur auf die Beurteilung seines Untätigbleibens an. *Lampe* könnte also nicht umhin, das Verhalten des Täters im Unterlassungszeitraum, d. h.

---

⁹ *Lampe*, a.a.O., S. 104, 105.
[10] *Lampe*, a.a.O., S. 106.

in dem Zeitraum, in dem er die Folgen seines Tuns abwenden könnte aber nicht abwenden will, besonders zu würdigen. Auch von seinem Ergebnis her gelangt man zu derselben Frage, vor der man schon immer steht: Welcher Vorwurf trifft den Täter, wenn er den Folgen seines Tuns nicht entgegentritt? Ob man das Handelnmüssen unter dem Gesichtspunkt der Zumutbarkeit oder dem einer Garantenstellung prüft, macht für die Entscheidung dieser Frage letztlich keinen grundlegenden Unterschied.

Ein Vorzug der Meinung *Lampes* ist jedoch hervorzuheben. *Lampe* kann die Umstände des Einzelfalles bei seiner Prüfung ganz in den Vordergrund rücken, während der Gesichtspunkt einer Garantenstellung zur Generalisierung tendiert. Die Gefahr zu schematisieren, liegt hier näher. Doch wird es sich, wenn man die Zumutbarkeit prüft, auch nicht umgehen lassen, generalisierende Momente herauszuarbeiten. Je mehr andererseits bei den Garantenstellungen Begriffe verwendet werden, die vom Einzelfall her ausgefüllt werden müssen, desto weniger wird sich bei der praktischen Handhabung ein Unterschied zwischen der Prüfung der Zumutbarkeit und der einer Garantenstellung ergeben. Erst wenn diese hier angedeuteten Möglichkeiten voll ausgeschöpft sind und sich dann noch zeigen sollte, daß mit dem Begriff der Garantenstellung die Probleme nicht zu bewältigen sind, ließe sich ein derart starker Eingriff in die Handlungslehre, wie ihn *Lampe* vorschlägt, rechtfertigen. Nicht nur der Begriff der Handlung erhält ja bei *Lampe* einen neuen Sinn, sondern vor allem auch der der Zumutbarkeit[11]. Heute als ein Regulativ für den Einzelfall gedacht, als eine ausnahmsweise zugebilligte Aufhebung der Verantwortung, würde er dann die gesamte Verantwortlichkeitsprüfung in sich aufnehmen müssen. Denn daß niemand für alle Folgen seines Tuns strafrechtlich verantwortlich ist, steht von vornherein fest. Der viel zu weit gespannte Verantwortungsbereich müßte über den Begriff der Zumutbarkeit wieder auf ein richtiges Maß zurückgeführt werden. Der Ausschluß der Verantwortung aus dem Gesichtspunkt der Unzumutbarkeit würde in vielen Fällen die Regel, nicht eine besondere Ausnahme sein.

Als Ergebnis dieser Überlegungen ist festzustellen, daß *Schaffsteins* Deutung der Ingerenz rechtssystematisch nur verwertbar ist, wenn eine Reihe Begriffe einen völlig neuen Inhalt bekommen. Daß dies um der Lösung der Ingerenzfälle willen notwendig sei, ist vorerst nicht ersichtlich. Greifbare Fortschritte scheinen uns auch *Lampes* Vorschläge nicht zu bringen. Was von *Schaffstein* als eine nicht ratio-

---

[11] Vgl. dazu *Henkel*, Zumutbarkeit und Unzumutbarkeit als regulatives Prinzip, Mezger-Festschrift, S. 249.

nal faßbare Deutung gedacht war, läßt sich auch heute nicht konstruktiv erfassen. Bei einzelnen gerichtlichen Entscheidungen kann man sich aber in der Tat des Eindrucks nicht erwehren, daß der dolus subsequens hier Anerkennung gefunden habe (z. B. bei dem Fall der unbeabsichtigten Einschließung, die der Täter absichtlich fortdauern läßt — RGSt. 24/339). Doch ist dies wohl eine zu schwache Basis, um darauf völlig neue Begriffe aufzubauen.

4.4 Das Argument Vogts

Vogt sah den Kern der Garantenstellung aus vorangegangenem Tun darin, daß die Gefährdung eine engere soziale Ordnung schaffe und ein Band zwischen dem Gefährdenden und dem in Gefahr Gebrachten knüpfe, das an ein Familienverhältnis oder eine ähnlich enge Beziehung erinnere[12].

Schon *Stübel* nannte den Fall, daß „Jemand einen Anderen einsperrt und ihm die erforderlichen Lebensmittel zu reichen unterläßt" in einem Zusammenhang mit den Fällen, in denen Eltern „ihren Kindern die zur Erhaltung des Lebens notwendige Pflege versagen"[13]. Auch er sah offenbar eine Parallele zwischen diesen beiden Fällen, die eine gleiche rechtliche Beurteilung nahelegt.

Der Gedanke, daß eine Garantenstellung immer eine enge Beziehung zwischen zwei Personen voraussetzt, ist inzwischen aufgegeben worden[14]. Der Einzelne kann nicht nur für eine ihm nahestehende Person zum Garanten bestellt sein, sondern auch für Gefahrenquellen, die seinem Einfluß unterstehen. *Vogt* dagegen versucht, alle Garantenstellungen aus einer engen Beziehung zwischen zwei Personen zu rechtfertigen. Dieser Versuch ist aber dort zum Scheitern verurteilt, wo eine andere gefährdete Person gar nicht da ist, oder wo sie noch nicht individualisiert ist. Von dem Hauseigentümer in dem Urteil RGSt. 60/77[15] wurde verlangt, daß er den Brand, der durch seine herabfallende Pfeife entstanden war, löschte, obwohl von der Gefährdung einer anderen Person keine Rede war. Ähnlich liegt es in allen Fällen, wo Rechtsgüter der Allgemeinheit (Rechtspflege, Steuerintegrität, Staatssicherheit) gefährdet sind. Auch wenn sich die Gefahr zwar an einem bestimmten Einzelnen auswirken kann, dieser Einzelne aber noch nicht bekannt ist, wirkt der Gedanke an eine enge Beziehung zu diesem erzwungen. Oder sollte man tatsächlich ein enges Band zwi-

---
[12] Vgl. oben S. 68.
[13] Vgl. oben S. 48 f.
[14] *Kaufmann*, Dogmatik, S. 283; *Henkel*, MschrKrim. 1961, S. 190.
[15] Vgl. oben S. 25 f.

4. Kritische Würdigung der Argumente für die Ingerenz

schen dem Gastwirt und dem Opfer des Verkehrsunfalles, den sein betrunkener Gast verursacht hat, erkennen können? Allenfalls könnte man noch an eine enge Beziehung denken, wenn der Gast selbst verunglückt. So war es aber in den beiden vom BGH entschiedenen Gastwirtsfällen nicht[16].

Die Gerichte können sich schwer von dem Gedanken lösen, daß eine Garantenstellung immer eine enge persönliche Beziehung zwischen zwei Personen voraussetzt. Dies dürfte der Grund sein, warum bei der Meineidsbeihilfe durch Unterlassen die Gefährdung des Zeugen, nicht die der Rechtspflege in den Vordergrund gerückt wird[17]. Damit kann auch in diesen Fällen an eine Beziehung zwischen zwei Personen angeknüpft werden.

Man kann die Garantenstellungen nicht ausschließlich aus einer engeren sozialen Ordnung begründen. Die Frage, ob wenigstens in einigen Ingerenzfällen „der vor der Gefährdung Zufällige durch sie als innigst Verbundener dem Gefährdenden anvertraut" wird[18], kann zunächst offen bleiben. Jedenfalls ist dieser Gedanke nicht geeignet, als alleinige Grundlage für die Garantenstellung aus vorangegangenem Tun zu dienen, wozu ihn *Vogt* aber ausersehen hatte.

4.5 Das Argument Rudolphis

Nach *Rudolphi* beruht die Garantenstellung aus vorangegangenem Tun darauf, daß derjenige, der die „primäre soziale Schutzordnung" durch sein gefährdendes Tun gestört hat, selbst den Schutz des durch ihn gefährdeten Rechtsgutes übernehmen muß.

Die Garantenstellung aus vorangegangenem Tun bezeichnet *Rudolphi* als „sekundäre" Garantenstellung. Alle anderen Garantenstellungen, wie z. B. die aus „enger natürlicher Verbundenheit" oder aus „freiwilliger Übernahme einer Schutzposition", seien „primäre" Garantenstellungen. Diese letzteren seien das notwendige Korrelat zu der von Natur aus bestehenden oder durch die sozialen Gegebenheiten bedingten Unfähigkeit eines Rechtsgutsträgers, sich vor allen bzw. bestimmten Gefahren zu schützen[19]. Auch die Garantenstellung „kraft Herrschaft über einen bestimmten sozialen Bereich" rechnet *Rudolphi* zu den primären Garantenstellungen. Sie sei eine Folge des in unserer Rechtsordnung mehrfach niedergelegten Prinzips der sozialen Pflicht-

---

[16] BHGSt. 4/20 (vgl. oben S. 21 f.; BGHSt. 19/152 (vgl. oben S. 36 f.).
[17] Vgl. oben S. 34.
[18] *Androulakis*, Studien, S. 214.
[19] *Rudolphi*, Gleichstellungsproblematik, S. 107.

4.5 Das Argument Rudolphis

bindung eines jeden Herrschaftsrechts. Da die bedrohte Person auf die in der fremden Herrschaftssphäre liegende Gefahrenquelle nicht einwirken dürfe und sich daher im allgemeinen auch nicht wirksam vor den sich aus ihr entwickelnden Gefahren zu schützen vermöge, müsse die Rechtsordnung den diesen sozialen Bereich Beherrschenden zum Garanten für das Ausbleiben von Schäden bestellen[20].

Rudolphis gesamte Ausführungen über die „sekundäre" Garantenstellung aus vorangegangenem Tun beruhen auf zwei Hypothesen, die allerdings bei ihm nicht als solche gekennzeichnet sind: Erstens geht *Rudolphi* bei seiner Schilderung und Analyse der „sozialen Erscheinungsformen" der Garantenstellungen ohne weiteres davon aus, daß die von ihm so benannten sekundären Garantenstellungen in der sozialen Erscheinungswelt tatsächlich vorkommen; und zweitens nimmt *Rudolphi* ohne weiteres an, daß die „sekundären" Garantenstellungen, einmal unterstellt, daß sie tatsächlich vorkommen, *gerade auf dem vorangegangenem Tun* des Unterlassenden beruhen[21]. *Rudolphi* baut m. a. W. sein gesamtes Gedankengebäude darauf auf, daß — um bei seinen Beispielen zu bleiben, der, der einen Brand entfacht und der, der als Kraftfahrer einen Fußgänger verletzt hat, tatsächlich Garanten sind, und daß ihre Garantenstellung gerade eine Folge ihres vorangegangenen Tuns ist. Damit büßen *Rudolphis* Überlegungen zumindest für den, der die Garantenstellung des Kraftfahrers und Brandstifters nicht als vorgegeben hinnehmen, sondern gerade erfahren möchte, warum sie Garanten sein sollen, von vornherein an Überzeugungskraft ein. In dem Beispielsfalle des Kraftfahrers, der einen Fußgänger lebensgefährlich verletzt hat, ließe sich doch auch sagen, daß die Garantenstellung, einmal angenommen, sie sei gegeben, das notwendige Korrelat der Unfähigkeit des Fußgängers sei, auf das von einem anderen beherrschte Fahrzeug einzuwirken. Damit wäre dann die Garantenstellung des Kraftfahrers zumindest nicht die Folge eines *vorangegangenen Tuns*, d. h. einer Störung der primären sozialen Schutzordnung. Sie wäre vielmehr, da *Rudolphi* die Garantenstellung aus der Beherrschung von Gefahrenquellen als „primäre" ansieht, dann ein Gebot der primären sozialen Schutzordnung selbst. Auch *Rudolphi* erkennt den Autofahrer unter Umständen als primären Garanten an. Wenn die Ursache für den die Gefahrenlage auslösenden Unfall in einem Mangel des Kraftfahrzeugs begründet sei, komme als Entstehungsgrund für die Garantenstellung des Kraftfahrers seine Herrschaft über das Kraftfahrzeug als Gefahrenquelle in Betracht[22].

---

[20] *Rudolphi*, a.a.O., S. 100, 101.
[21] *Rudolphi*, a.a.O., S. 103.
[22] *Rudolphi*, a.a.O., S. 178 Anm. 87.

4. Kritische Würdigung der Argumente für die Ingerenz

Das schadhafte Fahrzeug selbst kann aber nun niemals einen Unfall verursachen, von dem Ausnahmefall einer Explosion einmal abgesehen. Die Unfallursache liegt vielmehr darin, daß das Fahrzeug trotz der Mängel gefahren wurde. Nach *Rudolphi* würde ein Unterschied im Entstehungsgrund der Garantenstellung bestehen zwischen dem Fall, daß ein Kraftfahrer vor einem die Straße überquerenden Fußgänger nicht anhalten kann, weil die Bremsen seines Fahrzeugs schadhaft sind, und dem Fall, daß der Kraftfahrer nicht rechtzeitig bremsen kann, weil er zu schnell gefahren ist. Im ersten Falle wäre gegenüber dem verletzten Fußgänger eine primäre Garantenstellung aus der Beherrschung der Gefahrenquelle, im zweiten Falle eine sekundäre Garantenstellung aufgrund des vorausgegangenen Tuns gegeben. Der Unfall beruht aber in beiden Fällen auf der ungenügenden Bremsleistung des Fahrzeugs in der gegebenen Situation. Dieser Umstand läßt es fraglich erscheinen, ob mit der Unterscheidung von primären und sekundären Garantenstellungen eine Erkenntnis in der Sache gewonnen ist. Vollends zweifelhaft ist, ob man auf dieser Unterscheidung ein ganzes System von Garantenbegriffen aufbauen kann.

Rudolphi betrachtet nun aber die Garantenstellung aus vorangegangenem Tun nicht nur als in der sozialen Erscheinungswelt tatsächlich vorhanden, sondern auch als geboten. Folgt man seinem Gedankengang, so müßte diese Garantenstellung, würde sie nicht schon praktiziert, gerade in dieser Form entwickelt werden. *Rudolphi* schließt dies daraus, daß die Rechtsordnung, indem sie primäre Garantenstellungen zum Schutze bestimmter Rechtsgüter begründet habe, zu erkennen gebe, daß sie diese Rechtsgüter so lückenlos wie nur irgend möglich geschützt sehen wolle. Daraus folge, daß derjenige, der die primäre Schutzinstanz ausgeschaltet habe, nach den gesetzlichen Wertvorstellungen in dessen Pflichtenstellung einrücken müsse, damit für die zu schützenden Rechtsgüter so weit als möglich ein Zustand der Schutzlosigkeit vermieden werde[23].

Auch in diesem Gedankengang ist wiederum eine ungenannte Voraussetzung enthalten. *Rudolphi* geht ohne weiteres davon aus, daß der lückenlose Rechtsgüterschutz nur gewährleistet sei, wenn der, der die „primäre Schutzinstanz" außer Gefecht gesetzt habe, nun seinerseits Garant sei. Er gibt folgende Beispielfälle: 1. Ein Kraftfahrer verletzt eine Mutter schwer. Das sie begleitende Kind läuft nach dem Unfall ohne Aufsicht auf der Straße herum und wird, da auch der Kraftfahrer es nicht zurückhält, von einem Auto erfaßt und getötet. 2. Jemand schlägt einen Schrankenwärter nieder und schließt nachher nicht die Schranken, so daß ein Pkw von einem Zug erfaßt wird.

---

[23] *Rudolphi*, a.a.O., S. 114.

3. Ein Gastwirt gibt einem Bademeister so viel Alkohol zu trinken, daß er ein ertrinkendes Kind nicht retten kann. Auch der Gastwirt kommt dem Kinde nicht zu Hilfe[24]. In allen drei Fällen, meint *Rudolphi*, müsse der Dritte notwendig in eine Garantenstellung einrücken, nachdem er den „primären" Garanten ausgeschaltet habe, sonst wären die gefährdeten Rechtsgüter schutzlos, was nach den gesetzlichen Wertvorstellungen nicht sein dürfe.

Wie würde sich in diesen drei Fällen der Zustand der Schutzlosigkeit äußern, wenn man annehmen würde, daß der Dritte *nicht* Garant wäre? In allen Fällen hätte sich der Unterlassende dann nach § 330 c StGB strafbar gemacht. Nach dieser Norm ist nicht nur strafbar, wer bei „Unglücksfällen", sondern auch wer bei „gemeiner Gefahr oder Not" nicht Hilfe leistet. Im ersten und zweiten Falle lag eine Gemeingefahr vor. Im ersten Falle war nämlich nicht nur das bestimmte Kind gefährdet, sondern auch der unbekannte Kraftfahrer, der in eine Kollision mit dem Kind verwickelt werden konnte. Der BGH hat z. B. in einem Falle eine Gemeingefahr bejaht, als ein Toter auf der Straße lag[25]. Im zweiten Falle ist ebenfalls eine Gemeingefahr ohne weiteres gegeben. Im dritten Falle lag ein „Unglücksfall" vor. Das „Hilfeleisten" im Sinne des § 330 c StGB bezeichnet eine Tätigkeit, die auf die Abwehr weiterer Schäden gerichtet ist[26]. Das wäre im ersten Falle die Bewahrung des Kindes, im zweiten die Warnung oder Sicherung des Verkehrs am Bahnübergang, im dritten die Rettung des ertrinkenden Kindes gewesen. Da *Rudolphi* die Auffassung vertritt, daß die Lückenlosigkeit des Schutzes der bedrohten Rechtsgüter in seinen drei Beispielsfällen erfordere, den Dritten in eine Garantenstellung einrücken zu lassen, hält er offenbar den „Schutz" des § 330 c StGB hier für nicht ausreichend. Das könnte man aber nur sagen, wenn in diesen Fällen der Unterlassende, wäre er Garant, entweder wirksamere Maßnahmen hätte ergreifen müssen oder sich eher zum Handeln entschlossen hätte, als wenn er nicht Garant wäre. Beide Argumente treffen indes nicht zu. Durch ein pflichtgemäßes Hilfeleisten im Sinne des § 330 c StGB wäre in allen drei Fällen das bedrohte Rechtsgut gerettet worden. Mehr müßte und könnte der Dritte, auch wenn er Garant wäre, nicht tun. Nur wäre die Unterlassung der Hilfe, wenn der Dritte Garant wäre, mit einer höheren Strafe bedroht gewesen als sie in § 330 c StGB vorgesehen ist. Erhöht sich durch die höhere Strafdrohung aber auch der Schutz für das gefährdete Rechtsgut?

---

[24] *Rudolphi*, a.a.O., S. 113; ein 4. Beispielsfall ist fortgelassen worden, weil er im hier gegebenem Zusammenhang keine weiteren Aufschlüsse gibt.
[25] BGHSt. 1/269.
[26] *Schönke-Schröder*, Kommentar, § 330 c, Rdnr. 11.

4. Kritische Würdigung der Argumente für die Ingerenz

Wird der Täter durch sie eher zum Handeln angehalten als durch eine geringere? Bejahte man diese Frage, so ließe dies nach *Schmidhäuser* einen „groben Mangel an Phantasie" erkennen[27]. Man ginge dabei von der Situation des gefaßten und überführten Täters aus, der die sichere Strafe vor Augen hat und nun natürlich die schwerere Strafe mehr als die leichte fürchtet, während man sich doch in die Lage des handelnden Täters versetzen muß, der, weitgehend ohne Rücksicht auf die Schwere der Strafdrohung, erwartet, nicht gefaßt und bestraft zu werden[28]. Die Garantenstellung des Gefährdenden läßt sich in *Rudolphis* Beispielsfällen also nicht überzeugend damit begründen, daß sie zum Schutze der jeweils gefährdeten Rechtsgüter erforderlich sei. In seinen Beispielen ist es schon ein Gebot der allgemeinen Hilfspflicht im Sinne des § 330 c StGB, die drohenden Rechtsgutsverletzungen zu verhindern. Um die Rechtsgüter in diesen Fällen zu schützen, braucht man keinen Garanten[29]. Deshalb ist *Rudolphis* Folgerung, der „primäre" Garant müsse hier unbedingt durch einen „sekundären" ersetzt werden, nicht zwingend.

Noch in einem anderen Punkte begegnen *Rudolphis* Ergebnisse Bedenken. Die Garantenstellung aus vorangegangenem Tun setzt seiner Meinung nach voraus. daß der Unterlassende *pflichtwidrig* eine Gefahr geschaffen hat[30]. *Rudolphi* versteht unter der Pflichtwidrigkeit die Verletzung einer ausschließlich oder doch zumindest auch im Interesse und zum Schutz des gefährdeten konkreten Rechtsgutes bestehenden Pflicht. Die an den Handelnden im Einzelfall zu stellenden Pflichtanforderungen seien im Wege der Auslegung den jeweils in Betracht kommenden besonderen Straftatbeständen und den allgemeinen Prinzipien der Unrechtslehre zu entnehmen. Auszuscheiden hätten von vornherein Verletzungen bloßer Ordnungsvorschriften, sowie all der Pflichten, die ausschließlich um anderer Ziele willen, wie zum Beispiel zum Schutze im konkreten Einzelfalle nicht beteiligter Rechtsgüter, aufgestellt worden seien.

Man muß bezweifeln, daß mit dem so beschriebenen Begriff der Pflichtwidrigkeit für den Einzelfall überzeugende Ergebnisse gewonnen und begründet werden können. Zwei Beispiele aus *Rudolphis* Darstellung mögen dies zeigen. Nach *Rudolphi* ist der Waffenhändler, der einem anderen eine Waffe unter Verletzung der Vorschriften über den Handel mit Waffen veräußert, als Garant verpflichtet zu verhindern, daß der Käufer mit der Waffe einen Mord begeht. Ja, der Waf-

---

[27] *Schmidhäuser*, Vom Sinn der Strafe, S. 50.
[28] *Schmidhäuser*, a.a.O., S. 50.
[29] Vgl. auch noch näher unten S. 111 f.
[30] *Rudolphi*, Gleichstellungsproblematik, S. 157 ff.

4.5 Das Argument Rudolphis

fenhändler sei auch dann Garant, wenn er die gesetzlichen Vorschriften über den Handel mit Waffen beachtet habe, aber einer Person eine Waffe verkauft habe, deren unlautere Absichten ihm hätten bekannt sein müssen (nicht bekannt waren!)[31]. Im ersten Falle mag sich die Pflichtwidrigkeit noch damit begründen lassen, daß das Waffengesetz, das den Erwerb von Faustfeuerwaffen von einem Waffenerwerbsschein abhängig mache, über eine bloße Ordnungsvorschrift hinausgehe und auch dem Rechtsgüterschutz diene. Sicherlich will das Waffengesetz der abstrakten Gefahr begegnen, daß unzuverlässige Personen Waffen besitzen. Ob es aber auch das konkrete, von einem Mordlustigen bedrohte Leben schützen will, ist fraglich. Die Abgrenzung von bloßer Ordnungsvorschrift und Rechtsgüterschutzvorschrift wird im Einzelfalle sehr schwer zu ziehen sein. Fragwürdig ist es vollends, im zweiten Falle eine Pflichtwidrigkeit anzunehmen. Hier hat der Waffenhändler die Waffe verkauft, nachdem ihm der Käufer einen gültigen Waffenerwerbsschein ausgehändigt hat. Der Waffenerwerbsschein wird von der Behörde nach eingehenden polizeilichen Ermittlungen und genauer Überprüfung des Erwerbers für eine begrenzte Zeit ausgestellt. Sollte hier der Waffenhändler tatsächlich verpflichtet sein, den Erwerber nochmals zu überprüfen? Und aus welcher Vorschrift wäre diese Pflicht abzuleiten?

Ähnlich zweifelhaft ist die Pflichtwidrigkeit auch in einem anderen, von *Rudolphi* gegebenen Beispiel. Nach *Rudolphi* handelt pflichtwidrig, wer gutgläubig einen Zeugen davon überzeugt, daß eine falsche Angabe wahr sei. Er habe als Garant zu verhindern, daß der Zeuge die falsche Angabe im Glauben an ihre Richtigkeit beeidige[32]. Man kann sich dazu etwa folgenden näheren Sachverhalt vorstellen: A. hat einen Diebstahl begangen und ist angeklagt. Obwohl er schuldig ist, führt er als Alibi für die Tatzeit an, daß er mit B. in einem Lokal zusammen gewesen sei. Tatsächlich waren A. und B. aber einen Tag vor der Tat beisammen. B. wird als Zeuge geladen. Vor dem Termin versucht er sich zu erinnern, an welchem Tag er mit A. zusammen war. Ihm fällt ein, daß er im Anschluß an eine bestimmte Geschäftsreise, die er mit seinem Kollegen C. unternommen hatte, zu A. in das Lokal gekommen war. B. fragt deshalb seinen Kollegen C., wann sie diese Geschäftsreise unternommen hätten, ohne dabei aber auf die Zusammenhänge hinzuweisen. C. gibt nun nach einigem Nachdenken gutgläubig eine falsche Auskunft, indem er den Tattag als den Tag der Geschäftsreise bezeichnet. Erfährt C. noch vor dem Termin, daß er sich geirrt hat, und werden ihm auch die Zusammenhänge bekannt,

---

[31] *Rudolphi*, a.a.O., S. 168, 169.
[32] *Rudolphi*, a.a.O., S. 172 Anm. 72 a.

dann soll er nach *Rudolphi* als Garant die drohende Falschaussage verhindern müssen, weil er „pflichtwidrig" den Zeugen zu einer Gefahrenquelle für die Rechtspflege gemacht habe. Hier ist aber nicht mehr vernüftig zu begründen, daß C. seine Auskunft pflichtwidrig erteilt habe. C. hätte schon nicht pflichtwidrig gehandelt, wenn er selbst als Zeuge seine Auskunft nach reiflicher Überlegung dem Gericht gegeben hätte, falls er sich nicht anders erinnern konnte[33]. Dies muß aber umso mehr dann gelten, wenn er seine Auskunft als beiläufige Antwort im täglichen Leben erteilt hat, ohne zu wissen, welche Bedeutung sie für ein Gerichtsverfahren hat. Es erscheint willkürlich, wenn Rudolphi annimmt, hier liege ein pflichtwidriges Handeln vor.

Nach allem dürfte es *Rudolphi* nicht gelungen sein, den Begriff der Pflichtwidrigkeit der Gefährdungshandlung, der in seinem System eine sehr wichtige Rolle spielt, so abzugrenzen, daß daraus im Einzelfall einleuchtende Entscheidungen begründet werden können. Damit bleiben gegen *Rudolphis* Ausführungen drei Einwände bestehen: 1. zieht *Rudolphi* gar nicht ernsthaft in Zweifel, daß das vorangegangene Tun (und gerade dieser Umstand!) eine Garantenstellung begründet, weshalb auch seine Ergebnisse nicht wirklich überzeugen können; 2. genügt der beiläufig geäußerte Gedanke, die Garantenstellung aus vorangegangenem Tun sei um des lückenlosen Rechtsgüterschutzes willen erforderlich, als Grundlage dieser Garantenstellung nicht; 3. ist die zur Voraussetzung der Garantenstellung gemachte Pflichtwidrigkeit der Gefährdung in der ihr von *Rudolphi* gegebenen begrifflichen Abgrenzung nicht geeignet, im Einzelfall überzeugende Ergebnisse zu begründen.

4.6 Das Argument des Gewohnheitsrechts

Den Geltungsgrund des Satzes von der rechtspflichtbegründenden Wirkung des vorangegangenen gefährdenden Verhaltens erblickt *Granderath* allein in seiner gewohnheitsrechtlichen Anerkennung[34]. Er stellt insoweit eine „nahezu übereinstimmende Meinung" fest[35]. Tatsächlich wird aber im neueren Schrifttum nur von wenigen Autoren die Garantenstellung aus vorangegangenem Tun ausdrücklich als Gewohnheitsrecht bezeichnet[36]. Ebenso oft wird dieses Argument abgelehnt[37].

---

[33] *Schmidhäuser*, Göttinger Festschrift, S. 212 ff.
[34] *Grandenrath*, Rechtspflicht, S. 126 ff.
[35] *Grandenrath*, a.a.O., S. 128.
[36] *Kohlrausch-Lange*, StGB, Syst. Vorb. z. AT, II B II 3 e, S. 9; *Maurach*, LB AT, S. 513.
[37] *Henkel*, MschrKrim. 1961, S. 185; *Rudolphi*, Gleichstellungsprobl., S. 160.

Von einem gewohnheitsrechtlichen Satz könnte man nur dann sprechen, wenn die Garantenstellung aus vorangegangenem Tun auf einem allgemein anerkannten, stets gleichlautend angewandten Rechtsgedanken beruhen würde. Die Übersicht über Rechtsprechung und Schrifttum hat jedoch gezeigt, daß es eine einheitliche Meinung über die Garantenstellung aus vorangegangenem Tun nicht gibt. Überwiegend wird zwar im Grundsatz anerkannt, daß ein gefährdendes Tun eine Garantenstellung begründen könne. Ohne jede Einschränkung gelte dieser Satz aber nicht. In welcher Hinsicht er eingeschränkt werden müsse, wird in der verschiedensten Weise beantwortet. Nur den Grundsatz als Gewohnheitsrecht zu bezeichnen und die Einzelbegrenzung als „noch unsicher" *(Nagler)* offen zu lassen, ist nicht zulässig. Es gibt keinen „halben" Gewohnheitsrechtssatz. Entweder läßt sich ein vollständiger Satz aufstellen oder man kann von Gewohnheitsrecht eben nicht sprechen.

Mit dem Argument des Gewohnheitsrechts ist die Garantenstellung aus vorangegangenem Tun also nicht zu rechtfertigen. Ein so formales Argument wäre auch kaum geeignet, eine wirklich befriedigende Antwort zu geben. Auch eine verfehlte Rechtsentwicklung kann sich gewohnheitsrechtlich verhärten; dann muß die richtige Bahn gewiesen werden. Es könnte auch der Gedanke, der dem Gewohnheitsrechtssatz zugrunde liegt, richtig, die Formulierung aber ungenau sein. Der Gedanke müßte dann treffender ausgedrückt werden. Bei dem Argument des Gewohnheitsrechts könnte man also ohnehin nicht stehen bleiben. Es könnte, auch wenn es zuträfe, nicht von weiterem Fragen abhalten.

4.7 Ergebnis

Das Ergebnis dieses Abschnitts läßt sich kurz dahin zusammenfassen, daß keines der Argumente eine überzeugende Begründung für die Garantenstellung aus vorangegangenem Tun gibt. Eine tragfähige Grundlage für die Vielzahl der Fälle, in denen die Rechtsprechung diese Garantenstellung anerkannt hat, wurde nicht sichtbar. Auf dem bisher beschrittenen Wege konnte der Zugang zu diesem Rechtsgedanken nicht gefunden werden.

Fünftes Kapitel

Möglichkeiten einer Einschränkung der Garantenstellung

5.1 Weg der Untersuchung

Nach herrschender Lehre soll der, der eine Gefahr geschaffen hat, grundsätzlich dafür „garantieren" müssen, daß ein Schaden aus dieser Gefahr nicht erwächst. Der Gefährdende soll in ein Garantenverhältnis zu dem gefährdeten Rechtsgut eintreten. Garantenverhältnisse gibt es viele: zum Beispiel ist die Mutter Garantin zumindest für die Bewahrung von Leben und Gesundheit ihres Kindes; der Schwimmlehrer ist Garant dafür, daß der Schwimmschüler nicht ertrinkt. Ob aus der Gefährdung eines anderen freilich in jedem Falle eine Garantenstellung entsteht, wird bezweifelt. Außer Zweifel steht aber, daß in den Beziehungen der Mutter zu ihrem Kind und des Schwimmlehrers zum -schüler ein strafrechtliches Garantenverhältnis enthalten ist.

Die Zweifel an der Garantenstellung des Gefährdenden ließen sich auf zweierlei Weise beheben. Der eine Weg wäre, den Nachweis zu führen, daß die Garantenstellung des Gefährdenden ebenso eindeutig ist wie z. B. die Garantenstellung der Mutter gegenüber ihrem Kind und des Schwimmlehrers gegenüber dem Schüler in der genannten Hinsicht. Die hierfür angebotenen Argumente konnten jedoch nicht überzeugen. Der andere Weg bestünde darin, daß die Voraussetzungen dieser Garantenstellung besser erfaßt und so erreicht würde, daß auch der Gefährdende zum „selbstverständlichen" Garanten aufrückt. Die Garantenstellung müßte von den Fällen befreit werden, die sie zweifelhaft erscheinen lassen. Es dürften nur solche Fälle zurückbleiben, in denen es ganz selbstverständlich ist, daß der Gefährdende zum Garanten bestellt ist. Um das „Warum" dieser Garantenpflicht bräuchte man sich dann ebensowenig zu kümmern wie bei den Garantenpflichten der Mutter gegenüber ihrem Kind und des Schwimmlehrers gegenüber dem Schwimmschüler. Diese Pflichten sind eben selbstverständlich.

Dieser Weg wird allgemein empfohlen. Er schwebt all denen vor, die den Grundgedanken der Garantenstellung aus vorangegangenem Tun für richtig und unentbehrlich halten und nur die Einzelbegrenzung als noch unsicher ansehen. Nach ihnen rührt das Zweifelhafte an dieser

Garantenstellung nicht daher, daß ihre Grundlage verfehlt ist, sondern daher, daß sie nicht sorgfältig genug begrenzt ist. Es soll deshalb nun untersucht werden, ob sich die Garantenstellung aus vorangegangenem Tun auf ein richtiges, selbstverständliches Maß begrenzen läßt.

Es bieten sich vier Möglichkeiten, die Garantenstellung zu beschränken:
1. Die Einschränkung aus dem Begriff der Gefahr *(Schröder)*;
2. Die Ausscheidung bestimmter Vorhandlungen (einzelne BGH-Urteile);
3. Die Einschränkung über den Inhalt der Pflicht *(Dahm, Mezger)*;
4. Die Einschränkung durch zusätzliche Erfordernisse („sozialer Kontakt" — *Henkel)*.

Jeder Versuch, die Ingerenz einzuschränken, muß eine doppelte Bewährungsprobe bestehen. Einerseits müssen die Fälle, die nach der Einschränkung noch von der Garantenstellung erfaßt bleiben, wirklich selbstverständlich sein, und andererseits darf nichts eliminiert werden, was vom Verbleibenden nicht tatsächlich verschieden ist. Bei der Trennung von Weizen und Spreu darf also kein Weizen in der Spreu zurückbleiben.

5.2 Einschränkung aus dem Begriff der Gefahr

Nach *Schröder* wird der Gefährdende nur dann zum Garanten, wenn er durch sein Verhalten die „nahe (adäquate) Gefahr für den Eintritt eines Schadens" herbeigeführt hat. Es genüge nicht, daß der Unterlassende durch sein Verhalten irgendwie für den Eintritt der Gefahr ursächlich geworden sei; sein Verhalten müsse vielmehr gerade geeignet gewesen sein, den Gefahrenzustand herbeizuführen[1].

Genau genommen handelt es sich hier auch um eine Einschränkung von der Vorhandlung her. *Schröder* will nur ein Vorhandlung, die eine „nahe Gefahr" heraufbeschworen hat, ausreichen lassen, um eine Garantenstellung zu begründen. Andere Vorhandlungen sollen nicht zu einer Garantenstellung führen. Der Einschränkungsvorschlag von *Schröder* unterscheidet sich aber von dem unter der folgenden Nummer „Ausscheidung bestimmter Vorhandlungen" behandelten. Für *Schröder* ist entscheidend, welche Wirkungen die Vorhandlung hat, nicht welche rechtliche Qualität ihr zukommt. Nach dem folgenden Einschränkungsvorschlag dagegen werden Vorhandlungen bestimmter rechtlicher

---
[1] *Schönke-Schröder*, Kommentar, Vorb. z. AT, Rdnr. 120; ebenso: *Granderath*, Rechtspfl., S. 156 ff.; *Rudolphi*, Gleichstellungsproblematik, S. 121 ff.

5. Möglichkeiten einer Einschränkung der Garantenstellung

Qualität (z. B. sozial übliche) ohne Rücksicht auf ihre Wirkungen, also auch dann, wenn sie eine „nahe Gefahr" begründet haben, generell von der Garantenfolge ausgenommen. Dieser Unterschied rechtfertigt es, die beiden Einschränkungsvorschläge getrennt zu behandeln.

Die Einschränkung von *Schröder* hängt vom Begriff der Gefahr ab. Ob eine Vorhandlung eine Garantenstellung begründet, richtet sich danach, was man unter einer „nahen Gefahr" versteht. Deshalb ist dieser Weg eine Einschränkung vom Begriff der Gefahr her[2].

Man könnte bei dem Begriff der *nahen* Gefahr zunächst daran denken, es solle hier ein *zeitliches* Moment maßgebend sein. Nah wäre dann eine Gefahr, wenn mit dem Schadenseintritt in Kürze zu rechnen ist, fern, wenn vermutlich noch eine Zeitspanne bis dahin verstreichen wird. Da der Garant aber nur dafür einzustehen hat, daß ein Schaden ausbleibt, kann er sich natürlich bis zum letzten Augenblick, bevor der Schaden eintritt, mit seinen Gegenmaßnahmen Zeit lassen. Er muß ja nicht die *Gefahr* abwenden, sondern den *Schaden* verhüten. Handeln „muß" er also erst, wenn der Schadenseintritt kurz bevorsteht. Diese Selbstverständlichkeit kann aber nicht gemeint sein, da *Schröders* Einschränkungsvorschlag nicht das „Wann" des Handelnmüssens, sondern das „Ob überhaupt" betrifft. Wenn man es von einem zeitlichen Moment abhängig machen wollte, ob der Gefährdende überhaupt handeln muß, fehlte auch jede einleuchtende Begrenzung. Welche Zeitspanne für den Schadenseintritt sollte maßgebend sein? Eine Stunde, ein Tag, eine Woche? In *Stübels* Fall, in dem jemand einen anderen eingesperrt hatte und ihn dann verhungern ließ, kann der Tod vielleicht erst nach Wochen eingetreten sein. Wäre dies noch zeitlich „nah" gewesen? Oder ein anderes Beispiel: Wer halbgetrocknetes Heu in einem abgeschlossenen Raum hoch aufschichtet, kann einen Brand verursachen, da sich das Heu selbst entzünden kann. Es kann allerdings Wochen dauern, bis das Heu die Entzündungshitze erreicht hat. Würde man diese Gefahr als nicht mehr nah ansehen, so müßte zwar der, der ein Zündholz achtlos weggeworfen hat, den Brand löschen, nicht aber der, der das Heu unsachgemäß eingelagert hat. Dieser Unterschied leuchtet nicht ein. Man käme also zu keinen vernünftigen Ergebnissen, wenn man die „Nähe" der Gefahr zeitlich verstehen würde.

---

[2] Vgl. zum Begriff der Gefahr: *Lammasch*, Das Moment objektiver Gefährlichkeit im Begriffe des Verbrechensversuchs; *Finger*, Begriff der Gefahr und Gemeingefahr im Strafrecht, Frank-Festgabe I, S. 230 ff.; *Maurach*, LB AT, S. 274; *Mezger-Blei*, StB AT, S. 85; *Schönke-Schröder*, Kommentar, Vorb. z. AT, Rdnr. 148 u. Vorbem. vor § 306, Rdnr. 4; *Welzel*, LB, S. 41; aus der Rechtsprechung BGHSt. 18/272.

5.2 Einschränkung aus dem Begriff der Gefahr

Die Gleichsetzung von „nah" und „adäquat" bei *Schröder* deutet auf ein anderes Unterscheidungsmoment hin. Es könnte damit die größere oder geringere *Wahrscheinlichkeit*, daß aus einem Vorgang ein Schaden erwächst, gemeint sein. Nah wäre dann eine Gefahr, wenn es nahe liegt, daß ein Schaden eintritt, fern, wenn dies unwahrscheinlich ist. Diese Unterscheidung läßt sich beim Gefahrbegriff durchaus ziehen[3]. Von Gefahr spricht man, wenn ein Schadenseintritt für möglich gehalten wird. Die Vorhersage kann mehr oder weniger sicher sein. Die prophezeiende Natur des Gefahrbegriffs wird leicht verkannt. Ist nämlich der Schaden schon eingetreten, so liegt es nahe, den Vorgang, aus dem er entstanden ist, als gefährlich zu bezeichnen. Das Urteil über die Gefährlichkeit wird dann aber ex post unter Einbeziehung der Kenntnis des späteren Verlaufs gefällt. Dadurch wird der Gefahrbegriff, der seinem Wesen nach nur eine Aussage ex ante machen will, verfälscht. Die Rechtsprechung hat den Gefahrbegriff bei der Ingerenz wohl deshalb so vernachlässigt, weil in allen abgeurteilten Fällen der Schaden eingetreten war, die Gefährlichkeit der Handlung also erwiesen war. Tatsächlich brauchen Gefahr und Schaden einander aber nicht zu folgen. Es gibt sehr gefährliche Situationen, bei denen ein Schaden ausbleibt, und es gibt ungefährliche, denen ein schlimmer Schaden folgt. Denn da niemand allwissend ist, hat jede Prophezeiung für die Zukunft, auch für die allernächste, ein Unsicherheitsmoment. Wäre in einer gefährlichen Situation, die zu keinem Schaden geführt hat, der schadensverhindernde Umstand von vornherein bekannt gewesen, so hätte man diese Situation nicht als gefährlich beurteilt. Eine Gefahr sah man nur, weil man noch nicht wußte, daß es gut gehen würde. Die Beurteilung eines Geschehens daraufhin, ob es gefährlich ist, hängt also davon ab, was dem Urteilenden an schadenstiftenden und schadenverhütenden Umständen im Zeitpunkt seines Urteils bekannt ist. Aufgrund dieser Umstände kann er aus seinem Erfahrungswissen den weiteren Verlauf des Geschehens vorhersagen. Einen ungünstigen Verlauf kann er für mehr oder weniger wahrscheinlich halten, je nachdem, ob er mehr schadenstiftende oder schadenverhütende Umstände kennt oder erwartet. Das *Gefährlichkeitsurteil* ist also *abstufbar*. Auf dieser Unterscheidungsmöglichkeit baut *Schröder* auf.

Der Richter, der bei der Prüfung der Garantenstellung eines Angeklagten die Gefährlichkeit seines Tuns beurteilen soll, muß sich in einen früheren Zeitpunkt zurückversetzen. Er darf seine Kenntnis des späteren Geschehensverlaufs nicht verwerten, sonst wäre sein Urteil kein Wahrscheinlichkeits- und damit auch kein Gefährlichkeits-

---

[3] Welzel, LB, S. 41.

urteil mehr. Da das Gefährlichkeitsurteil ferner davon abhängt, welche Umstände bei dem Beurteilenden als bekannt vorausgesetzt werden, muß klargestellt werden, wovon der Richter auszugehen hat. Sein eigenes Wissen kann er nicht zugrunde legen, da er die Situation nicht miterlebt hat und also nicht weiß, was ihm bekannt gewesen wäre. Auch die Kenntnis eines „Durchschnittsmenschen" gibt keinen vernünftigen Anhaltspunkt. Ein Durchschnittsmensch kann zum Beispiel nicht wissen, daß die Treppe in einem bestimmten Hause morsch ist. Wenn er die Treppe besteigt, wird er sich deshalb nicht in Gefahr fühlen. Wohl aber würde dies ein Hausbewohner, dem die Brüchigkeit der Treppe genau bekannt ist. Beim Gefährlichkeitsurteil läßt sich zwar das *Erfahrungswissen* an durchschnittlichen Maßstäben messen, nicht aber die *Sachverhaltskenntnis*. Hier muß die Kenntnis einer bestimmten Person zugrunde gelegt werden. Das Erfahrungswissen eines Einzelnen kann über oder unter dem Durchschnitt liegen. Ein Statiker zum Beispiel kann aufgrund seines besonderen Fachwissens das Betreten der morschen Holztreppe für ungefährlich halten, während ein Laie der Treppe nicht trauen würde. Beim Erfahrungswissen kann man das besondere Fachwissen für unbeachtlich erklären und einen durchschnittlichen Maßstab anwenden. Bei der Sachverhaltskenntnis aber gibt es keinen durchschnittlichen Maßstab. Eine Orientierung an der Laienkenntnis ist ausgeschlossen. Der Richter kann bei dem Gefährlichkeitsurteil, soll es nicht völlig willkürlich sein, nur von den Umständen ausgehen, die dem *Gefährdenden* bekannt waren oder ihm zumindest bekannt sein konnten. Das besagt nicht, daß der Gefährdende selbst die Gefährlichkeit seines Tuns erkannt haben muß. Er kann sein Tun aufgrund über- oder unterdurchschnittlichen Erfahrungswissens oder einfach aus Gleichgültigkeit für ungefährlich gehalten haben. Nur das Tatsachenmaterial für das Gefährlichkeitsurteil muß seiner Kenntnis entnommen werden. Wie er selbst den Sachverhalt beurteilt hat, spielt erst bei der Frage nach der Schuldhaftigkeit seines Unterlassens eine Rolle. Hier geht es zunächst nur um die Voraussetzungen für die Garantenstellung.

Theoretisch steht nichts im Wege, die Garantenstellung aus vorangegangenem Tun in dieser Weise einzuschränken. Fraglich ist nur, wie sich die Grenzziehung praktisch auswirkt. Dies soll an einem schon erörterten Fall aus der Rechtsprechung des RG untersucht werden. Der Angeklagte betrat mit brennender Pfeife den Heuboden seines Hauses, stieß gegen einen Draht und verlor die Pfeife aus dem Mund. Dabei fielen einige Funken ins Heu und entfachten einen Brand, den der Angeklagte nicht löschte[4]. Dieser Sachverhalt soll in zwei Alter-

---

[4] RGSt. 60/77; vgl. oben S. 25 f.

5.2 Einschränkung aus dem Begriff der Gefahr

nativen näher ergänzt werden. Im ersten Falle soll es so gewesen sein, daß schon seit langem auf dem Heuboden Drähte gespannt waren, eine sehr schwache Beleuchtung bestand und überall lockeres Heu und Stroh lag. Wenn der Angeklagte unter diesen Umständen den Heuboden mit brennender Pfeife betrat, lag es nahe, daß er in der Dunkelheit gegen einen Draht stieß, die Pfeife verlor und herausfallende Funken sofort Nahrung fanden. Sein Verhalten begründete also die nahe Gefahr eines Brandes. Anders aber, wenn die Heukammer einen breiten, blank gefegten Steinfußboden und eine ausgezeichnete Beleuchtung besaß und wenn dort noch nie Drähte gespannt waren. Betrat der Angeklagte unter diesen Umständen den Heuboden mit brennender Pfeife, um vom Gang aus nachzusehen, ob eine Dachluke geschlossen war, so hätte niemand an eine nahe Brandgefahr gedacht. Wenn nun spielende Kinder kurz zuvor einen fast unsichtbaren Draht über dem Fußboden gespannt hatten, der Angeklagte darüber gestolpert war, die Pfeife ihm in hohem Bogen entglitten und auf einen weit entfernten Heuhaufen gefallen war, so ist es zu einem Brand gekommen, obwohl dies unwahrscheinlich war. In beiden Fällen soll dem Angeklagten der Brand sehr gelegen gekommen sein. Schon lange hatte er sich mit dem Gedanken getragen, einen Brand zu legen, die Entschlußkraft aber nicht aufbringen können. Nun aber, wo ihm ein „glücklicher" Umstand zu Hilfe gekommen war, waren die Skrupel verflogen und er beschloß, den Brand weitergreifen zu lassen.

Da der Angeklagte nur im ersten Falle die nahe Gefahr eines Brandes geschaffen hatte, wäre er nach dem Einschränkungsvorschlag *Schröders* nur dort zum Garanten bestellt gewesen[5]. Im zweiten Falle könnte dem Angeklagten keine vorsätzliche Brandstiftung vorgeworfen werden. Betrachtet man aber den Angeklagten im „Unterlassungszeitraum", d. h. in der Zeit, in der er sich überlegt, ob er den aufkeimenden Brand austreten soll oder nicht, so leuchtet ein Unterschied zwischen beiden Fallsituationen nicht ein. Sein Motiv, den Brand weitergreifen zu lassen, ist dasselbe. Beide Male erkennt er, daß ausschließlich sein Verhalten zu dem Brand geführt hat und daß es ihm ein Leichtes wäre, ihn zu verhindern. Anders ist nur, daß sich der Angeklagte im ersten Falle sagen kann, man werde ihn wohl wegen fahrlässiger Brandstiftung anklagen und bestrafen. Will er dies aber in Kauf nehmen, so ist nicht mehr verständlich, warum der Angeklagte im einen Falle den Brand verhindern muß, im anderen nicht.

---

[5] Es soll davon abgesehen werden, daß hier eine Garantenstellung möglicherweise auch auf das Eigentum an dem Hause gestützt werden kann (dazu *Schönke-Schröder*, Komm., Vorb. z. AT, Rdnr. 124). Man könnte sich vorstellen, daß der Fall sich nicht im eigenen Hause des Angeklagten zugetragen hat.

Der Begriff der nahen Gefahr führt auf einem Umweg zurück zu *Schröders* Ausgangspunkt, daß das Verbot, andere zu verletzen, zugleich das Gebot enthalte, selbstgeschaffene Gefahren zu beseitigen. Weil der Angeklagte im ersten Falle den Heuboden mit brennender Pfeife schon gar nicht hätte betreten dürfen, müsse er den Brand löschen. Dabei bleibt die entscheidende Frage, welcher Vorwurf den Täter trifft, wenn er nicht löscht, unbeantwortet. Die Begründung, warum aus der fahrlässigen Brandstiftung auf einmal eine vorsätzliche werden soll, fehlt. Mit dem Begriff der „nahen Gefahr" kristallisiert man eben nur einen besonderen Unwert der Vorhandlung, nicht aber der nachfolgenden Unterlassung heraus. Der „Unterlassungsunwert" ist in beiden Alternativen gleich. Der Angeklagte macht sich die Folgen seines Tuns zunutze. Sollte er deshalb im ersten Falle wegen vorsätzlicher Brandstiftung, im zweiten aber gar nicht bestraft werden? Diesen Unterschied empfindet man nicht als sachgerecht. Zuzugeben ist, daß sicher niemand daran denkt, beide Fälle unterschiedlich zu behandeln. Gewiß würde im einen wie im anderen Falle angenommen, daß der Täter eine nahe Gefahr begründet hat. Damit wäre aber offenkundig, daß das Gefährlichkeitsurteil nicht ernst genommen wird. Eine nahe Gefahr hätte dann der Täter eben immer geschaffen, wenn ein Schaden eingetreten ist. So aber wäre der Begriff unnütz und unbrauchbar.

Auch die Forderung, die Vorhandlung müsse „gerade geeignet" gewesen sein, den Gefahrenzustand herbeizuführen, gibt keine sinnvolle Begrenzung. *Keine* Vorhandlung ist *an sich* geeignet, einen Gefahrenzustand herbeizuführen. Sie ist es immer nur unter bestimmten konkreten Umständen. Im einen Falle kann sie eine Gefahr schaffen, im anderen Falle kann dieselbe Vorhandlung völlig ungeeignet sein, gefärdend zu wirken. Wenn die Vorhandlung aber keine Gefahr geschaffen hat, ist selbstverständlich auch keine Garantenstellung nötig.

Mit *Schröders* Einschränkungsvorschlag läßt sich also keine einleuchtende Begrenzung für die Garantenstellung aus vorangegangenem Tun ziehen.

5.3 Ausscheidung bestimmter Vorhandlungen

Der Unterschied dieses Einschränkungsvorschlags zu dem vorigen wurde schon erörtert. Vorhandlungen bestimmter rechtlicher Qualität sollen, wenn sie im Einzelfall eine Gefahr herbeigeführt haben, *generell* von der Garantenhaftung ausgenommen werden. Der BGH geht in der „2. Gastwirtsentscheidung"[6] davon aus, daß nicht „jedes

---

[6] BGHSt. 19/152.

5.3 Ausscheidung bestimmter Vorhandlungen

sozial übliche und von der Allgemeinheit gebilligte Verhalten", auch wenn es gefährde, zu einer Garantenstellung führen könne. Die Entscheidung überzeugt, wie bereits ausgeführt[7], weil sie dem Verantwortungsbereich des Gastwirts Grenzen setzt, die sowohl für ihn selbst als auch für die Allgemeinheit erträglich sind. Auch *Welzel* steht offenbar auf dem Standpunkt, daß der, der sich im Rahmen der sozialen Handlungsfreiheit hält, nicht die Garantie für das Ausbleiben unerwünschter Folgen seines Tuns übernehmen müsse[8].

Keineswegs läßt sich aber allgemein sagen, daß ein sozial übliches Verhalten nicht zu einer Garantenstellung führen könne. Oft begründet gerade ein sozial übliches Verhalten besonders zweifelsfrei eine Garantenstellung. Der Bergführer, der Schwimmlehrer oder der Arzt betätigen sich im Rahmen ihrer sozialen Handlungsfreiheit, wenn sie den Schutz anderer übernehmen. Die Garantenstellung, die sie beziehen, beruht nicht auf vorgegebenen Umständen, wie die aus einem Familienverhältnis, sondern auf ihrem eigenen Verhalten. Dieses Verhalten ist als Teil ihrer Berufsausübung sozial üblich. Man wird einwenden, daß diese Beispiele für die Garantenstellung aus vorangegangenem Tun nichts besagten. Der Garant übernehme hier *freiwillig* seine Schutzposition, während sie ihm beim vorangegangenen Tun „aufgezwungen" werde. Außerdem fehle es beim Bergführer oder Schwimmlehrer an einem „gefährdenden" Verhalten. Der Bergführer übernimmt aber so wenig „freiwillig" eine Garantenposition für den Bergsteiger wie der Gastwirt für die Folgen der Autofahrt seines volltrunkenen Gastes. Beiden ist es gleichermaßen höchst unerwünscht, wenn sie für schlimme Folgen ihrer Berufsausübung zur Verantwortung gezogen werden. Auch dem Bergführer wird die Garantenstellung auferlegt. Es wäre ihm gewiß viel lieber, wenn er seinem Beruf ohne dieses Haftungsrisiko nachgehen könnte. Hier ist kein Unterschied zwischen dem Garantsein des Bergführers und dem des Gastwirts zu erkennen.

Man kann auch nicht sagen, das Verhalten des Bergführers schaffe keine *Gefahren*. In den Kausallehren des 19. Jahrhunderts wurden die Fälle, die man heute der Garantenstellung aus Übernahme einer Schutzposition zurechnet (Bergführer, Schwimmlehrer, Kindermädchen), als Standardbeispiele eines gefahrbegründenden Tuns genannt. Der gute Schwimmer, der dem schlechten verspricht, ihm beizustehen, übernimmt damit freiwillig eine Schutzposition. Dies veranlaßt den anderen, sich in Gefahr zu begeben. Die Gefährdungskomponente des Beistandsversprechens tritt heute in den Hintergrund. Sie wird nicht

---

[7] Vgl. oben S. 82.
[8] *Welzel*, LB, S.51.

mehr benötigt, um den Kausalzusammenhang zu begründen. Aber sie ist doch vorhanden. Besonders deutlich wird die Gefährdung sichtbar, wenn man sich vorstellt, daß zum Beispiel der Bergführer dem Bergsteiger seinen Schutz aufgedrängt hat, um das Entgelt für eine gefährliche Kletterpartie zu bekommen. *Bockelmann* hält dies für einen klaren Fall der Ingerenz[9]. Die Grenze zwischen der Garantenstellung aus Übernahme einer Schutzposition und der Garantenstellung aus vorangegangenem Tun ist fließend. Bei der Prüfung der Schutzposition wird auch heute noch nicht selten auf das Gefährdungsmoment abgehoben. Ein Beispiel hierfür ist das Urteil des BGH über den Bereitschaftsarzt, der einen Krankenbesuch abgelehnt hat[10]. Das Ineinanderspielen des Schutz- und Gefährdungsgedankens zeigt schon der Leitsatz: „Wer als Bereitschaftsarzt den Schutz der Bevölkerung gegenüber gesundheitlichen Gefahren übernimmt, muß für pflichtwidriges Unterlassen ebenso einstehen wie für tätiges Handeln, weil die Pflichten anderer gegenüber ihren Patienten für die Dauer des Bereitschaftsdienstes mindestens erheblich eingeschränkt werden[11]." Das Gefahrmoment, aus dem die Schutzposition gefolgert wird, liegt also darin, daß die anderen Ärzte ihre Praxis verlassen oder weniger bereit sind, ihre Patienten zu versorgen. E. *Schmidt* zitiert dieses Urteil als Musterbeispiel dafür, wie die Garantenstellung aus vorangegangenem Tun (!) „unter vorsichtigem Abtasten" ihrer Grenzen juristisch zu behandeln sei[12]. Auch das OLG Celle hebt in einem Urteil hervor, daß die Garantenstellungen aus vorangegangenem Tun und aus Übernahme einer Schutzposition nicht streng zu trennen seien. In dem Urteil heißt es: „Ist eine Schutzstellung durch tatsächliche Übernahme eines Pflichtenkreises in einem bestimmten Lebensbereich eingenommen — die Fälle, die diese Voraussetzungen erfüllen, sind von den sog. Ingerenzfällen vorausgegangenen Tuns kaum wesensverschieden —, so ist damit die Garantenstellung begründet, aus der eine Garantenpflicht zur Erfolgsabwendung erwächst[13]." Ebenso sieht *Welzel* einen „Zusammenhang zwischen Vertragshaftung und vorangegangenem Tun"[14].

Rudolphi meint, die Fälle einer vertraglichen Gewährübernahme und die Fälle eines gefährdenden Tuns ließen sich eindeutig unterscheiden,

---

[9] Niederschriften Bd. 12, S. 87.
[10] BGHSt. 7/211 = NJW 55/718.
[11] Dieser Leitsatz steht nur in der NJW. Er ist dort aber nicht als Leitsatz der Schriftleitung bezeichnet, weshalb angenommen werden muß, daß es sich auch um einen „amtlichen" Leitsatz handelt.
[12] Niederschriften Bd. 2, Anhang, S. 153.
[13] OLG Celle NJW 1961/1939.
[14] *Welzel*, LB, S. 194.

obwohl die Grenze fließend erscheine[15]. Bei der vertraglichen Gewährübernahme habe der Unterlassende den Schutz bestimmter Rechtsgüter im *Einverständnis* mit dem Rechtsgutsträger oder einer anderen Schutzinstanz übernommen, während er beim vorangegangenen gefährdenden Tun *einseitig* in eine fremde Rechtssphäre eingegriffen habe. *Rudolphis* Unterscheidungsmerkmal mag für eindeutige Fälle durchaus zutreffend sein. Gerade im Grenzbereich zwischen den beiden Garantenstellungen läßt es einen aber im Stich. Wenn mit dem Rechtsgutsträger oder einer anderen Schutzinstanz eben nicht ausdrücklich ein vertragliches Schutzabkommen getroffen wurde — und dies sind die Grenzfälle —, dann spielt für die Frage, ob aus den Umständen eine „Gewährübernahme" zu entnehmen ist, eine etwaige Gefährdung eine Rolle. Wäre zum Beispiel der Bereitschaftsdienst der Ärzte nur eine zusätzliche Einrichtung der Gesundheitsvorsorge, etwa durch beamtete Ärzte, und würde er keinerlei Rückwirkungen auf das Verhältnis zwischen dem einzelnen Arzt und seinem Patientenkreis haben, dann würde man wohl mangels eines Gefährdungsmoments auch keine „Gewährübernahme" im Sinne einer Garantenstellung annehmen. Zum Beispiel wäre ein Arzt, der durch Vertrag mit dem Veranstalter eines stark besuchten Fußballspieles einen „Bereitschaftsdienst" im Stadion übernommen hat, wohl nicht als Garant dafür anzusehen, daß den Stadionbesuchern im Bedarfsfalle ärztliche Fürsorge zuteil wird. Hier fehlt es am Gefährdungsmoment. In den Grenzfällen ist für die Annahme einer Garantenstellung also nicht ein etwaiger Schutzvertrag entscheidend, sondern letztlich die Frage, ob der Unterlassende in irgendeiner Weise gefährdend in die Sphäre eines anderen hineingewirkt hat. Trotz eines Vertrages kann also die „einseitige" Gefährdung das ausschlaggebende Moment für die Garantenstellung sein. Es ist demnach gerechtfertigt, auch eine sozial adäquate Gefährdung als garantenbegründenden Umstand anzusehen.

Die Frage, ob ein sozial adäquates Verhalten eine Garantenstellung begründen kann, soll aber nicht nur an Fällen untersucht werden, die im Grenzbereich zur Garantenstellung aus Übernahme einer Schutzposition liegen. Es könnte immerhin sein, daß hier Gesichtspunkte hereinspielen, die besonders erfaßt werden müßten, und die deshalb für die allgemeine Bedeutung des sozial adäquaten Verhaltens für die Garantenstellung aus vorangegangenem Tun noch nichts erkennen lassen. Ein Fall, der sicher nicht in diesem Grenzbereich liegt, ist das schon mehrfach erwähnte Urteil des RG über den Bauern, der mit brennender Pfeife seinen Heuboden betreten hatte[16]. Der Sach-

---

[15] *Rudolphi*, Gleichstellungsproblematik, S. 111 u. 176.
[16] RGSt. 60/77; vgl. oben S. 25 f.

verhalt dieses Urteils wurde oben Nr. 5.2 in zwei Alternativen näher ergänzt. Im ersten Falle waren die Umstände so, daß die Mitnahme der Pfeife auf den Heuboden eine nahe Brandgefahr begründete, während es im zweiten Falle nur durch eine Verkettung unglücklicher, nicht zu erwartender Umstände zu einem Brand kam. In diesem Beispiel wäre die Grenze sozial adäquaten Verhaltens in der ersten Fallalternative überschritten. Die Begründung einer nahen Brandgefahr fällt nicht mehr in den Rahmen der sozialen Handlungsfreiheit. Dagegen wäre das Verhalten unter den Umständen der zweiten Alternative noch sozial adäquat. Man kommt also mit der Ausscheidung sozial adäquater Vorhandlungen in diesem — und in ähnlichen Fällen — zu keinem anderen Ergebnis als mit dem Einschränkungsvorschlag *Schröders* über den Begriff der nahen Gefahr. Es gilt deshalb hier dasselbe, was dort festgestellt werden mußte: es leuchtet nicht ein, daß das Unterlassen des Täters im einen Falle eine vorsätzliche Brandstiftung sein soll, im anderen aber gar kein Delikt. Das Unterlassen dürfte in beiden Alternativen gleich wertwidrig sein.

Die Grenze der Garantenstellung aus vorangegangenem Tun verläuft also nicht dort, wo der Gefährdende den Rahmen der sozialen Handlungsfreiheit überschritten hat. Einmal kann ein sozial adäquates Gefährden eine Garantenstellung begründen (Bereitschaftsarzt), ein andermal nicht (Gastwirt). Daraus folgt noch nicht, daß die Art der Vorhandlung für die Garantenstellung aus vorangegangenem Tun schlechthin unerheblich sein müßte. Der BGH formuliert vorsichtig, wenn es heißt, nicht *jedes* sozial übliche Verhalten könne eine Garantenstellung begründen. Er will also nicht ausschließen, daß es sozial übliche Gefährdungen gibt, die doch eine Garantenstellung begründen. Dann ist aber die Sozial*un*üblichkeit der Gefährdung nicht mehr das Kriterium der Garantenstellung. Die Grenze der Garantenstellung aus vorangegangenem Tun verläuft offenbar „quer" durch die sozialadäquaten Gefährdungen. Das bedeutet aber, daß es unmöglich ist, aus der unüberschaubaren Fülle möglicher Gefährdungshandlungen mit Hilfe eines allgemeinen rechtlichen Merkmals dieser Handlungen gerade den Kreis zu beschreiben, der eine Garantenstellung nach sich zieht. Mit Begriffen, die ebenso abstrakt sind wie der Begriff „gefährdendes Tun", läßt sich das garantenbegründende vom nicht garantenbegründenden Verhalten nicht scheiden. Auf diesem Wege ist also eine „Lösung" des Ingerenzproblems nicht zu erreichen.

5.4 Einschränkung über den Inhalt der Pflicht

Mezger gibt das Beispiel, daß jemand ein abseits gelegenes Wochenendhaus besitzt, in das er unabsichtlich einen Fremden, der sich dort eingeschlichen hatte, eingeschlossen hat. Das Wochenendhaus ist durch einen Fernsprecher mit der Hauptwohnung verbunden. Wird der Hausbesitzer nun von dem Eingeschlossenen angerufen und um Befreiung gebeten, so ist nach *Mezger* zu prüfen, ob er „nach billigem Ermessen sofort oder vielleicht erst am anderen Morgen oder bei sonst gelegener Zeit zur Befreiung genötigt" ist. Nur so werde der § 239 StGB eine sachgemäße Anwendung finden können. Der Inhalt der Pflicht im einzelnen sei nur unter genauester Berücksichtigung der jeweiligen besonderen Lage des Falles zu bestimmen[17].

Auf diesem Wege wäre nur in wenigen der aus der Rechtsprechung bekannten Fälle eine Einschränkung möglich gewesen. Im „1. Gastwirtsurteil" des BGH[18] zum Beispiel hatte die Angeklagte einige Maßnahmen ergriffen, um die Fahrt ihres betrunkenen Gastes zu verhindern. Sie hatte ihm abgeraten zu fahren, sie hatte versucht, den Zündschlüssel an sich zu bringen, und sie hatte ihren Gast aufgefordert, Kaffee zu trinken und etwas zu essen. Ihre Maßnahmen hatten aber keinen Erfolg. In diesem Falle hätte man sich auf den Standpunkt stellen können, daß sie damit gleichwohl ihren Garantenpflichten genügt habe. In den meisten Fällen waren die Angeklagten aber völlig untätig geblieben. Sie hatten sich um die „Erfolgsabwendung" überhaupt nicht bemüht. Der Autofahrer kümmerte sich nicht um den Verletzten, der SS-Untersturmführer sah der Erschießung zu, ohne zu widersprechen, und der Bauer ließ seinen Hof abbrennen. Sie alle unternahmen nichts und wollten auch nichts unternehmen. Sie haben sich über ihrer Pflichten hinweggesetzt, ob diese nun größer oder kleiner waren. Mit der Bejahung der Garantenstellung ist in all diesen Fällen die Entscheidung gefallen. Gerade hiergegen richten sich aber die Bedenken. Es geht um die Frage, ob der Gefährdende überhaupt eine Garantenstellung bezieht. Hier hilft der Vorschlag *Mezgers* nicht weiter.

5.5 Einschränkung durch zusätzliche Erfordernisse

Die Einschränkung durch Hinzunahme zusätzlicher Kriterien besagt, daß ein gefährdendes Tun allein nicht genügt, um eine Garantenstellung zu begründen. Hinzukommen sollen weitere Merkmale, die als „sozialer Kontakt" (*Henkel*) oder „sozialer Herrschaftsbereich" (*Welzel*) bezeichnet werden[19].

---

[17] *Mezger*, LB, S. 147; ein ähnliches Beispiel gibt *Dahm*, ZStW 59/178.
[18] BGHSt. 4/20; vgl. oben S. 44 f.
[19] Vgl. oben S. 70 und 72.

5. Möglichkeiten einer Einschränkung der Garantenstellung

Von einer Einschränkung des Ingerenzsatzes kann nur gesprochen werden, wenn das gefährdende Tun notwendige Voraussetzung der Garantenstellung bleibt und die anderen Erfordernisse wirklich nur zusätzlich vorliegen müssen. Wenn aber die zusätzlichen Erfordernisse schon allein die Garantenstellung begründen, so wird der Ingerenzsatz nicht mehr nur eingeschränkt, sondern aufgegeben und durch einen anderen Gesichtspunkt ersetzt. *Welzels* Beispiele deuten darauf hin, daß er ein vorangegangenes Tun in Wahrheit weder für erforderlich noch für genügend hält. Der soziale Herrschaftsbereich ist dann aber nicht mehr nur ein zu der Gefährdungshandlung hinzukommendes Merkmal, sondern der allein ausschlaggebende Gesichtspunkt. So hält *Welzel* den Chef für verpflichtet, einen in den Geschäftsräumen eingeschlossenen Angestellten zu befreien, auch wenn ihn ein Dritter versehentlich eingeschlossen hat. Andererseits habe ein ordnungsmäßig fahrender Kraftfahrer, der einen ihm unversehens vor die Räder fallenden Betrunkenen verletze, diesem gegenüber lediglich die Hilfspflicht im Sinne des § 330 c StGB[20]. Bevor deshalb diesen zusätzlichen Erfordernissen nachgegangen werden kann, muß geklärt werden, ob das gefährdende Tun unbedingt zur Grundlage einer Garantenstellung gehört. Sonst hat es keinen Sinn, weiter nach einer Einschränkung dieser Garantenstellung zu suchen.

5.6 Zusammenfassung

Es hat sich keine Möglichkeit gezeigt, die Garantenstellung aus vorangegangenem Tun, abgesehen von dem noch offenen Weg über zusätzliche Erfordernisse, generell einzuschränken. Die vorgeschlagenen Einschränkungen trennen nicht wirklich Veschiedenes voneinander. Sie überzeugen deshalb nicht. Die Schwierigkeiten in der Handhabung dieser Garantenstellung sind auf diesem Wege nicht zu beheben.

---

[20] *Welzel*, LB, S. 195

Sechstes Kapitel

Das gefährdende Tun als Grundlage einer Garantenstellung

6.1 Vergleich mit anderen Garantenstellungen

6.1.1 Begriff der Garantenstellung

Wir haben schon früher die Garantenstellung aus vorangegangenem Tun mit anderen Garantenstellungen verglichen. Während die Garantenstellung aus natürlicher Verbundenheit (Eltern — Kinder) oder aus Übernahme einer Schutzposition (Schwimmlehrer, Arzt) selbstverständlich erscheint, konnte dieser Grad der Sicherheit bei der Garantenstellung aus vorangegangenem Tun bei weitem nicht erreicht werden. Weder erwies sich diese Unsicherheit als unbegründet, noch ließ sie sich durch generelle Einschränkungen überwinden. Die Garantenstellung aus vorangegangenem Tun hält den Vergleich mit anderen Garantenstellungen bisher nicht aus. Die Garantenstellung aus natürlicher Verbundenheit[1] und aus Übernahme einer Schutzposition scheinen also der Garantenstellung aus vorangegangenem Tun etwas voraus zu haben, was jener fehlt. Dieses Moment gilt es herauszufinden.

Nach *Maurach* ist die Garantenstellung dadurch gekennzeichnet, daß die soziale Ordnung einer bestimmten Person die Verpflichtung zur Abwehr eines drohenden tatbestandsmäßigen Erfolges zuweise[2]. Man sagt auch, der Garant habe eine „Erfolgsabwendungspflicht"[3]. Gleichbedeutend damit wird auch von einer „Schutzfunktion" des Garanten[4] oder von einem „Schutzverhältnis" gesprochen[5], in dem er zu dem gefährdeten Rechtsgut stehe. Diese Begriffe weisen darauf hin, daß der Garant bestimmte *Aufgaben* hat. Denn wie sollte sich seine Schutzfunktion anders äußern als darin, daß er schützend tätig wird?

Was die Mutter zufolge ihrer Schutzaufgabe zu tun hat, um Leben und Gesundheit ihres Kindes zu erhalten, läßt sich leicht angeben. Sie muß zum Beispiel das Kind ernähren, einen Arzt rufen, wenn es er-

---

[1] Vgl. zu diesem Begriff *Schönke-Schröder*, Komm., Vorb. zu AT, Rdnr. 108.
[2] *Maurach*, LB, AT, S. 508.
[3] *Maurach*, LB, AT, S. 510.
[4] *Kaufmann/Hassemer*, JuS 1964/152.
[5] *Koffka*, Niederschr. Bd. 12, S. 79.

6. Das gefährdende Tun als Grundlage einer Garantenstellung

krankt ist, und es zurückhalten, wenn es in die Fahrbahn eines Autos laufen will. Durch dieses dauernde „erfolgsabwendende" Tätigwerden der Mutter ist das Kind geschützt. Bei der Garantenstellung des Schwimmlehrers, die er gegenüber dem ihm anvertrauten Schwimmschüler bezieht, läßt sich ebenso leicht sagen, worin sie sich äußert. Der Schwimmlehrer muß dem Schüler die Stange hinhalten, wenn er ermattet und ihn notfalls aus dem Wasser holen, wenn er zu ertrinken droht. Ähnlich müssen andere Garanten, etwa der Bergführer, das Kindermädchen oder der Arzt tätig werden, wenn Leben oder Gesundheit ihrer Schutzbefohlenen gefährdet sind. Ihre Pflicht tätig zu werden, ist selbstverständlich. Niemand zweifelt an ihrer Schutzaufgabe.

In dieser *Schutzaufgabe* könnte das Kriterium liegen, das bei dem Gefährdenden nachgewiesen werden muß, wenn seine Garantenstellung ebenso selbstverständlich erscheinen soll wie die der genannten Garanten. Wenn der, der einen anderen in Gefahr gebracht hat, diesem gegenüber eine ähnliche Schutzposition bezieht, wie zum Beispiel der Arzt gegenüber seinem Patienten, so ist er, könnte man meinen, ebenso selbstverständlich Garant wie jener. Unter dem Blickwinkel dieser Schutzaufgabe haben vor allem *Vogt* und *Androulakis* die Ingerenz geprüft[6]. Sie kamen zu dem Ergebnis, daß die Erfolgsabwendungspflicht des Gefährdenden ebenso selbstverständlich sei wie die anderer Garanten.

Die Schutzaufgabe der Mutter und des Schwimmlehrers konnte man daran ablesen, was sie für ihre Schutzbefohlenen in einer bestimmten Situation tun mußten. Um zu erkennen, ob auch der Gefährdende eine Schutzaufgabe hat, muß man sich also an einem konkreten Fall veranschaulichen, was für Tätigkeiten man von dem Gefährdenden als selbstverständlich erwartet. In dem dem Urteil des BGH VRS 13/120[7] zugrunde liegenden Sachverhalt war ein Kind von dem Fahrzeug des Angeklagten in einen wassergefüllten Graben neben der Straße geschleudert worden. Es hätte eventuell noch vor dem Tode gerettet werden können, wenn es sofort herausgeholt und in ein Krankenhaus gebracht worden wäre. Die Gefahr für das Kind war deshalb besonders groß, weil es bewußtlos war und in dem Wassergraben zu ertrinken drohte. Trotzdem unternahm der Angeklagte nichts. Er setzte seine Fahrt unbekümmert fort, nachdem er sich die Schäden an seinem Auto besehen hatte.

Hier empfindet man es als selbstverständlich, daß der Kraftfahrer verpflichtet war, das Kind aus der lebensgefährlichen Situation zu

---

[6] Vgl. oben S. 68 f. und 70.
[7] Vgl. oben S. 12 f.

6.1 Vergleich mit anderen Garantenstellungen

befreien. *Granderath* meint denn auch, der Rechtsgedanke der Ingerenz sei in diesem Fall „besonders einleuchtend"[8]. Niemand anders gehe der gefahrdrohende Zustand mehr an als den, der dieses Unheil heraufbeschworen habe. Er sei der Nächstbeteiligte und deshalb am ehesten dazu bestimmt, die Gefahr abzuwenden[9]. Da das Leben des Kindes in dem noch möglichen Umfang geschützt gewesen wäre, wenn der Kraftfahrer das getan hätte, was man als selbstverständlich von ihm erwartet hätte, ist es berechtigt zu sagen, seine Pflicht zum Handeln sei eine Schutzpflicht gegenüber dem Kind gewesen. Damit scheint die Garantenstellung des Kraftfahrers selbstverständlich zu sein, da seine Schutzaufgabe offenbar keinem Zweifel begegnet. Stellt man sich nun noch vor, daß nicht irgend jemand, sondern zufällig der Vater sein eigenes Kind überfahren hätte, so scheint die Annahme einer Garantenstellung noch gesicherter; denn auch der Vater, der ja zweifelsohne eine Schutzfunktion gegenüber dem Kind hätte, hätte nicht mehr tun können und müssen, als das Kind schleunigst aus dem Wasser zu bergen und in ein Krankenhaus zu fahren. Wenn aber der Kraftfahrer dieselben Aufgaben hatte, wie sie der Vater des Kindes zufolge seiner Garantenstellung gehabt hätte, dann kann auch die Garantenstellung des Kraftfahrers, so könnte man argumentieren, keinem Zweifel begegnen.

Wie wäre es nun aber, wenn der Kraftfahrer in diesem Falle *keine* Garantenstellung bezogen hätte? Er wäre dann, da ein Unglücksfall vorlag, nur verpflichtet gewesen, Hilfe zu leisten, soweit dies erforderlich und ihm den Umständen nach zuzumuten war. Er brauchte sich dabei weder selbst in erhebliche Gefahr zu begeben, noch andere wichtige Pflichten zu verletzen. Hätte er dieser so begrenzten allgemeinen Hilfspflicht nicht genügt, so wäre er nach § 330 c StGB strafbar gewesen. Die Pflicht, Hilfe zu leisten, wäre hier nicht deshalb entfallen, weil der Kraftfahrer sich möglicherweise der Strafverfolgung hätte aussetzen müssen[10]. Das folgt in diesem Falle schon daraus, daß es ihm bei Strafe verboten war, sich der Feststellung seiner Person zu entziehen (§ 142 StGB). Wenn die Rechtsordnung dem Kraftfahrer aber ohnehin zumutet, seine Beteiligung an dem Unfall zu offenbaren, dann kann die Besorgnis der Strafverfolgung in diesem Falle kein anerkennenswerter Grund sein, die Hilfe zu verweigern. Der Kraftfahrer hätte auch nicht geltend machen können, seine Kleidung oder sein Fahrzeug wären beschmutzt worden, wenn er das Kind geborgen hätte.

---

[8] *Granderath*, Rechtspflicht, S. 198.
[9] *Granderath*, a.a.O., S. 169.
[10] *Schönke-Schröder*, Kommentar, § 330 c StGB, Rdnr. 23; *Schwarz-Dreher*, Kommentar, § 330 c, Anm. 1 B b.

Auch der Zeitverlust für die Hilfeleistung wäre ohne weiteres zumutbar gewesen. „Hilfe leisten" bedeutet eine Tätigkeit entfalten, die auf die Abwehr weiterer Schäden gerichtet ist[11]. Weitere Schäden, nämlich der Tod des Kindes, wären hier nur abgewendet worden, wenn der Kraftfahrer das Kind geborgen und in ein Krankenhaus gefahren hätte, also genau das unternommen hätte, was auch der Vater des Kindes hätte tun müssen. Wenn man aber sagt, der Vater des Kindes habe eine Schutzfunktion, *weil* er zu diesen Maßnahmen verpflichtet sei, dann muß man auch bei demjenigen, der zu den gleichen Maßnahmen verpflichtet ist, von einer „Schutzfunktion" gegenüber dem Kind sprechen. Da der Kraftfahrer aber das Kind aus dem Graben bergen mußte, ob er nun Garant war oder nicht, stand er offenbar in einem Schutzverhältnis zu dem Kinde, für das die Frage der Garantenstellung gleichgültig war.

Granderath trägt zur „inneren Rechtfertigung der Garantenstellung aus vorangegangenem Tun" vor, daß derjenige, der die Gefahrenlage geschaffen habe, eben *mehr* zur Abwendung des tatbestandsmäßigen Erfolges unternehmen müsse als eine außenstehende Person, die an der Schadensentstehung unbeteiligt gewesen sei und die bloß die Möglichkeit habe, zu helfen[12]. *Maurach* beschreibt die Jedermannspflicht zur Hilfeleistung, deren Verletzung in § 330 c StGB unter Strafe gestellt ist, als eine „bloße Betätigungspflicht", die sich von der Pflicht des Garanten, den drohenden tatbestandsmäßigen Erfolg abzuwenden, deutlich unterscheide[13].

In dem erwähnten Falle des Kraftfahrers, der das Kind angefahren hatte, war kein Unterschied zwischen der bloßen *Betätigungspflicht* und der *Erfolgsabwendungspflicht* zu erkennen. Denn der Kraftfahrer mußte, auch wenn er nicht Garant war, *wirksame* Hilfe leisten. Er hätte auch der allgemeinen Hilfspflicht nicht genügt, wenn er sich nur irgendwie helfend betätigt hätte, ohne dabei etwas zu unternehmen, was der Rettung des Kindes wirklich dienlich sein konnte. Man kann auch nicht sagen, der Kraftfahrer hätte *mehr* als ein anderer tun müssen, um das Kind zu retten, wenn er Garant gewesen wäre. Mehr als das Kind aus dem Graben zu bergen und in ein Krankenhaus zu fahren, konnte gar nicht getan werden. Genau das war aber schon Inhalt der allgemeinen Hilfspflicht.

Ein Unterschied zwischen der Erfolgsabwendungspflicht des Garanten und der bloßen Betätigungspflicht des Nichtgaranten zeigt sich in diesem Falle auch dann nicht, wenn das Kind gestorben wäre, *obwohl*

---

[11] *Schönke-Schröder*, Kommentar, § 330 c, Rdnr. 11.
[12] *Granderath*, Rechtspflicht, S. 170.
[13] *Maurach*, LB, AT, S. 505, 512.

6.1 Vergleich mit anderen Garantenstellungen

der Kraftfahrer es sofort in ein Krankenhaus gefahren hätte. Die bloße Betätigungspflicht im Sinne des § 330 c StGB hätte der Kraftfahrer in diesem Falle sicherlich nicht verletzt, denn er hätte im Rahmen seiner Möglichkeiten Hilfe geleistet. Aber auch die Erfolgsabwendungspflicht wäre nicht verletzt gewesen, obwohl der Erfolg tatsächlich *nicht* abgewendet worden wäre. Denn auch vom Garanten wird nur verlangt, daß er sich im Rahmen seiner Möglichkeiten um die Erhaltung des Rechtsgutes bemüht.

Die Prüfung dieses Ingerenzfalles hat demnach ergeben, daß die Pflicht zur Schadensabwehr kein sicheres Kennzeichen für eine Garantenstellung ist. Auch die allgemeine Hilfspflicht, die dem § 330 c StGB zugrunde liegt, zielt auf eine Erfolgsabwendung hin, nicht anders als die Handlungspflicht bei den unechten Unterlassungsdelikten[14]. Auch die allgemeine Hilfspflicht beruht auf dem Gedanken der Schadensabwehr[15]. Daraus folgt aber, daß sich die Garantenstellung des Gefährdenden nicht allein damit begründen läßt, es sei selbstverständlich, daß er den Schaden abwenden müsse. Die Pflicht zur Schadensabwehr kann sich eben im konkreten Falle auch schon aus der allgemeinen Hilfspflicht ergeben. Der Gefährdende braucht nicht in jedem Falle Garant zu sein, um den Schaden abwenden zu müssen. Er kann zur Schadensabwehr verpflichtet sein und damit eine Schutzfunktion gegenüber dem Gefährdeten ausüben, ohne deshalb eine Garantenstellung bekleiden zu müssen.

Es gibt freilich Fälle, in denen ein Garant erfolgabwendend eingreifen muß, während ein Nichtgarant, trotz grundsätzlich anerkannter Tätigkeitspflicht, untätig bleiben darf. So etwa, wenn ein Vater von einem bevorstehenden Mordanschlag auf seinen Sohn erfährt und die Polizei nicht mehr rechtzeitig verständigen kann. Würde es hier nicht genügen, den Sohn zu warnen, weil die Angreifer in der Überzahl sind, so müßte der Vater dem Sohne beistehen. In Lebensgefahr bräuchte er sich dabei allerdings nicht zu begeben[16]. Der Nichtgarant dagegen wäre, wenn er von dem Mordanschlag erführe, nach § 138 StGB nur verpflichtet, der Behörde oder dem Betroffenen Anzeige zu machen, nicht aber, dem Betroffenen beizustehen. Ein Arzt zum Beispiel wäre auch dann verpflichtet, einem Patienten, dessen Behandlung er übernommen hat, beizustehen, wenn sich herausstellte, daß er an Pocken erkrankt ist. Einem Nichtgaranten aber würde unter diesen Umständen nicht zugemutet, einem Schwerkranken zu helfen. In diesen

---

[14] *Bockelmann*, Niederschriften Bd. 12, S. 476; *Kaufmann*, JuS 1961, S. 173; *Welzel*, LB, S. 424.
[15] *Schönke-Schröder*, Kommentar, § 330 c, Rdnr. 1.
[16] *Welzel*, Niederschriften Bd. 12, S. 93; *Dreher*, ebd., S. 99.

Fällen zeigt also tatsächlich die Schutzpflicht die Garantenstellung an. Es handelt sich dabei aber um Ausnahmesituationen. Generell kann jedenfalls nicht von der Pflicht, Schäden abzuwenden, darauf geschlossen werden, daß eine Garantenstellung vorliegt. *Zwar hat der, der Garant ist, Schäden im Rahmen seiner Schutzaufgabe abzuwehren, aber wer Schäden abwehren muß, ist nicht schon deshalb Garant.*

Man kann den Garanten auch nicht daran erkennen, daß er verpflichtet wäre, *vor* anderen zu helfen. Ein Garant verletzt seine Garantenpflicht nicht, wenn er einen anderen helfen läßt. Er muß sich nicht vordrängen, solange die Hilfsmaßnahmen des anderen ebenso wirksam sind wie seine eigenen es wären. Wenn zum Beispiel ein Kind einen Unglücksfall erleidet, so muß der Vater des Kindes nicht darauf bestehen, daß gerade er selbst das Kind in die Klinik fährt und nicht ein zufällig anwesender Autofahrer. Andererseits muß sich bei einem Unglücksfall auch ein Nichtgarant vordrängen, wenn er bessere Hilfsmöglichkeiten hat als andere anwesende Garanten oder Nichtgaranten.

Der Garant ist auch nicht dadurch von Nichtgaranten zu unterscheiden, daß er nicht „*austauschbar*" wäre, während die allgemeine Hilfspflicht im Sinne des § 330 c StGB eben jeden beliebigen treffen und der eine für den anderen stehen könne. *Bevor* die gefährliche Situation eingetreten ist, ist auch der Garant austauschbar. Zum Beispiel kann an Stelle des einen Bergführers ein anderer die Führung übernehmen. Die Mutter kann das Kind in ein Kinderheim geben. *Nach* Eintritt der kritischen Situation allerdings, kann sich der Garant nicht mehr zurückziehen. Dasselbe gilt aber auch für den Nichtgaranten, wenn der Unglücksfall oder die Gemeingefahr eingetreten ist. Nur die gleich wirksame Hilfe eines anderen entlastet ihn. Sie entlastet aber ebenso den Garanten, wie wir gesehen haben.

Lange sieht als Kennzeichen der Garantenstellung an, daß sich der Gefährdende regelmäßig in der „*Schlüsselstellung*" befinde, von der aus die Verletzung allein abgewendet werden könne[17]. Ein ähnlicher Gedanke findet sich bei *Vogt*[18]. Die Gefährdung des einen durch den anderen lasse den Gefährdeten in erster Linie auf die Rettung durch den Gefährdenden angewiesen sein. Die allgemeine Pflicht, anderen zu helfen, *verdichte* sich deshalb hier zu einer Garantenstellung. Am weitesten in dieser Richtung geht *Bockelmann*[19]. Nach seiner Auffassung begründet jede Monopolstellung die Pflicht, den schädlichen Er-

---

[17] *Kohlrausch-Lange*, StGB, System. Vorbem. II B II 3 d, S. 8.
[18] ZStW Bd. 63, S. 402; vgl. oben S. 68.
[19] Niederschriften Bd. 12, S. 477.

6.1 Vergleich mit anderen Garantenstellungen

folg abzuwenden. Sie mache den Inhaber des Monopols zum Garanten. Eine Monopolstellung besitze, wer als einziger die Möglichkeit habe, den Erfolg zu verhindern. „Wer der einzige ist, der helfen kann, der muß eben helfen[20]."

Von der Mutter läßt sich zweifelsohne sagen, daß sie regelmäßig die Schlüsselstellung innehat, von der aus Gefahren für das Kind abgewendet werden können. Durch ihre Nähe zum Kind wird sie gefährliche Entwicklungen am ersten erkennen. Sie kann deshalb noch vor allen anderen eingreifen, um Schäden abzuwenden. Auch der Bergführer besitzt in der Einsamkeit der Berge eine Schlüsselstellung gegenüber dem Touristen. Er ist mit den möglichen Gefahren vertraut und kann deshalb frühzeitig Gegenmaßnahmen ergreifen, wenn eine gefährliche Entwicklung sich anbahnt. Schon im täglichen Leben empfindet man einen sehr viel stärkeren inneren Anruf zum Handeln, wenn man eine Situation erlebt, in der jemand allein auf unsere Hilfe angewiesen ist; stärker jedenfalls, als wenn man sich nur unter vielen anderen angesprochen fühlt. Wer als Autofahrer in einsamer Gegend kurz vor Anbruch der Nacht einen winkenden Anhalter nicht aufnimmt, wird sich eher mit dem Gedanken beschäftigen, ob sein Verhalten richtig war, als wenn ihm jemand an einer Autobahnauffahrt gewunken hat. Ein anderer ist am ehesten dann zur Hilfe bereit, wenn er erkennt, daß er allein helfen kann. Einem solchen Anruf kann sich kaum jemand verschließen. Die Tatsache, daß jemand ausschließlich auf einen anderen angewiesen ist, erzeugt ein starkes Gefühl der Bindung. Darauf beruht es, daß heute mehr und mehr auch eine Garantenstellung aus Gefahrengemeinschaft anerkannt wird[21].

In dem Fall, in dem der Kraftfahrer das Kind angefahren hatte, war das Kind ausschließlich auf den Kraftftahrer und seinen Begleiter angewiesen. Das Kind war durch den Aufprall in einen tiefen Graben neben der Straße geschleudert worden und lag bewußtlos dort[22]. Für andere war es damit unsichtbar, zumal da es Nacht war. Der Angeklagte wußte, als er wegfuhr, daß andere das verletzte Kind nicht sehen konnten. Sein Begleiter war zurückgegangen und hatte das Kind nicht entdeckt. Dies hatte er dem Angeklagten mitgeteilt. In dieser Situation mußte der Kraftfahrer einen außerordentlich starken Anruf zum Handeln spüren. Er wußte, daß das Kind allein auf seine Hilfe angewiesen war. Trotzdem fuhr er weg. Läßt sich nun aber eine Garantenstellung damit begründen, daß jemand ausschließlich auf die Hilfe eines anderen angewiesen ist?

---
[20] *Bockelmann*, Niederschriften Bd. 12, S. 100.
[21] *Welzel*, LB, S. 196; *Schönke-Schröder*, Komm., Vorb. z. AT, Rdnr. 114.
[22] Vgl. VRS 13/120; oben S. 12.

6. Das gefährdende Tun als Grundlage einer Garantenstellung

Die Frage, wann ein Garantenverhältnis gegeben ist, läßt sich aus den gesetzlichen Normen des Strafgesetzbuches nicht ableiten[23]. Zwar ist in einzelnen Strafnormen die Untätigkeit unter bestimmten Voraussetzungen dem aktiven Tun gleichgestellt (z. B. §§ 121, 221, 223 b, 347 I, 354, 355 I, 357). Unter welchen Umständen aber bei anderen Strafnormen das Unterlassen dem Tun gleichstehen soll, ist damit nicht gesagt. Das StGB sagt aber trotzdem über die Garantenstellung etwas sehr wesentliches aus: es bestimmt nämlich, wann jemand *nicht* Garant ist. Darin liegt die Bedeutung des § 330 c StGB für die Garantenlehre. Sind im Einzelfalle nur die Voraussetzungen dieser Strafnorm erfüllt, so ist der Unterlassende nicht Garant. § 330 c StGB wäre sonst überflüssig. Zu den Voraussetzungen der Strafbarkeit nach § 330 c StGB gehört, daß die Hilfeleistung im Einzelfall „erforderlich" war. Erforderlich bedeutet dabei nicht nur, daß ein Verletzter allgemein der Hilfe bedarf, sondern daß er gerade der Hilfe desjenigen bedarf, dessen Strafbarkeit nach § 330 c StGB in Frage steht. Sind andere Personen da, die rascher oder wirksamer helfen können, dann ist eine weniger wirksame Hilfe nicht erforderlich. Ebensowenig ist eine Hilfe erforderlich, wenn der Verletzte sich selbst helfen kann. „Erforderlich" bedeutet demnach, daß der Verletzte gerade auf die Hilfe einer bestimmten Person angewiesen ist. Auch wenn bei einem Unglück zwei oder mehrere Personen anwesend sind, die über die gleichen Hilfsmöglichkeiten verfügen, ist der Verletzte auf die Hilfe eines jeden von ihnen angewiesen, solange nicht einer geholfen hat. Er ist dann allerdings nicht auf eine Person allein angewiesen. Aus der Strafnorm des § 330 c StGB ist aber nirgends zu ersehen, daß sie nur dann eingreifen will, wenn *mehrere* gleichermaßen hilfsfähige Personen versagt haben. § 330 c StGB trifft vielmehr auch zu, wenn nur eine einzige Person nicht geholfen hat, auf deren Hilfe der Verletzte *ausschließlich* angewiesen war. Man käme sonst auch zu sehr eigenartigen Ergebnissen. Würden nämlich bei einem Unglück mehrere Personen, die dem Verletzten gleich wirksam helfen könnten, nacheinander weggehen, ohne geholfen zu haben, so würden sich die ersten nur nach § 330 c StGB strafbar machen, während der letzte eine Garantenstellung beziehen würde. Auf seine Hilfe wäre der Verletzte ja zuletzt ausschließlich angewiesen gewesen. Wer sich rasch entfernt, könnte mit einer milderen Bestrafung rechnen! Eine noch so „verdichtete" Hilfspflicht macht also noch keine Garantenstellung aus. Diese Konstruktion scheitert an der Gesetzesnorm des § 330 c StGB.

Den Garanten erkennt man auch nicht daran, daß er schon *vor* der kritischen Situation hätte tätig werden müssen, um ihren Eintritt zu

---

[23] *Grünwald*, ZStW Bd. 70, S. 413.

verhindern, während der Nichtgarant erst *nach* einem Unglück eingreifen muß. Oft muß ein Garant tätig werden, auch wenn er die Gefahr, in der sich sein Schutzbefohlener befindet, vorher gar nicht abwenden konnte. Die Mutter muß für das erkrankte Kind einen Arzt rufen, obwohl sie den Eintritt der Krankheit nicht verhindern konnte. Andererseits ist der Autofahrer zweifelsohne verpflichtet, alles zu tun, um einen Unfall zu vermeiden. Gerade seine Garantenstellung gegenüber dem Verletzten ist aber sehr bestritten. Auch eine Tätigkeitspflicht vor dem Unglück ist also kein Unterscheidungsmerkmal zwischen dem Garanten und dem Nichtgaranten.

Das alles zeigt, daß es unmöglich ist, einen Garanten an seinem Handeln zu erkennen. *Die Pflicht, etwas zu tun, hebt den Garanten nicht aus dem Kreise der Nichtgaranten heraus.* Trefflich veranschaulicht dies *Franks* Beispiel von dem „Menschenfreund", der einem Wettschwimmen zusieht. „Man denke etwa, daß bei Veranstaltung eines Wettschwimmens ein zufällig des Weges kommender Sachkundiger, der Gefahr voraussieht, einen Schiffer insgeheim durch Zusage von 20 Mark zur Hilfeleistung verpflichtet. Soll in der Tat der Schiffer, wenn er diese Pflicht versäumt und den Schwimmer ertrinken läßt, wegen Tötung bestraft werden[24]?" Der Schiffer ist sicher rechtlich schon aufgrund des Vertrages verpflichtet, einzugreifen. Trotzdem ist er nicht schon deshalb Garant[25].

Was die „selbstverständlichen" Garanten, wie zum Beispiel die Mutter oder der Schwimmlehrer, dem Gefährdenden voraus haben, kann also nicht eine besondere Aufgabe oder ein besonderes Kennzeichen sein, das ihre Garantenstellung anzeigt, wenn sie „erfolgsabwendend" tätig werden. Man gerät unvermeidlich in eine Sackgasse, wenn man versucht, die Garantenstellung anhand der Aufgaben, die der Garant hat, zu beschreiben. Es kann eben jemand genau dieselben Aufgaben haben, ohne Garant zu sein.

Der strafrechtliche Garantenbegriff zeigt nicht an, was jemand in einer bestimmten Situation zu tun hat, sondern wie es bewertet wird, wenn er in dieser Situation untätig bleibt. Bei der Garantenstellung denkt man an Fälle, in denen der Garant *versagt* hat, nicht an solche, in denen er sich richtig verhalten hat. Mit dem Begriff der Garantenstellung verständigt man sich über einen *wertwidrigen* Sachverhalt. Dieser Sachverhalt ist das Negativbild des sozial Erwünschten. Die Garantenstellung ist also eine Kurzform, in der wertwidriges Ver-

---
[24] *Frank*, Kommentar, Anm. IV zu § 1, S. 19.
[25] Gegen eine Garantenstellung in diesem Falle: *Gallas*, Niederschriften Bd. 2, S. 80; *Bockelmann*, ebd., S. 86.

halten beschrieben wird. Mit jeder anderen begrifflichen Beschreibung wie zum Beispiel gerade mit der der Garantenstellung als Schutzposition, eröffnet man Fehlerquellen für die Beurteilung der Garantenstellung im Einzelfalle. Weil *Granderath* und *Rudolphi*, die sich eingehend mit der Garantenstellung aus vorangegangenem Tun befaßt haben, mehr oder weniger deutlich von einem anderen Garantenbegriff ausgegangen sind, führten ihre Überlegungen von vornherein in eine andere Richtung. Sie suchen die Garantenstellung aus dem Rechtsgüterschutz zu entwickeln und letztlich mit kriminalpolitischen Erwägungen zu rechtfertigen. Wenn man aber schon mit dem Ausgangspunkt, daß die Rechtsordnung sich zum Schutze der Rechtsgüter unbedingt eines lückenlosen Netzes von Garantenstellungen bedienen müsse, nicht einig ist, können einen auch die weiteren, daraus folgenden Ergebnisse nicht restlos überzeugen.

6.1.2 Besondere Merkmale anderer Garantenstellungen

Worin liegt aber nun das Besondere des mit der Garantenstellung beschriebenen wertwidrigen Sachverhaltes? Wenn man an die Garantenstellung aus enger natürlicher Verbundenheit denkt, so stellt man sich vor, daß zum Beispiel eine Mutter ihr Kind verhungern läßt und deshalb wegen Totschlags oder Mordes bestraft wird. Bei der Garantenstellung aus Übernahme einer Schutzposition denkt man zum Beispiel an den Fall, daß ein Schwimmlehrer dem Schwimmschüler die Stange nicht hinhält, wenn er schwach wird, und ihn ertrinken läßt. Beide Verhaltensweisen erscheinen einem ebenso wertwidrig, wie wenn die Mutter das Kind vergiftet oder der Schwimmlehrer den Schwimmschüler ins Wasser gestoßen hätte. Man fühlt in diesen Unterlassungen einen ungleich stärkeren Unwert, als wenn ein gänzlich Unbeteiligter sich nicht um das Kind gekümmert oder den Ertrinkenden nicht gerettet hätte. Man würde es als unerträglich empfinden, wenn die staatliche Reaktion auf dieses Unterlassen eine andere wäre als auf ein aktives Tun mit denselben Folgen. Der Gerechtigkeitswert wäre verletzt, wenn zwei Verhaltensweisen, die im Unwert gleich oder annähernd gleich sind, in der Rechtsfolge ungleich behandelt würden. Deshalb wird die Mutter oder der Schwimmlehrer in diesen Fällen wegen Tötung „durch Unterlassen" bestraft. *Das Besondere des mit der Garantenstellung beschriebenen wertwidrigen Sachverhaltes besteht also darin, daß ein Unterlassen unter dem Aspekt einer bestimmten Strafnorm einem aktiven Tun gleichsteht.*

Denkt man bei der Garantenstellung aus vorangegangenem Tun an *Stübels* Fall, daß einer einen anderen versehentlich eingeschlossen, dann aber wissentlich verhungern lassen hat, so fühlt man in diesem

6.1 Vergleich mit anderen Garantenstellungen

Verhalten denselben Unwert, wie wenn er den anderen schon wissentlich eingeschlossen hätte, um ihn dem Hungertode preiszugeben. Er trat, auch wenn er ihn nur versehentlich eingeschlossen hatte, offenbar in eine andere Beziehung zu ihm als irgendein beliebiger anderer, der zufällig an dem Verließ vorübergegangen wäre. Er ist an dem Geschehen nicht mehr unbeteiligt. Nachdem es für die Bewertung des Verhungernlassens offenbar gleichgültig ist, ob es von Anfang an beabsichtigt war oder ob der Entschluß dazu erst gekommen war, als der andere schon versehentlich eingeschlossen war, kann auch die Strafreaktion in beiden Fällen keine verschiedene sein. Bei wissentlichem Einschließen und Verhungernlassen läge aber eine vorsätzliche Tötung vor. Demnach muß auch bei versehentlichem Einschließen und nachfolgendem Untätigbleiben die Strafe für vorsätzliche Tötung verhängt werden. Unter dem Aspekt der vorsätzlichen Tötung steht in diesem Falle also das Unterlassen dem aktiven Tun gleich. Die Bewertung des Unterlassens ist hier auch davon unabhängig, wo der Getötete eingeschlossen wurde, ob im Hause des Einschließenden oder in einem fremden Hause oder gar in seinem eigenen Hause. In jedem Falle scheint dem Einschließenden die Verantwortung für das weitere Schicksal des Eingeschlossenen aufgegeben. Läßt er ihn verhungern, so begeht er eine vorsätzliche Tötung. Im Vergleich zu einem gänzlich Unbeteiligten ist der Einschließende nur durch den Akt des Einschließens mit dem Geschehen verknüpft. Ohne dieses vorangegangene Tun wäre auch er in der Rolle des Unbeteiligten gewesen, der allenfalls wegen unterlassener Hilfeleistung hätte bestraft werden können. Nur sein vorangegangenes Tun bewirkte also, daß seine Untätigkeit einem aktiven Tun mit denselben Folgen gleichgestellt wurde. Ist damit nicht schon erwiesen, daß es eine Garantenstellung aus vorangegangenem Tun gibt, weil zumindest in einem Falle ein vorangegangenes Tun eine Garantenstellung begründet?

Bevor darauf geantwortet wird, soll noch einmal auf den Vergleich mit den anderen Garantenstellungen zurückgegriffen werden. Von einer Garantenstellung „aus enger Verbundenheit" spricht man, wenn eine Mutter ihr Kind verhungern läßt und deshalb wegen vorsätzlicher Tötung bestraft wird. Mit dem Kinde „eng verbunden" sind aber auch der Vater, die Großeltern oder die älteren Geschwister. Man empfindet keinen wesentlichen Unterschied, ob *sie* den Säugling verhungern lassen oder die Mutter. Die Garantenstellung „aus enger Verbundenheit" ist nur eine Sammelbezeichnung für diese Fälle. Sie ist aber auch auf diese und ähnliche Fälle beschränkt. Zum Beispiel ist der Mieter eines Hauses kein Totschläger, wenn er einem anderen Mieter im selben Hause nicht hilft, obwohl er weiß, daß er hilflos in seiner Wohnung liegt. Und dies ist er auch dann nicht, wenn er Jahrzehnte in enger Freundschaft mit ihm verbunden war und ihn täglich besucht hatte. Die Grenze der Garantenstellung ergibt sich hier nicht so sehr aus dem geringeren Unwert dieses Unterlassens als vielmehr aus der zu großen Entfernung vom „Grundfall", der Kindesvernachlässigung durch die Mutter. Der Grundfall übt eine ordnende Funktion aus und gibt dem Garantenbegriff die notwendige Stütze. Er bildet das Zentrum, um das herum sich die anderen Unterlassungsfälle bis hin zur „Peripherie" der Garantenstellung gruppieren.

Ähnlich liegt es bei der Garantenstellung aus Übernahme einer Schutzposition. Auch hier bilden einige Grundfälle das Zentrum der Garantenstellung, von denen her die „entfernteren" Fälle beurteilt werden. Ein Beispiel dafür, wie aus den Grundfällen der Garantenbegriff weiterentwickelt wird, gibt das Urteil des BGH über die Garantenstellung des Bereitschaftsarztes[26]. Von den Grundfällen der Garantenstellung aus Übernahme einer Schutzposition unterscheidet sich die Situation des Bereitschaftsarztes in mancher Hinsicht. Die Grundfälle sind dadurch gekennzeichnet, daß sich jemand im Vertrauen auf das Beistandsversprechen eines anderen einer Gefahr aussetzt, in der er dann umkommt, weil jener die zugesagte Hilfe nicht leistet. Diese Situation liegt in ihren wesentlichen Grundzügen auch in dem „Normalfall" vor, in dem ein Arzt die Behandlung eines Kranken übernimmt. Dadurch, daß er seine Hilfe zusagt, veranlaßt er den Patienten oder seine Angehörigen, von einer weiteren Vorsorge abzusehen. Leistet er nun die zugesagte Hilfe nicht oder nicht sachgemäß, so kann der entscheidende Zeitpunkt für eine noch mögliche Rettung verpaßt sein. Dem BGH lag in dem konkreten Falle an sich der Normalfall der Garantenstellung des Arztes, nicht der des Bereitschaftsarztes zur Entscheidung vor. Er hat aber den Fall zum Anlaß genommen, die Pflichten des Angeklagten auch unter dem Gesichtspunkt des Bereitschaftsdienstes, den der Angeklagte übernommen hatte, zu beleuchten. Der BGH führte aus, daß es für die Beurteilung des konkreten Falles nicht entscheidend darauf angekommen sei, ob der Angeklagte als Bereitschaftsarzt verpflichtet gewesen sei, die Behandlung der Patientin zu übernehmen, da er die Behandlung tatsächlich übernommen habe, indem er dem Ehemann der Patientin ärztliche Ratschläge erteilt habe. Diese Ratschläge führten dazu, daß der Ehemann keine anderweitige Vorsorge traf, wodurch der Rettungszeitpunkt für seine Frau versäumt wurde. Der Angeklagte hatte durch sein Verhalten zwar nicht bewirkt, daß sich jemand im Vertrauen auf seinen Beistand erst in Gefahr begab — die Patientin war ja schon in Gefahr, — er hatte aber verhindert, daß eine immer dringlicher werdende Gefahr

---

[26] BGHSt. 7/211.

6.1 Vergleich mit anderen Garantenstellungen

beseitigt werden konnte. Die wesentlichen Momente des Grundfalles sind demnach auch in dieser Situation erkennbar. Damit ist aber zunächst nur der Schritt vom Grundfall zur Garantenstellung des Arztes vollzogen. Der weitere Schritt zur Garantenstellung des Bereitschaftsarztes beruht auf folgenden Überlegungen: Wenn sich ein Arzt unter normalen Umständen weigert, eine Behandlung zu übernehmen, so tritt er damit nicht einer anderweitigen Vorsorge des Patienten oder seiner Angehörigen entgegen. Lehnt er sofort die Behandlung ab, dann kann der Patient zu einem anderen Arzt gehen oder gebracht werden. Ist der Arzt aber Bereitschaftsarzt, dann besteht diese Möglichkeit nicht oder jedenfalls nicht in dem sonst gegebenen Umfange. Durch die Übernahme des Bereitschaftsdienstes hat er die anderen Ärzte veranlaßt, ihre Praxis zu verlassen oder den Patienten auf den Bereitschaftsarzt zu verweisen. Der Bereitschaftsarzt hat damit zwar nicht die Rettungschance für den Patienten vermindert, indem er die Behandlung übernahm, er hat sie aber vermindert, indem er den Bereitschaftsdienst antrat. Das wesentliche Moment des Grundfalles ist damit auch in dieser Situation erkennbar. Dieser Fall fügt sich deshalb der Garantenstellung aus Übernahme einer Schutzposition ein. Aus der Anschauung des Grundfalles wird der Bereich der Garantenstellung entwickelt.

Die Garantenstellung aus enger Verbundenheit und aus Übernahme einer Schutzposition weisen einen festen Bestand an Grundfällen auf. Die Sammelbezeichnung für diese Grundfälle, der eigentliche Garantenbegriff, deutet seinerseits auf den Umstand hin, der den besonderen Unwert des Unterlassens in diesen Fällen begründet. Die enge natürliche Verbundenheit der Mutter mit dem Kinde läßt ihre Vernachlässigung des Kindes ungleich wertwidriger erscheinen als die eines gänzlich unbeteiligten Dritten. Der Schwimmlehrer handelt ungleich verwerflicher als ein Unbeteiligter, wenn er den Schwimmschüler ertrinken läßt, weil er seinen Schutz übernommen hat. Die beiden Garantenbegriffe enthalten aber nicht mehr als einen Hinweis auf die besonderen Umstände dieser Fälle. Aus den Begriffen selbst läßt sich die Garantenstellung im Einzelfalle nicht entwickeln. Man braucht dazu die Anschauung der Grundfälle. Die Begriffe geben dem Rechtsanwendenden kein scheinbar fertiges und feststehendes Ergebnis in die Hand, sondern zwingen ihn, die Kriterien für die Auslegung der Begriffe dem Ausgangsfall, auf dem sie aufgebaut sind, zu entnehmen.

Damit haben sich bei der Garantenstellung aus enger Verbundenheit und aus Übernahme einer Schutzposition drei wesentliche Momente herauskristallisiert: Es besteht bei diesen Garantenstellungen Einigkeit einmal darüber, welches Geschehen dem Begriff als Leitfall dient (z. B. Verhungernlassen des Kindes durch die Mutter), und zum anderen

6. Das gefährdende Tun als Grundlage einer Garantenstellung

darüber, wie dieses Geschehen zu bewerten ist (z. B. vorsätzliche oder fahrlässige Tötung). Und schließlich weisen die Garantenbezeichnungen auf den entscheidenden Bewertungsgesichtspunkt hin, ohne dabei aber zu einer Bewertung nur anhand der Benennung zu verleiten. Wenn diese beiden Garantenstellungen der Garantenstellung aus vorangegangenem Tun etwas voraus haben, wie wir oben festgestellt haben, dann kann es nur in diesen drei Momenten liegen. Entweder ist man sich über das Geschehen, das mit dieser Garantenbezeichnung gemeint ist, nicht einig, oder der Garantennamen weist nicht auf den entscheidenden Bewertungsgesichtspunkt hin.

Daß der Mangel der Garantenstellung aus vorangegangenem Tun allein in der Wahl einer *ungeeigneten Garantenbezeichnung* liegen könnte, ist kaum anzunehmen. Dies wäre nur ein verhältnismäßig geringfügiger Mangel, der es nicht rechtfertigen könnte, so schwerwiegende Bedenken, wie sie zum Beispiel *Welzel* geäußert hat, gegen die Garantenstellung aus vorangegangenem Tun vorzubringen. Derselbe Mangel haftet nämlich auch der in den meisten neueren Lehrbüchern und Kommentaren noch angeführten Garantenstellung „aus Gesetz" an[27], ohne daß deshalb aber eine Unsicherheit bei der Rechtsanwendung erkennbar wäre. Tatsächlich ist man sich einig, daß zum Beispiel bürgerlich-rechtliche Unterhaltspflichten oder sonst eine zivilrechtliche Pflicht, etwa die Pflicht aus § 1353 BGB, nicht wirklich die Grundlage der strafrechtlichen Garantenstellung sind. Sie sind allenfalls „Ausschnitte aus einem dahinterstehenden, umfassenderen Pflichtenkreis"[28], der seine Wirkung auch bei der strafrechtlichen Bewertung zeigt. Trotzdem hat man die Bezeichnung „Garantenstellung aus Gesetz" beibehalten. Daraus erwachsen bei der Rechtsanwendung keine Schwierigkeiten, weil man sich einig ist, daß mit der Garantenstellung „aus Gesetz" im wesentlichen die Gruppe von Fällen gemeint ist, die *Schröder* heute treffender unter dem Begriff „natürliche Verbundenheit" zusammenfaßt[29]. Es ist demnach unschädlich, wenn eine richtige Vorstellung mit einem falschen Namen verbunden wird[30].

Die tiefgreifenden Meinungsverschiedenheiten über die Garantenstellung aus vorangegangenem Tun können deshalb ihre Ursache nicht nur in der Wahl eines ungenauen Garantennamens haben. Sie müssen vielmehr auch dadurch bedingt sein, daß man sich im unklaren ist,

---

[27] Vgl. z. B. *Baumann*, LB AT, S. 229; *Mezger-Blei*, LB AT, S. 81; *Maurach*, LB AT, S. 513; *Welzel*, LB, S. 192; *Kohlrausch-Lange*, Kommentar, Syst. Vorbem. II B II 3 b, S. 7; *Schwarz-Dreher*, Kommentar, D I 1 Vor § 1.
[28] *Welzel*, LB, S. 192.
[29] *Schönke-Schröder*, Kommentar, Vorb. z. AT, Rdnr. 108.
[30] Der ebenfalls nicht zutreffende Garantennamen „Vertrag" ist heute überwiegend aufgegeben worden. Vgl. aber noch *Baumann*, LB AT, S. 230, der an dieser Bezeichnung festhält.

welche Fälle mit dieser Bezeichnung gemeint sind. Einigkeit besteht allenfalls über *einen* Grundfall aus dem Bereich dieser Garantenstellung: die Einschließung eines anderen. Der Garantenbegriff baut aber offenbar nicht auf diesem einzigen Grundfall auf. Die Einschließung eines anderen ist ein so eigentümlicher Fall, daß er als einziger Leitfall für all die anderen Situationen, in denen ein gefährdendes Tun vorliegt, nicht ausreicht. Bei der Meineidsbeihilfe durch Unterlassen oder bei dem Bezug von Pferdedärmen aus dem Ausland (RGSt. 46/337) zum Beispiel, kann man keine ernsthaften Vergleiche mehr zum Fall der Einschließung eines anderen ziehen. Da die Leit- oder Grundfälle für die Handhabung einer Garantenstellung ungleich bedeutsamer sind als die Wahl eines geeigneten Garantennamens, muß es die erste Aufgabe sein, die Grundfälle aus dem Bereich der Garantenstellung aus vorangegangenem Tun zusammenzustellen. Der Garantennamen selbst kann nur daran gemessen werden, ob er als Sammelbezeichnung für diese Grundfälle geeignet ist und ob er nicht zu Fehlentscheidungen verleiten kann. Beides läßt sich erst sagen, wenn man eine Übersicht über die Grundfälle zu dem Garantenbegriff hat.

6.1.3 Aufbau eines Garantenbegriffs

Die Methode, den Garantenbegriff von einigen „Grundfällen" her aufzubauen, bedarf noch weiterer Erläuterung. Man könnte einwenden, daß es müßig sei, Grundfälle aufzusuchen, weil auf diesem Wege das Garantenproblem niemals allgemein zu lösen sei. Letztlich münde die Frage, ob der Unterlassende im Einzelfall Garant sei, immer aus in die allgemeine Frage, ob sein Unterlassen in diesem Falle dem in der Strafnorm beschriebenen aktiven Tun gleichwertig sei. Da die Gleichwertigkeit von Tun und Unterlassen ohnehin das allein entscheidende Kriterium sei, sei es umständlich, wenn man bei der Beurteilung des Einzelfalles nicht direkt auf diese Prüfung zugehe. *Kaufmann* schreibt für die „axiologische Erwägung", die zur Bestimmung des Garantenverhältnisses führe, folgenden Weg vor: „aa) Ausgangspunkt ist das Bestehen eines Handlungstatbestandes, der die Herbeiführung einer Rechtsgutsverletzung oder -gefährdung pönalisiert. bb) Es muß ein Gebot existieren, das die Abwendung dieser Rechtsgutsverletzung oder -gefährdung zum Inhalt hat. cc) Die Verletzung dieses Gebotes muß an Unrechtsgehalt und im Maß des Schuldvorwurfes und damit in der Strafwürdigkeit dem Begehungsdelikt unter aa) wenigstens annähernd gleichen. *Hier* erst ist der Sitz des eigentlichen Gleichstellungsproblems; in der üblichen Formulierung: hier ist die Frage nach dem Vorliegen eines Garantieverhältnisses zu stellen[31]."

---

[31] *Kaufmann*, Dogmatik, S. 284.

6. Das gefährdende Tun als Grundlage einer Garantenstellung

Wäre die Gleichwertigkeitsprüfung auf dem von *Kaufmann* beschriebenen Wege einigermaßen sicher durchzuführen, so wäre der Umweg über die „Grundfälle" in der Tat überflüssig. Die Schwierigkeit besteht aber darin, daß der Rechtsanwendende sich zu einem ganz bestimmten Unterlassungsfall, dessen „Gleichwertigkeit" er prüfen will, einen Fall aktiven Tuns mit denselben Folgen vorstellen soll. Tun und Unterlassen sind aber zwei entgegengesetzte Verhaltensweisen. Das eine läßt sich nicht in das andere umformen. *Zu einem Unterlassungsfall läßt sich niemals ein im Geschehensablauf analoger Handlungsfall konstruieren.* Man muß sich vielmehr bei der Prüfung der Gleichwertigkeit ein völlig anderes Geschehen vorstellen. Der Vergleichsfall muß frei erfunden werden. Dies soll an einem Beispiel gezeigt werden.

Mit welchem Fall aktiven Tuns soll etwa bei der lebhaft umstrittenen Frage, ob der, der einen anderen in Notwehr verletzt hat, Garant für die Abwehr weiterer Schäden ist, das Unterlassen verglichen werden? *Arthur Kaufmann/Hassemer* ziehen zum Vergleich den „Typus" des § 212 StGB heran, der dem gesetzlichen Tatbestand ontologisch vorgelagert sei (aus dem der gesetzliche Tatbestand abstrahiert und systematisch konstruiert worden sei) und der sich logisch (erkenntnismäßig) aus der Typisierung des Tatbestandes ergebe. Die Gleichwertigkeit des Unterlassens nach einer Notwehrverletzung wird von ihnen dann mit folgenden Erwägungen verneint: „Derjenige, der einen Menschen tötet, verletzt das am nachhaltigsten geschützte Rechtsgut überhaupt; sein Verhalten unterfällt dem Deliktstypus mit dem höchsten Unrechtsgehalt. Die relativ scharfen Rechtsfolgen zeigen, wie schwer das Unrecht des § 212 wiegt. Die Nachwirkungen der Notwehrsituation entlassen den Menschen in der Lage des X[32] zwar nicht aus seiner Schutzfunktion gegenüber dem Leben des verletzten Angreifers, und sie schließen auch den Handlungsunwert des Untätigbleibens nicht gänzlich aus. Doch sind im Sinne einer aporetischen Denkweise *hier* die eigene Pflichtwidrigkeit des Opfers und die Hemmnisse aus der Lage nach einer Notwehrsituation von Bedeutung. X blieb zwar grundsätzlich zur Hilfe aufgerufen, eine Handlungspflicht in dieser Lage entfällt also grundsätzlich nicht; der Handlungsunwert des Untätigbleibens in einer solchen Situation ist jedoch dem typischen Handlungsunwert des § 212 nicht gleichwertig[33]."

Der Deliktstypus des § 212 StGB umfaßt aber gerade auch Handlungsdelikte, in denen der Täter dem Opfer in einer begreiflichen Aversion gegenüber steht. Man denke an den immer wieder zu erlebenden

---

[32] X ist im Sachverhalt diejenige Person, die einen anderen in Notwehr verletzt hat.
[33] Arthur *Kaufmann/Hassemer*, JuS 1964/153, 154.

Fall, daß eine Familie den trunksüchtigen Vater tötet, der sie Jahre hindurch unsäglich gepeinigt hat. Kann man bei der Prüfung der Gleichwertigkeit von Tun und Unterlassen Haß- und Rachegefühle zugunsten des Unterlassenden berücksichtigen, während sie beim „Deliktstypus" gerade keine Rolle spielen sollen? Wenn die Familie den Vater nicht durch aktives Tun, sondern durch Unterlassen getötet hätte, indem sie ihn zum Beispiel nicht aus einem Bach gezogen hätte, in den er betrunken gestürzt war, würde man sicherlich Haß- und Rachegefühle nicht gelten lassen, obwohl das Unterlassen in diesem Falle dem Deliktstypus des § 212 StGB, wie ihn *Arthur Kaufmann/ Hassemer* verstehen, gewiß ebenso unähnlich wäre wie bei dem, der einen anderen in Notwehr verletzt hat. Damit soll aber nicht das von *Arthur Kaufmann/Hassemer* vertretene Ergebnis abgelehnt, sondern nur die Problematik seiner Begründung aufgezeigt werden.

Granderath meint, daß derjenige, der nach einer Notwehrverletzung seinem Angreifer nicht helfe, gegebenenfalls wegen Tötung durch Unterlassen zu strafen sei, weil es auch dann ein Tötungsdelikt sei, wenn er den schon niedergeschlagenen Angreifer aus Wut mit dem Messer umbringe[34]. Tatsächlich wird aber kaum jemand annehmen, daß diese beiden Geschehensabläufe vergleichbar sind. Der „Handlungsfall" scheint willkürlich erfunden. Die Schlußfolgerung auf die Garantenstellung des Unterlassenden von diesem Vergleichsfall her empfindet man nicht als zwingend.

Ganz anders beleuchtet *Rudolphi* den Fall der unterlassenen Hilfe gegenüber dem Angreifer[35]. Aus dem von ihm gefundenen Ergebnis, daß nur ein pflichtwidriges gefährdendes Tun eine Garantenstellung begründe, leitet er ab, daß die Notwehrverletzung zu keiner Garantenstellung führe. Das verbiete sich schon deshalb, weil sonst der Angegriffene „im Verhältnis zu einem völlig unbeteiligten Dritten" ungerechtfertigt schlechter gestellt werde. *Rudolphi* zieht also zum Vergleiche den Fall heran, daß ein Dritter, der nicht angegriffen war, dem in Notwehr Verletzten nicht hilft. Wenn dieser Unbeteiligte kein Totschläger oder Mörder sei, könne es auch der Angegriffene nicht sein. In der Tat wird man zu einer gänzlich anderen Beurteilung des Geschehens hingeführt, wenn man sich vorstellt, daß ein unbeteiligter Dritter dem Verletzten Angreifer nicht geholfen hätte. Da jenem nur der verhältnismäßig geringe Vorwurf der unterlassenen Hilfeleistung im Sinne des § 330 c StGB gemacht würde, kann dem Angegriffenen, der sich vielleicht mit knapper Not des Angriffs erwehren konnte, für dasselbe Verhalten kein ungleich schwererer Vorwurf gemacht werden.

---

[34] *Granderath*, Rechtspflicht, S. 206.
[35] *Rudolphi*, Gleichstellungsproblematik, S. 181.

Auch bei der Meineidsbeihilfe durch Unterlassen nach einem gefährdenden Tun kommt *Rudolphi* zu einer starken Einschränkung der Strafbarkeit im Verhältnis zur bisherigen Gerichtspraxis. In der Darstellung wird dabei wesentlich auch darauf abgehoben, daß in einer Reihe von verurteilenden Gerichtsentscheidungen das Unterlassen der Angeklagten nicht verwerflicher gewesen sei als in vielen anderen denkbaren Situationen, in denen die Gerichte aber keine strafbare Meineidsbeihilfe annehmen würden[36]. Der Vergleich mit der Bewertung ähnlicher *Unterlassungs*fälle führt hier wiederum zu einer anderen Beurteilung des Geschehens hin.

Das zeigt, daß bei der Bewertung einer Unterlassung der Vergleich mit einer gedachten anderen *Unterlassung* eine viel wichtigere Rolle spielt als der Vergleich mit einem gedachten aktiven *Tun*. Wandelt man ein Geschehen, in dem jemand einem schädlichen Verlauf nicht entgegengetreten ist, dahin ab, daß man sich einen gänzlich Unbeteiligten in der Rolle des Unterlassenden denkt, dann hat man für die Bewertung wenigstens eine feste Größe. Man weiß zum Beispiel, daß die unterlassene Hilfe eines unbeteiligten nur nach § 330 c StGB bestraft würde. Oder man weiß zum Beispiel, daß bei der Meineidsbeihilfe durch Unterlassen die Nichthinderung des Meineids durch eine andere Person, die zu dem Meineidigen in einer ähnlichen Beziehung steht wie der angeklagte „Gehilfe", *nicht* bestraft würde. Durch diesen gesetzlichen „Festpunkt" ist die Bewertung einer anderen Unterlassung sehr erleichtert. Die Bewertung schließt sich dann eng an das Gesetz an, weil sie von der Wertentscheidung des Gesetzgebers ausgeht. Beim Vergleich mit einem gedachten aktiven Tun besteht immer die Gefahr, daß die im Gesetz für bestimmte Unterlassungen festgelegte Wertung außer Acht gelassen wird.

Welzel hat die Garantenstellung eine „strafbegründende Analogie" genannt[37]. In der Tat handelt es sich bei der Gleichwertigkeitsprüfung von Tun und Unterlassen um ein analogistisches Verfahren. Die Analogie ist aber um so berechtigter, je näher der Vergleichsfall liegt. Beim Vergleich zweier Unterlassungen ist von vornherein eine größere Ähnlichkeit des Geschehens gegeben als beim Vergleich von Tun und Unterlassen. Man kann sich bei diesem Vergleich aber nun nicht nur an der dem § 330 c StGB zugrunde liegenden Situation oder dem straffreien Raum orientieren. Andere, wenn auch nicht ganz so gesicherte „Festpunkte", sind die „Grundfälle". Der Grundfall ist das Gegenstück zur unterlassenen Hilfeleistung im Sinne des § 330 c StGB. In einem „Grundfall" ist das Unterlassen gerade nicht nur eine „bloße" unter-

---

[36] *Rudolphi*, a.a.O., S. 173.
[37] *Welzel*, Niederschriften Bd. 12, S. 94.

6.1 Vergleich mit anderen Garantenstellungen

lassene Hilfeleistung im Sinne des § 330 c StGB, sondern ein schwereres Delikt. Der Ur-Grundfall ist der der Mutter, die ihr Kind verhungern läßt. Dieser Sachverhalt vermittelt ein so klares Unwerterlebnis, daß keine weitere Begründung erforderlich erscheint, um hier ein Tötungsdelikt zu bejahen. Ähnlich eindeutig ist das Verhalten des Schwimmlehrers zu bewerten, der den Schwimmschüler vorsätzlich ertrinken läßt. Die Grundfälle gehen auf einen Vergleich von Tun und Unterlassen zurück. Aber die Gleichheit im Unwert wird hier so stark empfunden, daß Zweifel nicht aufkommen. Ein so klares Werterlebnis vermitteln nur wenige Sachverhalte. Nur sie sind deshalb als Grundfälle geeignet.

Wenn im folgenden versucht wird, im Bereich der Garantenstellung aus vorangegangenem Tun Grundfälle aufzuspüren, so muß dabei mehr oder weniger Neuland betreten werden. Rechtsprechung und Lehre sind überwiegend von der Allgemeingültigkeit des Satzes ausgegangen, daß ein gefährdendes Tun eine Garantenstellung begründe. Man glaubte, bei dieser Garantenstellung ohne Grundfälle auskommen zu können, weil das gefährdende Tun in jede beliebige Situation eingekleidet sein könne. Soweit Beispiele für das gefährdende Tun gegeben wurden, waren es eben nur Beispiele, die nicht die verbindliche Geltung von Grundfällen erlangten. Die Beispiele wurden nicht als Zuordnungspunkte empfunden. Die Garantenstellungen aus enger persönlicher Verbundenheit und aus Übernahme einer Schutzposition haben mit ihren starken Leitfällen einen großen Vorsprung vor der Garantenstellung aus vorangegangenem Tun. Im Bereich der Ingerenz müssen sich die Grundfälle erst allmählich herausbilden.

Die Urteile zur Garantenstellung aus vorangegangenem Tun kreisen um sechs Themen:
1. das *Haus* (Brandverhütung),
2. das *Gewerbe* (Gastwirt),
3. *mobile Gefahrenquellen* (Tiere, Auto),
4. die *Einschließung* eines anderen,
5. Die *Übergabe von Tatwaffen*,
6. die *Meineidsbeihilfe*.

Für jeden dieser Bereiche müßte ein Kristallisationspunkt in Gestalt eines Grundfalles gefunden werden, dem die Fälle aus der Rechtsprechung zugeordnet werden können. Die nächste Überlegung wäre dann die, ob der Name der „Garantenstellung aus vorausgegangenem Tun" als Sammelbezeichnung für diese Grundfälle anschaulich genug ist und ob er nicht zu Fehlentscheidungen verleitet.

6. Das gefährdende Tun als Grundlage einer Garantenstellung

Der hier eingeschlagene Weg berührt sich methodisch nah mit dem Vorgehen *Meyer-Bahlburgs*[37a]. *Meyer-Bahlburg* nimmt einzelne Deliktsnormen zum Ausgangspunkt (z. B. Tötungs- und Körperverletzungsdelikte) und untersucht, inwieweit hier das Unterlassen dem aktiven Tun gleichsteht. Dabei sucht er die Tatsituationen möglichst eingehend zu beschreiben und so ein umfassendes Bild der Strafbarkeit der Unterlassung innerhalb des betreffenden Tatbestandes zu entwerfen. *Meyer-Bahlburg* ordnet das Fallmaterial aber nicht einzelnen Grundfällen zu, wie es hier beabsichtigt wird, sondern allgemeinen Gesichtspunkten, wie z. B. Fürsorge- und Obhutsverhältnissen, Gemeinschaftsverhältnissen, Beziehungen zu Gefahrenquellen, Aufsichtsverhältnissen und anderen. In den Ergebnissen besteht jedoch oft Übereinstimmung mit *Meyer-Bahlburg*.

6.2 Grundfälle aus dem Bereich der Garantenstellung aus vorangegangenem Tun

6.2.1 Haus

Zu dem Bereich des Hauses gehören aus der Rechtsprechung die Fälle unterlassener Brandlöschung. Dabei wird nicht unterschieden, ob der Brand vorsätzlich oder fahrlässig gelegt wurde[38]. Der Hauseigentümer oder seine Ehefrau, die einen Brand in ihrem Hause nicht löschen, obwohl sie es könnten, sind Brandstifter. Die Rechtsprechung hat diesen Satz auch angewandt, wenn dem Unterlassenden kein gefährdendes Tun nachgewiesen werden konnte. Man hat in einem solchen Falle die Stütze in einem Versicherungsvertrag gesucht[39]. Es scheint hier ein zweifelsfreier Garantenfall vorzuliegen. Die Ursache des Brandes ist offenbar gleichgültig.

Der eigentliche Grundfall im häuslichen Bereich ist aber wohl nicht die unterlassene Brandlöschung, sondern die *Verletzung der Verkehrssicherungspflicht*. Letztere ist die Abwehrstellung gegen die typischen von einem Haus oder Grundstück ausgehenden Gefahren. Sie ist die alltäglichste und selbstverständlichste Pflicht des Hauseigentümers. Bezeichnenderweise fand das RG schon in einer frühen Entscheidung hier einen einwandfreien Garantenfall. Ein Hauseigentümer, der nicht für die Beleuchtung der Treppe gesorgt hatte, wurde wegen fahrlässiger Körperverletzung verurteilt, nachdem jemand auf der Treppe gestürzt war. Im Revisionsurteil heißt es: „Wenn aber ein Hauseigen-

---
[37a] Beitrag, S. 65 ff.
[38] OGHSt. 3/1 (vorsätzlich); RGSt. 60/77 (fahrlässig).
[39] RGSt. 64/273.

6.2 Grundfälle aus dem Bereich der Garantenstellung

tümer in Ausnutzung seines Eigentums Mitbewohner aufnimmt und dadurch oder auf andere Weise einen Verkehr in seinem Hause herstellt, so hat er die Pflicht, dafür Sorge zu tragen, daß bei dem von ihm hergestellten Verkehre andere durch die Anlagen des Hauses an ihrem Körper nicht Schaden erleiden; denn niemand darf sein Eigentum zur Herstellung gemeingefährlicher Einrichtungen benutzen[40]." Die Verletzung der Verkehrssicherungspflicht wird auch von *Nagler*[41], *Henkel*[42], *Mezger-Blei*[43] und *Granderath*[44] als eine Pflicht genannt, die eine Garantenstellung begründet.

Auf der Verkehrssicherungspflicht baut die Garantenstellung im häuslichen Bereich auf. Dieser Gesichtspunkt hätte die Urteilsfindung im „Bahngeländefall" (BGHSt. 3/203; vgl. oben Nr. 2.4.1) leicht gemacht. Hier war die Verkehrssicherungspflicht eindeutig nicht verletzt. Dem Grundstückseigentümer obliegt nicht die Verhütung von Schäden, die andere bei der unbefugten Überquerung seines Grundstücks auf einem von ihm nicht dem Verkehr geöffneten Wege erleiden können. Mit dem Garantengesichtspunkt des gefährdenden Tuns aber konnte man erst nach Fehlschlägen und auf sehr gewundenen Pfaden zu einem Freispruch kommen[45].

Auch bei einem *Brand* kann das Haus unmittelbar für andere Personen oder Sachen gefährlich werden. Die unterlassene Brandlöschung reiht sich deshalb eng an die Vernachlässigung der Verkehrssicherung an. Dasselbe gilt auch, wenn der Hauseigentümer notwendige Reparaturen unterläßt, so daß Teile des Gebäudes (z. B. Dachziegel) herabfallen oder das Haus ganz einstürzt[46].

Beim häuslichen Bereich darf nicht nur an Wohngebäude gedacht werden. Hierher gehören auch *gewerbliche Betriebe* oder *Forschungsstätten*. Von solchen Gebäuden können etwa deshalb Gefahren ausgehen, weil in ihnen Maschinen oder Apparaturen aufgestellt sind, die zu einer Explosion des gesamten Gebäudes führen können. Wenn der Verantwortliche diesen Gefahren nicht begegnet, verletzt er eine Garantenpflicht[47].

---

[40] RGSt. 14/362.
[41] GS 111 S. 27.
[42] MonschrKrim. 1961/191.
[43] StB, AT, S. 84, allerdings nur mit einem Beispiel.
[44] Rechtspflicht, S. 161.
[45] Gegen eine Garantenstellung in diesem Falle auch *Rudolphi*, Gleichstellungsproblematik, S. 123 u. 167, allerdings ohne auf den Gesichtspunkt der Verkehrssicherungspflicht abzuheben.
[46] Für beide Fälle ebenso: *Schönke-Schröder*, Komm., Vorb. z. AT, Rdnr. 124.
[47] Ebenso *Schönke-Schröder*, Kommentar, Vorb. z. AT, Rdnr. 124; *Baldus*, Niederschriften Bd. 12, S. 91, mit Beispielen aus der Praxis.

6. Das gefährdende Tun als Grundlage einer Garantenstellung

Die Garantenstellung greift aber über die Fälle, in denen Gebäude oder Grundstücke gefährlich werden, hinaus und erstreckt sich auch auf die Absicherung sonstiger *stationärer Anlagen* oder *Maschinen*[48]. Es besteht kein Grund, zwischen einem Gebäude und zum Beispiel einer offenen Fabrikationsanlage zu unterscheiden. Häufig wird aber schon die Beachtung der Verkehrssicherungspflicht genügen, um gefährliche Auswirkungen derartiger Anlagen auf Dritte, die das Grundstück betreten, auszuschließen.

Zu den Garantenfällen des häuslichen Bereichs gehört auch die unterlassene *Befreiung eines im Hause Eingeschlossenen*. Dies bezieht sich zunächst nur auf den Hauseigentümer oder Wohnungsinhaber. Die anderen Fälle werden noch besonders erörtert.

Endlich gehören hierher die Fälle, in denen auf einem Grundstück *Bauarbeiten* ausgeführt und dadurch Gefahren für andere heraufbeschworen werden. Der BGH hat in dem Urteil BGHSt. 19/286 die hier auftauchenden Garantenfragen in vorbildlicher Weise geklärt. In dem zu entscheidenden Falle war auf dem Grundstück eine tiefe Baugrube ausgehoben und nicht sachgemäß abgestützt worden. Die Folge war, daß ein Nachbarhaus einstürzte und drei Menschen getötet wurden. Der BGH erörtert die Garantenstellung der am Bau beteiligten Personen — Grundstückseigentümer und Bauherr, Bauunternehmer, verantwortlicher Bauleiter und Statiker — ausdrücklich unter dem Gesichtspunkt der Verkehrssicherungspflicht. Die Pflicht des Grundstückseigentümers, dafür zu sorgen, daß bei den Bauarbeiten Gefahren für andere vermieden werden, folge aus der allgemeinen Verkehrssicherungspflicht. Die Verkehrssicherungspflicht des Grundstückseigentümers gehe aber auf den Bauunternehmer über, wenn er die Bauarbeiten übernommen habe. Der Bauherr müsse nur dann noch selbst tätig werden, wenn er bemerke, daß der Bauunternehmer nachlässig arbeite oder der Aufgabe nicht gewachsen sei. Bemerkenswert an der Entscheidung ist, daß der BGH die aus der Verkehrssicherungspflicht folgende Garantenstellung des Grundstückseigentümers nicht auf die Fälle beschränkt, in denen ein Dritter beim Überqueren des Grundstücks verletzt wird. Der BGH baut vielmehr auf der Verkehrssicherungspflicht eine umfassende Garantenstellung des Grundstückseigentümers auf, kraft deren er allen Gefahren, die aus der Beschaffenheit seines Grundstücks hervorgehen, begegnen muß. Die Bewohner des eingestürzten Nachbarhauses, denen gegenüber der BGH eine Garantenstellung bejaht, waren nicht beim Betreten der Baustelle verletzt worden.

---

[48] Ebenso *Schönke-Schröder*, Kommentar, Vorb. z. AT, Rdnr. 124.

6.2 Grundfälle aus dem Bereich der Garantenstellung

In gleicher Weise folgt bei Bauarbeiten auf öffentlichen Straßen, Wegen und Plätzen eine Garantenstellung aus der Verkehrssicherungspflicht. Verkehrssicherungspflichtig ist die Straßenbauverwaltung. Führt sie in eigener Regie Bauarbeiten aus, dann treffen die mit den Bauarbeiten beauftragten Kräfte die Pflichten des Bauherrn und des Bauunternehmers. Werden die Bauarbeiten an private Firmen vergeben, so bestimmt sich die Verantwortlichkeit nach den Grundsätzen des oben genannten BGH-Urteils. Straßenbauarbeiten werfen demnach keine Sonderprobleme bei der Frage der Garantenpflichten auf. Es besteht hier genauso die Pflicht, Baugruben abzusichern und Einsturzgefahren zu verhüten, wie auf privaten Grundstücken.

Schröder rechnet zu den hier behandelten Unterlassungsfällen auch die Fälle, in denen es jemand unterläßt, *Straftaten* anderer im Bereiche seiner Wohnung oder sonstiger Räume entgegenzutreten. Auch hier liege der Grund für die strafrechtliche Haftung in der effektiven Gewalt, die der Inhaber über die Räume innehabe, und die ihm die Verpflichtung auferlege, ihre Benutzung zu strafbaren Handlungen zu verhindern. So könne zum Beispiel von dem Inhaber einer Wohnung verlangt werden, daß er gegen Abtreibungen einschreite, sofern andere diese Taten innerhalb des von ihm beherrschten Bereichs vornähmen. Unterlasse er dies, so sei er der Beihilfe schuldig[49].

Der Grundfall der verletzten Verkehrssicherungspflicht gibt der Garantenstellung im häuslichen Bereich eine schärfere Kontur. Im Grundfall wird nicht an den ziemlich blassen Gesichtspunkt des Herrschaftsbereichs angeknüpft, sondern daran, daß der Eigentümer oder sonst Verantwortliche sein Gebäude oder Grundstück nicht in einem Zustand erhalten hat, der die bestimmungsgemäße Benutzung durch andere ungefährlich macht. Es ist also immer das Gebäude oder Grundstück selbst, das durch seinen ordnungswidrigen Zustand gefährlich wird. Auch im Falle der Einschließung läßt sich noch sagen, daß die Gefahr unmittelbar vom Gebäude ausgeht, weil es durch die eingebauten Vorrichtungen verschließbar gemacht ist. Anders ist es aber bei Straftaten, die in keinem Zusammenhang mit dem Gebäude stehen. Eine Abtreibung kann an jedem beliebigen Ort vorgenommen werden. Es wäre zu weit hergeholt, wenn man hier argumentieren würde, das Gebäude sei deshalb gefährlich, weil es das strafbare Treiben den Blicken anderer entziehe. Wenn man den Wohnungs- oder Hausinhaber tatsächlich zum Garanten dafür bestellen will, daß in seinen Räumen keine strafbaren Handlungen vorgenommen werden, müßte der maßgebende Wertungsgesichtspunkt noch klarer genannt werden. Auf der Verkehrssicherungspflicht oder ähnlichen Gesichts-

---
[49] *Schönke-Schröder*, Kommentar, Vorb. z. AT, Rdnr. 128.

6. Das gefährdende Tun als Grundlage einer Garantenstellung

punkten läßt sich die Garantenstellung in diesen Fällen nicht aufbauen. Es genügt auch nicht, sich nur auf den „sozialen Herrschaftsbereich" zu berufen. Dieser Begriff hat als Wertungsgesichtspunkt nicht die Stärke eines Leitfalles. Er gibt etwa in folgendem Falle kaum noch einen Richtpunkt: Ein Fabrikinhaber verhindert nicht, daß einer seiner Arbeiter in der Fabrikhalle gegen seine Ehefrau tätlich wird, die ihn dort kurz vor einem Scheidungstermin aufsucht. Der Ort der Tat erscheint hier so zufällig, daß man kaum eine enge Beziehung des Firmenchefs zu dem Geschehen nur deshalb herstellen würde, weil die Körperverletzung in der von ihm „beherrschten" Fabrikhalle verübt wurde. Hier eine Beihilfe durch Unterlassen zur Körperverletzung anzunehmen, wäre wohl abwegig. Ähnlich läge es, wenn der Kapitän eines Schiffes nicht dagegen einschritte, wenn seine Matrosen gegen Besucher tätlich werden, die das Schiff im Hafen für kurze Zeit betreten.

Von dem Grundfall der Verkehrssicherungspflicht aus gesehen, rückt auch *Henkels* Beispiel von der unterlassenen Hilfe gegenüber einem in Notwehr verletzten Einbrecher, der nun hilflos in der Wohnung des Angegriffenen liegt, an die äußerste Grenze der Garantenstellung. *Henkel* möchte hier eine Garantenstellung bejahen[50]. Warum sollte aber der Hauseigentümer dem Einbrecher gegenüber Garant sein, während er seinem Mieter gegenüber, der schwer erkrankt in seiner Wohnung liegt, sicherlich nicht Garant wäre? Die Garantenstellung gegenüber dem verletzten Einbrecher in der geschilderten Situation ist zumindest ein Zweifelsfall. Die große Entfernung vom Grundfall macht dies deutlich.

6.2.2 Gewerbe

Hier sind aus der Rechtsprechung mehrere Fälle bekannt, die mit der Garantenstellung aus vorangegangenem Tun gelöst wurden. Die Reihe beginnt mit dem Drucker und Verleger, der den Versand verbotener Flugschriften nicht vereitelt hat[51]. Es folgen die Urteile des RG über die verbotene Einfuhr von Pferdedärmen[52] und die verbotene Ausfuhr von Fahrrädern[53]. Der BGH erörtert im Zusammenhang mit der Ingerenz die Verletzung einer Devisenverordnung durch einen Warenverkehr und die Garantenstellung des Gastwirts[54].

---

[50] MonschrKrim. 1961/184 Anm. 13; ebenso *Maurach*, LB, AT, S. 517.
[51] RGSt. 18/96; vgl. oben S. 21.
[52] RGSt. 46/337; vgl. oben S. 29.
[53] RGSt. 58/130.
[54] BGH NJW 1953/1838; BGHSt. 4/20 und BGHSt. 19/152.

6.2 Grundfälle aus dem Bereich der Garantenstellung

Schröder knüpft eine Garantenstellung an die „Unterhaltung eines gefährlichen Betriebs"[55]. Die genannten Fälle aus der Rechtsprechung zeigen, daß dieser Anknüpfungspunkt zu einschränkend gefaßt wäre, wenn er für alle oben angeführten Fälle gelten sollte. Ein Verlag oder eine Fabrik zur Verarbeitung von Tierdärmen, auch eine Gastwirtschaft, sind keine typischerweise gefährlichen Betriebe.

Die Fälle, in denen die Gerichte die Garantenstellung aus vorangegangenem Tun herangezogen haben, kreisen um die Herstellung, den Vertrieb, den Ein- und Verkauf von Waren der verschiedensten Art. Sucht man in diesem Bereich nach einem eindeutigen Fall, der als Leitfall dienen könnte, so käme zum Beispiel der *Vertrieb gesundheitsschädlicher Lebens- oder Arzneimittel* in Betracht. In einem anderen Lande wurden einmal Büchsen mit „Speiseöl" verkauft, in denen sich tatsächlich aber Mineralöl befand. Viele Verbraucher starben nach der Verwendung des Mineralöls für Speisezwecke. Nimmt man hier an, daß der Inhaber des Geschäfts, in dem die Büchsen verkauft wurden, nachträglich von dem Hersteller, von Kunden oder durch eigene Nachforschungen erfuhr, daß in den Speiseölbüchsen Mineralöl war, und er es unterließ, die Käufer der Büchsen öffentlich zu warnen, so wird man an seiner Verantwortlichkeit für weitere Todes- und Krankheitsfälle kaum zweifeln. Auch ein Apotheker oder verantwortlicher Leiter einer Arzneimittelfirma, der ein Medikament vertrieben hat, von dem er später erfährt, daß es gesundheitsschädigend wirkt, wäre gegebenenfalls eines Tötungs- oder Körperverletzungsdelikt schuldig, wenn er das Präparat nicht unverzüglich aus dem Verkehr ziehen oder vor dem Verbrauch warnen würde. Solche Warnungs- und Aufklärungspflichten werden im täglichen Leben offenbar auch sehr ernst genommen. Im Sommer 1966 hat ein großes Automobilwerk, wie aus der Presse bekannt wurde, sämtliche Käufer der Serie eines bestimmten Wagentyps angeschrieben, nachdem sich herausgestellt hatte, daß, durch einen Konstruktionsfehler bedingt, eine Türe am Heck des Wagens von alleine aufsprang, wenn ein schweres Gepäckstück dagegenfiel. Dies konnte leicht geschehen, weil gerade vor dieser Türe der Gepäckraum angeordnet war. Aufgrund dieses zunächst unerkennbaren Mangels konnten Gepäckstücke plötzlich auf die Straße fallen und den nachfolgenden Verkehr erheblich gefährden. Das Werk hat sich offenbar für verpflichtet gehalten, diesen Gefahren zu begegnen, obwohl es mit dem sicherlich nicht geschäftsfördernden Eingeständnis verbunden war, daß diese Wagenserie einen Konstruktionsfehler aufwies.

---

[55] *Schönke-Schröder*, Kommentar, Vorb. z. AT, Rdnr. 124; ebenso *Rudolphi*, Gleichstellungsproblematik, S. 161.

6. Das gefährdende Tun als Grundlage einer Garantenstellung

Schon diese Fälle zeigen, daß es nicht genügt, die Garantenstellung an einen *verbotenen* Warenverkehr schlechthin anzuknüpfen. Im Falle des fehlerhaften Wagentyps zum Beispiel kämen als „Verbotsnormen" wohl nur die Bestimmungen des BGB über den Kaufvertrag in Betracht. Ob daraus ein Verbot, eine fehlerhafte Sache zu verkaufen, abzuleiten ist, ist zweifelhaft. Vor allem aber würde, wenn an das Verbot einer Warenabgabe schlechthin angeknüpft würde, die Garantenstellung zu stark ausgedehnt.

Nach *Rudolphi* trifft den Waffenhändler, der den Vorschriften über den Handel mit Waffen zuwider eine Waffe an einen Dritten veräußert, eine Garantenpflicht, wenn dieser sich anschickt, damit ein Verbrechen zu verüben[56]. Nach dem Waffengesetz dürfen Faustfeuerwaffen nur gegen Aushändigung eines Waffenerwerbsscheins überlassen oder erworben werden (§ 11 WaffG). Der Waffenerwerbsschein gilt für die Dauer eines Jahres, vom Tage der Ausstellung an gerechnet. Würde nun ein Waffenhändler einem Kunden ein Gewehr verkaufen und dabei übersehen, daß der vorgelegte Waffenerwerbsschein seit einem Tage abgelaufen ist, dann wäre er nach *Rudolphis* Ansicht Garant mit der Verpflichtung, alle möglichen Straftaten, die mit der Waffe begangen werden können (Mord, Körperverletzung, Nötigung, Erpressung, Raub, Wilderei), zu verhindern. Die Vorschriften über den Handel mit Waffen wären in diesem Falle verletzt gewesen. Diese Wertung läßt sich schwer nachvollziehen. Eine so ausschlaggebende Bedeutung für die strafrechtliche Bewertung kann der Waffenerwerbsschein nicht haben. Das Waffengesetz enthält eigene Strafbestimmungen, die in diesem Falle eingreifen. Möglich wären auch weitere gewerberechtliche Sanktionen. Aber eine Garantenstellung nur auf die Verletzung des Waffengesetzes zu stützen, dürfte nicht möglich sein. Nach *Rudolphi* wäre ein Waffenhändler sogar dann Garant, wenn der Käufer einen gültigen Waffenerwerbsschein zwar vorgelegt, aber nicht zu dem Vertrauen berechtigt hatte, er werde von der Waffe nur einen rechtmäßigen Gebrauch machen, zum Beispiel wenn er als Wilddieb bekannt gewesen sei[57]. M. E. sind diese Forderungen weit überspannt. Da dem Käufer ein Waffenerwerbsschein ausgestellt wurde, darf der Waffenhändler davon ausgehen, daß der Käufer zuverlässig ist. Der Waffenhändler muß nicht selbst Nachforschungen anstellen oder den Leumund des Kunden berücksichtigen. Selbstverständlich wäre es aber eine Beihilfe durch positives Tun, wenn der Kunde erklärt, er wolle ein Gewehr kaufen, um einen Mord zu begehen.

---

[56] *Rudolphi*, Gleichstellungsproblematik, S. 168.
[57] *Rudolphi*, a.a.O., S. 169.

6.2 Grundfälle aus dem Bereich der Garantenstellung

Die oben genannten Fälle aus der Rechtsprechung und die Grundfälle sind dadurch gekennzeichnet, daß das schädliche Ereignis eingetreten ist, ohne daß ein selbstverantwortlich handelnder Dritter mitgewirkt hat. In der „2. Gastwirtsentscheidung"[58] hat der BGH diesem Gesichtspunkt ausschlaggebende Bedeutung beigemessen: „Solange der Gastwirt verständlicherweise annehmen darf, der Gast sei noch fähig, selbstverantwortlich zu handeln, braucht er sich in dessen Tun oder Lassen in aller Regel nicht einzumischen; jedenfalls kann ihm keine derartige strafrechtlich erhebliche Pflicht auferlegt werden". Der Bereich der Garantenstellung beginnt demnach erst dort, wo die gewerbliche Tätigkeit Gefahren mit sich bringt, die *unerkennbar* („Speiseölbüchsen") oder *unabwendbar* (Fahrt eines Betrunkenen) sind und die *nicht* erst durch das *eigenverantwortliche Handeln eines Dritten* eintreten. Dabei braucht aber die Gefahr keine Leibes- oder Lebensgefahr zu sein. Es genügt, wie in dem Sachverhalt des RG-Urteils RGSt. 18/96 (vgl. oben Nr. 2.2.2), daß eine verbotene Flugschrift verbreitet oder sonst ein verbotener Erfolg erreicht wird (Verletzung eines Ausfuhrverbotes: RGSt. 58/130). Auch der Fall der Verletzung des Einfuhrverbotes (RGSt. 46/337; vgl. oben Nr. 2.2.4) fügt sich dem so verstandenen Bereich der Garantenstellung ein. Wenn sich das Einfuhrverbot nach dem Willen des Gesetzgebers auch auf schon bestellte Waren erstrecken sollte, wie es in dem konkreten Falle offenbar anzunehmen war, dann durfte der Gewerbetreibende dem Geschehen nicht einfach seinen Lauf lassen. Er mußte dann die Ware abbestellen, weil die ausländische Lieferfirma sich um das deutsche Einfuhrverbot nicht zu kümmern brauchte[59].

Für die Garantenstellung des Gewerbetreibenden, die sich an die Herstellung, den Vertrieb, den Ein- oder Verkauf von Waren der verschiedensten Art knüpfen kann, lassen sich demnach aus der „2. Gastwirtsentscheidung" des BGH (BGHSt. 19/152) allgemeine Kriterien entnehmen. Wenn die Gefahr nur durch das selbstverantwortliche Handeln eines Dritten realisiert werden kann, ist eine Garantenstellung des Gewerbetreibenden nicht gegeben. Auf die Fälle, in denen das „gefährdende Tun" in der Übergabe von Tatwaffen (Revolver, Gift) besteht, wird im übrigen unten noch besonders eingegangen.

Abschließend sei darauf hingewiesen, daß für den Gewerbetreibenden noch unter anderen Gesichtspunkten Garantenpflichten entstehen können. Einmal kann die Verkehrssicherungspflicht und die Pflicht,

---

[58] BGHSt. 19/152, vgl. oben S. 36 f.
[59] Gegen eine Garantenstellung in diesem Falle *Rudolphi*, Gleichstellungsproblematik, S. 174/175, weil ein rechtmäßiges Tun niemals eine Garantenstellung begründen könne.

6. Das gefährdende Tun als Grundlage einer Garantenstellung

gefährliche Anlagen zu überwachen und abzusichern, den Gewerbetreibenden treffen. Auf das hierzu Gesagte kann verwiesen werden. Zum andern können sich Garantenpflichten daraus ergeben, daß der Gewerbetreibende in gewissem Umfang für das Wohl seiner Arbeitnehmer zu sorgen hat. Ein Grundfall ließe sich hier vielleicht aus dem „Ziegenhaarfall" (RGSt. 63/211) entwickeln, in dem ein Arbeitgeber seinen Arbeitern nicht desinfizierte Ziegenhaare übergeben hatte, damit sie sie zu Pinseln verarbeiteten. Einige Arbeiter infizierten sich mit Milzbrandbakterien und starben. Ein vorsätzliches Tötungsdelikt durch Unterlassen läge hier z. B. vor, wenn der Arbeitgeber den Arbeitern die Ziegenhaare in Unkenntnis der Infektionsgefahr übergeben und danach erfahren hätte, daß die Haare mit Milzbrandbakterien infiziert waren, trotzdem aber nichts unternommen hätte, obwohl eine Infektion noch hätte verhindert werden können. Im Bereich der Fürsorgepflicht des Arbeitgebers sind demnach noch Garantenfälle denkbar.

6.2.3 Mobile Gefahrenquellen

Als anschaulichster Garant in diesem Bereich der Garantenstellung aus vorangegangenem Tun kann der *Tierhalter* gelten. Dabei wird man den Grundfall am besten mit dem praktisch wichtigsten Beispiel, dem Hundehalter, bilden. Wer seinen bissigen Hund nicht sicher verwahrt, so daß er andere anfallen kann, begeht eine fahrlässige oder sogar vorsätzliche Körperverletzung[60]. Die Begründung, die das OLG Bremen in einem solchen Falle mit der Garantenstellung aus vorangegangenem Tun gegeben hat, wirkt gekünstelt und umständlich. Man konstruierte eine „gefährdende Duldung", die darin bestanden haben sollte, daß der Mann die Aufnahme des Hundes in die Wohnung duldete[61]. Die einzige Frage in diesem Falle ist aber wohl, ob der Mann alleine oder neben seiner Frau, die den Hund geschenkt bekommen hatte, Tierhalter war. Das kann er auch durch ein konkludentes Verhalten, zum Beispiel durch Bestreiten der Unterhaltungskosten für das Tier, geworden sein. War er Tierhalter, dann mußte er wegen fahrlässiger Körperverletzung bestraft werden, wenn er den Hund nicht sicher verwahrte.

Der BGH hat in einem Falle eine Garantenstellung des *Fahrzeughalters* bzw. des „verantwortlichen Fahrers" angenommen, weil er nicht verhindert hatte, daß ein Betrunkener, der zudem fahrunkundig

---

[60] OLG Bremen NJW 57/72; vgl. oben S. 32.
[61] Eine Garantenstellung des Tierhalters bejahen ausdrücklich: *Baumann*, LB, S. 227; *Henkel*, MonschrKrim. 1961/190; *Mezger-Blei*, StB, AT, S. 84; *Schönke-Schröder*, Komm., Vorb. z. AT, Rdnr. 124.

6.2 Grundfälle aus dem Bereich der Garantenstellung

war, das Steuer ergriff und sich zu Tode fuhr[62]. Dieser Fall steht dem des nachlässigen Tierhalters sehr nahe, weil auch hier das gefährliche Objekt gleichsam nicht richtig verwahrt worden ist. Eine Garantenstellung ist deshalb zu bejahen[63]. Was die Entscheidung des BGH in dem konkreten Falle bedenklich erscheinen läßt, ist nicht die Begründung, die für die Garantenstellung gegeben wird, sondern die Tatsache, daß der Angeklagte seinen Vorgesetzten hätte hindern sollen, die Führung des Dienstwagens zu übernehmen. Der Vorgesetzte hatte dem Angeklagten gegenüber aber wohl das bessere Recht, über den Dienstwagen zu verfügen. Bei diesem Urteil dürfte jedoch die „Beweisnot" eine Rolle gespielt haben. Der Angeklagte war der einzige Überlebende des Unfalls, und es konnte nicht mit letzter Sicherheit geklärt werden, wer den Wagen gefahren hatte. Es lag nahe, daß der Angeklagte gefahren war und nun versuchte, die Schuld auf seinen toten Chef abzuwälzen. Dieser Umstand könnte die Entscheidung mitgetragen haben.

Im Grundfall des nachlässigen Hundehalters ist das Tier in der ihm eigentümlichen Weise gefährlich geworden. Weil das Tier nicht sicher verwahrt worden ist, konnte es andere anfallen. Eine dem Tier eigentümliche Gefahr wäre auch, wenn es in die Fahrbahn eines Autos liefe und dadurch eine Verletzung des Fahrers verursachte. Es fragt sich nun, ob sich der Bereich der Garantenstellung dahin erweitern läßt, daß der Tierhalter auch dann Garant ist, wenn das Tier nur als Sache in einer ihm nicht eigentümlichen Weise gefährlich geworden ist. Hierzu läßt sich folgender Fall denken: Ein Hundehalter geht mit seinem Hunde, den er fest angeleint hat, ordnungsgemäß am äußersten Rande einer Fahrstraße. Ein Fahrzeug, das verkehrswidrig ganz dicht an dem Spaziergänger vorbeifährt, erfaßt den Hund und schleudert ihn mitten auf die Straße. Dabei wird das Tier getötet. Der Eigentümer räumt den Hund nicht sofort weg. Ein Motorradfahrer, der kurz darauf heranfährt, stürzt über das Hindernis und verletzt sich schwer.

Aus dem Gesichtspunkt der mangelhaften Verwahrung des Tieres ließe sich hier eine Garantenstellung des Hundehalters nicht rechtfertigen. Hier ist es überhaupt überflüssig, nach den Tierhalterpflichten zu fragen, denn es hätte genauso gut ein großer Koffer

---

[62] VRS 14/197; vgl. oben S. 40.
[63] Eine Garantenpflicht des Kfz-Halters, die Benutzung durch Fahrunkundige oder Betrunkene zu verhindern, nehmen auch an: *Henkel*, MonschrKrim. 1961/190; *Meyer-Bahlenburg*, Beitrag, S. 89 u. 91; *Schönke-Schröder*, Komm., Vorb. z. AT, Rdnr. 124. *Rudolphi*, Gleichstellungsproblematik, S. 129 begründet die Garantenstellung in diesem Falle unmittelbar mit dem gefährdenden Tun.

sein können, der dem Fußgänger entrissen wurde. In unserem Beispiel könnte die Garantenstellung nur an das Eigentum bzw. den Besitz an der Sache geknüpft werden. In der Tat nimmt *Schröder* an, daß der *Eigentümer oder Besitzer einer Sache* als Garant verpflichtet sei, Schäden zu verhindern, die er durch Beachtung möglicher und zumutbarer Sorgfalt abwenden könne[64]. Dem Spaziergänger wäre es möglich und zumutbar gewesen, das ihm gehörende tote Tier oder den anderen Gegenstand sogleich von der Fahrbahn wegzuräumen. Nach *Schröder* wäre er deshalb Garant, wenn er dies unterließe. Auch wenn man in diesem Falle keine Garantenstellung annehmen würde, wäre es strafbar gewesen, den Gegenstand nicht wegzuräumen. Der tote Hund oder der Koffer auf der Fahrbahn bildeten eine Gemeingefahr. Jedermann wäre daher verpflichtet gewesen, sie zu beseitigen (§ 330 c StGB). Es würde demnach keine Strafbarkeitslücke entstehen, wenn der Eigentümer nicht Garant wäre.

Bei der eingangs beschriebenen Verwahrungspflicht des Tierhalters und bei der Verkehrssicherungspflicht sind ähnliche Gesichtspunkte im Spiel. Ein Grundstück, auf dem ein Verkehr eröffnet ist, und ein Tier können wegen ihrer natürlichen Eigenschaften Gefahren für andere heraufbeschwören. Der Eigentümer ist als Garant verpflichtet, diesen typischen Gefahren zu begegnen. Anders liegt es bei einem Koffer, der auf die Straße gefallen ist. Ein Koffer ist kein Gegenstand, von dem typischerweise Gefahren ausgehen können und den der Eigentümer deshalb besonders verwahren oder überwachen müßte. Damit entfällt das wesentliche Moment, das die Garantenstellung des Grundstückseigentümers, wenn er die Verkehrssicherungspflicht verletzt, und des Tierhalters, wenn er das Tier nicht verwahrt, begründet. Als Anknüpfungsmoment bliebe nur das bloße Eigentum an der Sache. Wäre der Eigentümer aber ohnehin in jedem Falle verpflichtet, allen Gefahren zu begegnen, für deren Entstehung eine ihm gehörige Sache mitursächlich war, dann wäre es nicht erforderlich gewesen, eine besondere Verkehrssicherungspflicht und eine Tierhalterpflicht, die auch *Schröder* anerkennt, zu schaffen. Diese Pflichten würden dann in der allgemeinen Pflicht des Eigentümers, seine Sachen gefahrlos zu halten, aufgehen. Eine solch allgemeine Pflicht des Eigentümers besteht aber nur in polizeilicher Hinsicht. Es ist kein Grund ersichtlich, warum im Strafrecht eine unbeschränkte und alles umfassende Verantwortlichkeit des Eigentümers für seine Sachen angenommen werden sollte. Die zweifelsfreien Garantenfälle, Verletzung der Verkehrssicherungspflicht und ungenügende Verwahrung eines gefährlichen Tieres, zeigen spezielle Gesichtspunkte, die nicht auf eine

---

[64] *Schönke-Schröder*, Kommentar, Vorb. z. AT, Rdnr., 125.

6.2 Grundfälle aus dem Bereich der Garantenstellung

reine Eigentümerhaftung hinauslaufen. Der Eigentümer eines Autos zum Beispiel würde daher keine Garantenpflicht verletzen, wenn er sein Auto, das von einem anderen Auto ohne sein Zutun auf die Fahrbahn geschoben wurde, nicht beseitigt. Hier läge keine Gefahr vor, die typischerweise von einem Auto ausgehen kann, und der der Halter deshalb begegnen müßte. Hier käme nur eine Strafbarkeit nach § 330 c StGB in Betracht. *Schröder* dagegen würde eine Garantenstellung aus Eigentum annehmen[65].

Mit dem Gedanken einer mangelhaften Verwahrung einer gefährlichen Sache läßt sich nicht begründen, daß der *Autofahrer*, der einen anderen verletzt hat, Garant ist. Der Grundfall ist zu weit entfernt. Aber noch ein anderes Argument spricht gegen eine Garantenstellung in diesem Falle. Oben war über zwei Urteile zu berichten, in denen die Gerichte einer Garantenstellung nach einer vorsätzlichen Körperverletzung, die zum Tode des Verletzten geführt hatte, offensichtlich ausgewichen sind. Es handelt sich um den Fall des Messerstechers, der auf einen anderen grundlos einstach und sich nachher um den Schwerverletzten nicht kümmerte[66], und um den Fall des Bäckergehilfen, der seinem Arbeitskollegen einen Faustschlag versetzte, so daß dieser in die Teigmaschine taumelte und dort erstickte[67]. Beide Angeklagten wurden nur wegen Körperverletzung mit Todesfolge verurteilt. Auf den ersten Blick muß dies überraschen, weil ein gefährdendes Tun kaum einmal so nahe lag wie in diesen beiden Fällen. Wenn es schon eine Garantenstellung aus vorangegangenem Tun gibt, so müßte sie, sollte man meinen, in diesen Fällen am ehesten eingreifen. Diese beiden Gerichtsentscheidungen lassen sich wohl nicht allein damit erklären, daß hier das „Strafbedürfnis" auch ohne die Konstruktion eines Unterlassungsdelikts befriedigt werden konnte. Der tiefere Grund dürfte gewesen sein, daß die Gerichte in dem Tatgeschehen in beiden Fällen typische Körperverletzungen mit Todesfolge sahen. Jedenfalls entfernten sich die Verhaltensweisen der Täter nicht soweit von dem, was man sich unter einer Körperverletzung mit Todesfolge vorstellt, daß dieser Tatbestand offensichtlich nicht mehr paßte. Der § 226 StGB schöpft den Unwert dieses Verhaltens, was die Verantwortung für den Tod angeht, noch aus. Deshalb dürften die Gerichte einem vorsätzlichen Tötungsdelikt ausgewichen sein. Ähnlich liegt es bei der Fahrerflucht. Die Gleichgültigkeit gegenüber dem Schicksal des Verkehrsopfers, die der Fliehende an den Tag legt, ist durch die tateinheitlich zusammentreffenden Strafnormen der §§

---

[65] *Schönke-Schröder*, Kommentar, Vorb. z. AT, Rdnr. 125.
[66] BGHSt. 14/282; vgl. oben S. 23.
[67] OGHSt. 1/357; vgl. oben S. 24 f.

6. Das gefährdende Tun als Grundlage einer Garantenstellung

142, 330 c StGB schon erfaßt. Für „besonders schwere Fälle" ist der Strafrahmen in § 142 StGB bis zu 15 Jahren Zuchthaus ausgedehnt. Der Fahrer, der den Verletzten im Stich läßt, obwohl er daran denkt, daß er vielleicht sterben werde, wenn er ihm nicht helfe, hält sich noch im Rahmen des Tatgeschehens einer besonders schweren Unfallflucht. Hätte der BGH die beiden Urteile, in denen er ein vorsätzliches Tötungsdelikt angenommen hat[68] damit begründet, daß die Angeklagten ganz offenkundig „mehr" als eine schwere Unfallflucht begangen hatten, so könnte man diese Urteile eher gelten lassen. So aber überzeugen sie nicht, weil die Entscheidungen nur auf dem Wege der Deduktion aus dem Garantenbegriff des gefährdenden Tuns gewonnen erscheinen. Die Fälle, in denen der BGH keine Garantenstellung des Fliehenden erwogen hat[69], unterscheiden sich jedenfalls nicht so wesentlich von diesen, daß eine derart unterschiedliche Bewertung einleuchtend wäre[70].

Das Problem der Garantenstellung des Kraftfahrers, der einen anderen im Straßenverkehr verletzt hat, läßt sich noch von einer anderen Seite beleuchten. Stellt man sich vor, daß nicht ein Autofahrer einen Fußgänger verletzt, sondern ein Zugführer schuldhaft auf einem Bahnübergang ein Auto angefahren hat, wobei die Insassen des Autos verletzt wurden, so erscheint das Garantenproblem in einem anderen Licht. Kümmert sich hier der Zugführer nicht um die Verletzten, so wird man nicht sofort an eine Garantenpflicht denken. Man verbindet mit diesem Unglücksgeschehen sogleich die Vorstellung, daß hier noch viele andere Personen anwesend sind, die helfen können, wenn der Zug anhalten muß, zum Beispiel hunderte Fahrgäste des Zuges und das übrige Zugpersonal. Der Zugführer fällt in diesem Überangebot an hilfsbereiten und -fähigen Personen nicht auf. Man kann auf diesen Garanten ohne weiteres verzichten. Was demnach die Garantenstellung des Autofahrers in der Regel so dringlich erscheinen läßt, ist die Tatsache, daß er meist der *einzige* ist, der rechtzeitig und wirksam helfen könnte. Die Fälle, in denen der BGH eine Garantenstellung des Kraftfahrers angenommen hat, zeigen dies anschaulich. Eine „Monopolstellung" des Autofahrers läßt offenbar sofort an eine Garantenstellung denken[71]. Es ist aber mit dem geltenden Recht nicht zu ver-

---

[68] BGHSt. 7/287; vgl. oben S. 12; BGH VRS 13/120; vgl. oben S. 12 f.

[69] BGH VRS 14/194; vgl. oben S. 14 f.; BGHSt. 12/253; 18/6; BGH VRS 17/185; BGH VRS 22/271 vgl. oben S. 16.

[70] Gegen Garantenstellung: *Welzel*, LB, S. 195. Für Garantenstellung: *Gallas*, Niederschriften Bd. 12, S. 82, der jedoch anfügt, die Garantenstellung sei nicht selbstverständlich; *Rudolphi*, Gleichstellungsproblematik, S. 103; *Granderath*, Rechtspflicht, S. 198.

[71] Unter dieser Voraussetzung bejaht *Bockelmann*, Niederschriften Bd. 12, S. 477 eine Garantenstellung des Autofahrers.

6.2 Grundfälle aus dem Bereich der Garantenstellung

einbaren, daß eine Garantenstellung nur damit begründet wird, der Unterlassende habe ein „Hilfemonopol" gehabt[72].

6.2.4 Einschließung eines anderen

Das Urteil des RG, das einen Fall der Einschließung betrifft[73], sagt nichts darüber, wo der Angeklagte die Frau eingeschlossen hat. Das RG hat dies zu Recht für unerheblich gehalten. Es wäre zu eng, wenn die Befreiungspflicht nur für das eigene Haus oder die Wohnung des Einschließenden gelten würde. Dort besteht sie auch unabhängig davon, wer den anderen eingeschlossen. Der „Hausherr" macht sich einer Freiheitsberaubung schuldig, wenn er einen in seinem Hause Eingeschlossenen nicht befreit[74]. Dasselbe gilt für einen Angestellten (Hausmeister, Pedell), dem die Sorge für die Ordnung im Hause übertragen ist. Aber auch der, der einen anderen in seinem eigenen (des Eingeschlossenen) Raume, zum Beispiel in einem einsamen Wochenendhaus, einschließt, begeht eine vorsätzliche Freiheitsberaubung und eventuell ein Körperverletzungs- oder Tötungsdelikt, wenn er ihn wissentlich nicht befreit. Die strafrechtliche Beurteilung dieses Falles läßt offenbar keine Zweifel aufkommen. Es ist weder eine Gerichtsentscheidung noch eine Äußerung im Schrifttum bekannt, wonach in diesem Falle keine Garantenstellung anzunehmen wäre. Der *Fall der Einschließung* ist deshalb wohl als *selbständiger Grundfall* anzusehen.

Sucht man zu ergründen, worauf dieses offenbar eindeutige Werterlebnis beruht, so muß man sich die wesentlichen tatsächlichen Momente vor Augen führen. Der Grundfall der Einschließung schildert eine einzigartige Situation. Man kann sich kein anderes Geschehen vorstellen, in dem sämtliche Elemente dieses Geschehens wiederkehren. Der Fall der Einschließung lehnt sich eher an die Garantenfälle aus enger Verbundenheit oder aus Übernahme einer Schutzposition an — schon *Stübel* nannte ihn in diesem Zusammenhang[75] — als an die bisher erörterten Garantenfälle aus dem Bereich der Ingerenz. Die Einschließung schafft eine Beziehung, die andauern kann. Der Eingeschlossene ist von der Fürsorge des andern fast ebenso abhängig wie das Kind von der Mutter. In diese Fürsorgestellung ist der Einschließende zwar ungewollt eingetreten, indem er sie aber aufrechterhält, gibt er zu erkennen, daß er sie weiterhin bewußt ausüben möchte. Es mag sein, daß die nahe Verwandtschaft zu den eindeutigen

---

[72] Vgl. dazu oben S. 116.
[73] RGSt. 24/339; vgl. oben S. 27.
[74] Vgl. oben S. 130.
[75] Vgl. oben S. 48 f.

6. Das gefährdende Tun als Grundlage einer Garantenstellung

Leitfällen der Garantenstellungen aus enger Verbundenheit und aus Übernahme einer Schutzposition die Bewertung des Falles der Einschließung so zweifelsfrei erscheinen läßt.

Wegen der einmaligen Umstände dieser Situation ist der Grundfall der Einschließung nicht erweiterungsfähig. Die totale Abhängigkeit eines Menschen von der Hilfe eines anderen allein genügt nicht, um eine Garantenstellung zu begründen. Wer einen anderen versehentlich ins Wasser stößt und dann zusieht, wie er langsam ertrinkt, ist nicht deshalb Garant, weil der Ertrinkende von ihm total abhängig ist. Das Hilfemonopol allein begründet keine Garantenstellung. Der Fall liegt nicht anders als der des Kraftfahrers, der einen anderen lebensgefährlich verletzt hat, und der der einzige ist, der ihm helfen könnte, weil nur er um die Gefahr weiß oder an der Unfallstelle anwesend ist. Der Grundfall der Einschließung unterscheidet sich von diesen Fällen dadurch, daß eine Beziehung geschaffen ist, die andauern kann.

6.2.5 Übergabe von Tatwaffen

Einen Fall, in dem das gefährdende Tun in der Übergabe einer Tatwaffe lag, schildert der Sachverhalt des Urteils BGHSt. 11/353[76]. Der Angeklagte hatte einem anderen ein Messer gegeben, mit dem dieser „kurz nachher" einen Dritten schwer verletzte. Der Angeklagte kümmerte sich um den Verletzten nicht. Der BGH stellt in seinem Urteil zwar fest, daß der Angeklagte eine Erfolgsabwendungspflicht gehabt habe, weil er dem Täter das zur Tat benutzte Taschenmesser kurz vorher überlassen habe, wertet dann aber das Verhalten des Angeklagten doch nur als unterlassene Hilfeleistung im Sinne des § 330 c StGB. Warum der BGH, obwohl er eine Erfolgsabwendungspflicht für gegeben hielt, doch kein unechtes Unterlassungsdelikt annahm, geht aus dem Urteil nicht hervor. Dem Urteil ist m. E. darin beizupflichten, daß ein unechtes Unterlassungsdelikt *nicht* angenommen wurde[77].

Man könnte in diesem Falle am ehesten eine Anlehnung an den Tierhalter oder Fahrzeughalter suchen und eine Garantenstellung daraus herleiten, daß das gefährliche Werkzeug nicht genügend verwahrt wurde. Die Fälle unterscheiden sich aber doch. Ein bissiger Hund ist schon an und für sich gefährlich, er wird es nicht erst durch den verbrecherischen Willen eines anderen. Auch ein Auto in der Hand eines völlig Betrunkenen oder Fahrunkundigen kann eine Gemein-

---

[76] Vgl. oben S. 30 f.
[77] Ebenso *Schönke-Schröder*, Kommentar, Vorb. z. AT, Rdnr. 121; *Rudolphi*, Gleichstellungsproblematik, S. 123.

6.2 Grundfälle aus dem Bereich der Garantenstellung

gefahr heraufbeschwören, ohne daß der Fahrer Böses beabsichtigt. Ein Messer aber ist kein gemeingefährlicher Gegenstand. In der Weise, wie das Messer in dem dem Urteil des BGH[78] zugrunde liegenden Sachverhalt gefährlich wurde, können viele Gegenstände gefährlich werden. Jemand kann in einer Gastwirtschaft einen Stuhl ergreifen und damit auf einen anderen eindringen. Sollte dann der Gastwirt Garant sein, weil ihm der Stuhl gehört? Das Eigentum an der Tatwaffe genügt als Grundlage einer Garantenstellung offensichtlich nicht. Es kann keinen Unterschied ausmachen, ob jemand zuläßt, daß ein ihm gehöriger Gegenstand auf der Straße liegt und den Verkehr gefährdet[79], oder ob er zusieht, wie ein anderer eine Latte von seinem (des Zusehenden) Zaun reißt und damit auf einen Dritten losgeht. Im ersteren Falle verneinen wir eine Garantenstellung, weil das bloße Eigentum an der Sache keine unbeschränkte und alles umfassende Verantwortlichkeit des Eigentümers für alle Gefahren begründe, die mit der Sache irgendwie zusammenhängen[79]. Im zweiten Falle kann nichts anderes gelten. Zu weitgehend dürfte auch hier die Ansicht von *Schröder* sein, der zum Beispiel eine Garantenstellung annimmt, wenn der Eigentümer es geschehen läßt, daß seine Axt auf dem Hofe von einem Dritten zu einem Mordversuch gebraucht wird[80]. *Schröders* Beurteilung dieses Geschehens paßt auch nicht recht zusammen mit der Meinung, die er für die Fälle vertritt, in denen jemand einem anderen Tatwaffen überlassen hat. Wer einem anderen ein Messer leihe, sei nicht verpflichtet, einzuschreiten, falls er bemerke, daß der andere das Messer benutze, um eine Körperverletzung zu begehen[81]. Nach *Schröders* Meinung wäre der Eigentümer daher nicht Garant, wenn er die Axt dem anderen zum Holzspalten ausgeliehen hätte, er wäre aber Garant, wenn jener die Axt eigenmächtig von dem Hof geholt hätte, um einen anderen umzubringen. Diese grundlegend verschiedene Bewertung leuchtet nicht ein.

Das RG hat in einem Falle, in dem eine Frau einem verheirateten Manne Gift übergeben hatte, mit dem dieser dann seine Frau tötete, nur ein Fahrlässigkeitsdelikt geprüft[82]. Der Angeklagten war nicht nachzuweisen, daß sie bei der Übergabe des Giftes wußte, wozu es der Mann verwenden wollte. Ein Unterlassungsdelikt wird in dem Urteil nur kurz unter dem Blickwinkel des § 139 StGB (Nichtanzeige eines drohenden Verbrechens) gestreift. An ein unechtes Unterlassungs-

---
[78] BGHSt. 11/353.
[79] Vgl. oben S. 138 f.
[80] *Schönke-Schröder*, Kommentar, Vorb. z. AT, Rdnr. 125.
[81] *Schönke-Schröder*, Kommentar, Vorb. z. AT, Rdnr. 121.
[82] RGSt. 64/370.

delikt dachte das RG offenbar nicht. Dieses Urteil zeigt, daß eine Verantwortlichkeit des Hintermannes durchaus bestehen kann, auch wenn derjenige, der einem anderen ein Tatwerkzeug überlassen hat, nicht als Garant angesehen wird. Sein Verhalten bleibt unter dem Gesichtspunkt eines fahrlässigen Begehungsdelikts strafrechtlich erheblich. Zur Erläuterung der heute aufgegebenen Lehre, daß der Kausalzusammenhang unterbrochen werde, wenn ein Dritter vorsätzlich eintrete[83], wurden einst Beispiele gegeben, die als Schulfälle für die Überlassung von Tatwaffen anzusehen sind. Ein Jäger hängt sein geladenes Gewehr an die Wand des Wirtshaustanzsaales, wo junge Burschen miteinander im Wortwechsel sind und jeden Augenblick tätlich werden können. Einer der Wortführer ergreift das Gewehr und legt auf einen anderen an. Oder: Ein Arzt läßt ein schnellwirkendes Gift unverschlossen in seinem Medikamentenschrank stehen. Seine Sprechstundenhilfe entwendet es und will damit einen Mord begehen[84]. Wenn in diesen Fällen der Jäger oder der Arzt den Erfolg abwenden, so machen sie die Folgen ihrer eigenen Nachlässigkeit unschädlich. Sie üben „tätige Reue". Gelingt es ihnen, eine schädliche Entwicklung des Geschehens zu verhindern, so können sie nicht bestraft werden. Bleiben sie aber untätig, so sind sie für den Erfolg verantwortlich. Sie haben eine engere Beziehung zu dem Geschehen als irgendein beliebiger Dritter, der ebenfalls die Möglichkeit hat, den Erfolg abzuwenden. Aber ihre enge Beziehung zu dem Geschehen besteht eben doch *nur* darin, daß der Erfolg auf ihre eigene Nachlässigkeit zurückgeht. Diese Tatsache allein macht sie aber noch nicht zu Garanten. Ein ordentlicher Mensch tut zwar alles, um etwaige Folgen seiner Nachlässigkeit abzuwenden. Wenn er aber diesen Folgen nicht entgegentritt, so ist noch nicht gesagt, daß er dann einem anderen gleichsteht, der diesen Erfolg vorsätzlich herbeigeführt hat. Würde man jede beliebige Tätigkeit, die sich später einmal als förderlich für ein strafbares Tun eines anderen erweist, zur Grundlage einer Garantenstellung nehmen, so wäre die Strafbarkeit wegen unechter Unterlassungen uferlos ausgeweitet. Anstifter und Gehilfen wären in den meisten Fällen eines unechten Unterlassungsdelikts schuldig, dann nämlich, wenn sie die Möglichkeit hatten, die von ihnen angestiftete oder unterstützte Tat noch zu verhindern.

Bei der Überlassung von Tatwaffen sind in Anlehnung an die bisher herausgestellten Grundfälle aber auch *garantenbegründende Situationen* denkbar. Wer einem Kind einen geladenen Revolver in die Hände gibt, ist Garant, wenn er nicht vereitelt, daß das Kind auf jemanden

---

[83] Zur Lehre vom „Regreßverbot": *Frank*, StGB, S. 14.
[84] Vgl. dazu *Maurach*, LB, AT, S. 175.

schießt. Er verletzt hier eine Verwahrungspflicht, ähnlich wie der Tierhalter. Nur im Hinblick auf das eigenverantwortliche Handeln eines Dritten ergibt sich keine Garantenstellung. Aber auch bei der *Überlassung von Tatwerkzeugen an Kinder und Geisteskranke* bedarf die Garantenstellung einer Einschränkung. Nur wer einem Kind ein Werkzeug in die Hand gibt, das ihm erfahrungsgemäß nicht ohne Aufsicht überlassen werden kann, ist Garant. Wer zum Beispiel einem älteren Kind einen bunten Stein schenkt, ist nicht Garant, wenn das Kind den Stein nach einem Spielkameraden schleudern will. Ebenso ist der Bauer nicht Garant, wenn er zusieht, wie ein Kind von seinem Hofe einen Stock holt und damit ein anderes Kind schlägt. Anders wäre es aber, wenn ein Schlachter zuläßt, daß ein Kind ein langes Schlachtermesser ergreift und damit einen Spielkameraden verletzen will. Die Garantenstellung ist auch hier nicht eine bloße Eigentümerhaftung. Der ausschlaggebende Gesichtspunkt ist die *Verletzung einer Verwahrungspflicht*. Gegenstände, die wegen ihrer Gefährlichkeit vor Kindern und Geisteskranken verwahrt zu werden pflegen, dürfen solchen Personen nicht überlassen werden. Ob die Eltern oder Aufsichtspersonen des Kindes oder Geisteskranken weitergehende Garantenpflichten haben, soll hier offen gelassen werden. Der entscheidende Wertaspekt wäre dann ein anderer Gesichtspunkt. Die oben genannten Garantenpflichten dagegen hat jeder, der ein gefährliches Werkzeug, das verwahrt zu werden pflegt, einem Kinde oder Geisteskranken überläßt.

Auch jemand, der sich in einem Irrtum befindet, kann strafrechtlich unter Umständen für sein Handeln nicht zur Verantwortung gezogen werden. Überläßt z. B. jemand einem anderen einen Revolver, mit dem dieser das schnelle „Ziehen" und Anlegen der Waffe auf einen Dritten üben will, und versichert er ihm, daß die Waffe ungeladen sei, so ist er Garant, wenn doch ein Schuß in der Trommel steckt. Erkennt er nach Übergabe der Waffe die Gefahr und fällt er dem anderen nicht augenblicks in den Arm, so wäre er der vorsätzlichen Tötung schuldig, wenn der Dritte tödlich getroffen würde. Auch in diesem Falle hätte er die Verwahrungspflicht des Waffenbesitzers verletzt. Nur bei eigenverantwortlichem Handeln des Schießenden entfiele die Garantenstellung des Waffenbesitzers.

6.2.6 Meineidsbeihilfe

Die Meineidsbeihilfe durch Unterlassen ist das problematischste Kapitel der Rechtsprechung zur Garantenstellung aus vorangegangenem Tun. Die Rechtsprechung behandelt folgende Situation als Grundfall: In einem Scheidungsrechtsstreit bestreitet eine Partei wahrheits-

6. Das gefährdende Tun als Grundlage einer Garantenstellung

widrig, mit einem Dritten Ehebruch getrieben zu haben. Auf Antrag einer Partei, gleich welcher, wird der Ehebruchspartner, mit dem die Partei noch während des Scheidungsrechtsstreits in ehewidrigen Beziehungen steht, als Zeuge vernommen. Vor den Ohren der Partei, mit der er den Ehebruch begangen hat, leugnet der Zeuge unter Eid eine geschlechtliche Beziehung. Die Partei läßt den Meineid geschehen[85].

Dieser Grundfall wurde der Rechtsprechung nicht etwa durch den Garantenbegriff des „vorangegangenen gefährdenden Verhaltens" aufgezwungen. Im Bereich der Meineidsbeihilfe durch Unterlassen haben sich die Gerichte eine beträchtliche Freiheit in der Anwendung dieser Garantenstellung bewahrt. Die Elastizität bei der Urteilsfindung ermöglichte der Begriff der „besonderen, dem Prozeß nicht mehr eigentümlichen (inadäquaten) Gefahr der Falschaussage"[86], oder ähnliche Formulierungen. Der Begriff selbst ist nichtssagend, er zwingt aber deshalb auch keine Entscheidungen auf. Unter seinem Schutz konnte sich die Kasuistik fast unbehindert entwickeln. Um so mehr sollte man erwarten können, daß es der Rechtsprechung gelungen sei, Ungleiches zu trennen und nur wirklich Gleiches gleich zu behandeln. Gerade das ist aber nicht zu erkennen. Im Grundfall der Rechtsprechung sind keine Merkmale zu finden, die nicht auch in einem viel größeren Kreis von Fällen vorliegen würden. Auf diese Fälle ist aber die Strafbarkeit der Meineidsbeihilfe durch Unterlassen nicht erstreckt worden.

Nach der Rechtsprechung soll die noch während des Scheidungsprozesses weitergeführte ehewidrige Beziehung zu einem Dritten die nicht prozeßangemessene Gefahr schaffen, daß der Dritte einen Meineid schwört[85]. Der Grad der Gefahr für einen Meineid wird hier offenbar nach der Stärke des Motivs, die Unwahrheit zu sagen, bemessen. Die ehewidrige Beziehung begründet ein enges, wenn auch sittlich nicht gerechtfertigtes Verhältnis zwischen den Partnern. Dieses Verhältnis verpflichtet den Zeugen „moralisch", die unwahren Angaben der Partei durch einen Meineid zu bekräftigen. Der Zeuge (in der Regel die Zeugin) hat eventuell auch ein eigenes Interesse, den Ehebruch zu verschweigen. Der Eheschließung mit der Partei nach der Scheidung könnte sonst das Ehehindernis des Ehebruchs (§ 6 EheG) entgegenstehen, oder der schuldig geschiedene Ehegatte könnte durch Unterhaltsverpflichtungen belastet werden (§ 58 EheG). Schließlich kann ihn auch ein Schamgefühl oder die Furcht, wegen Ehebruchs bestraft zu werden, davon abhalten, die Wahrheit zu sagen. Aus dieser Zwangslage befreit sich der Zeuge durch den Meineid.

---

[85] Vgl. z. B. BGHSt. 14/229; oben S. 27.
[86] BGHSt. 4/327, 330 (der Begriff kommt in der dort zitierten Entscheidung BGHSt. 2/129 nicht vor).

6.2 Grundfälle aus dem Bereich der Garantenstellung

In einer ähnlich dringlichen Zwangslage kann sich aber auch ein Zeuge befinden, der nicht in einer ehewidrigen Beziehung zu der Partei steht. Wenn man schon der sittlich mißbilligten Beziehung eine „verpflichtende", zum Meineid drängende Wirkung zuerkennt, dann muß man dies erst recht der sittlich einwandfreien Beziehung zubilligen (z. B. der Verwandtschaft, Ehe, Freundschaft oder dem Arbeitsverhältnis). Ein Zeuge kann in dem Prozeß einer Partei, zu der er in einem der genannten Verhältnisse steht, ebenso wie die Ehebruchspartnerin im Zwiespalt sein, ob er die unwahren Angaben „seiner" Partei unterstützen oder die Wahrheit bekennen soll. Auch ein eigenes Interesse des Zeugen ist in diesen Fällen denkbar. Ein Angestellter kann zum Beispiel seine Stellung erhalten oder verbessern wollen, eine Ehefrau die Schuld an einem Unfall von ihrem Mann abwälzen wollen, damit er nicht den Schaden zu bezahlen braucht.

Der Ehegatte oder Verwandte ist durch das Zeugnisverweigerungsrecht nach § 383 ZPO nicht besser gestellt als die Ehebruchspartnerin. Auch sie braucht über den Ehebruch keine Angaben zu machen (§ 384 Nr. 2 ZPO). Ihr Schweigen läßt so viel oder so wenig vermuten wie zum Beispiel die Zeugnisverweigerung einer Ehefrau über den Hergang eines Unfalls, den sie im Wagen ihres Mannes miterlebt hat. Käme es auf das Zeugnisverweigerungsrecht an, so müßte bei dem Zeugen, der in einer persönlichen Beziehung zur Partei steht und *kein* Zeugnisverweigerungsrecht hat (Arbeitsverhältnis, Freundschaft), die Gefahr eines Meineids weitaus größer sein als bei der Ehebruchspartnerin. Diese Meinung findet man aber in der Rechtsprechung nirgends vertreten.

Man kann auch nicht sagen, die Partei könne die Gefahr eines Meineids ihres Ehebruchspartners ohne weiteres beseitigen, indem sie die ehewidrige Beziehung löse, während eine sittlich einwandfreie Beziehung nicht oder schwer gelöst werden könne. M. E. ist es aber in vielen Fällen unzumutbar, von der Partei zu verlangen, daß sie den Ehebruchspartner fallen lasse. Es ist der Partei nicht verwehrt, eine neue Ehe einzugehen. Man kann nicht verlangen, daß eine Beziehung, die vielleicht Jahre gedauert hat, gelöst werden muß, kurz bevor eine legale Verbindung möglich ist. Die ehewidrige Beziehung während des Scheidungsprozesses ist im allgemeinen auch weniger verwerflich als zu irgendeiner Zeit vorher. Die Parteien haben sich dann schon so auseinandergelebt, daß der Dritte nicht mehr in eine intakte Gemeinschaft eindringt.

Das alles zeigt, daß der Meineid im Ehescheidungsverfahren, um den die Rechtsprechung als Schwerpunkt kreist, nichts „Besonderes" ist. Dieselbe Zwangslage kann in vielen anderen Fällen auch auftreten. M. E. gibt es nur zwei Wege zu einer vertretbaren Lösung: Entweder läßt man die „Gefährdungsbeihilfe" beim Meineid entfallen[87], weil die Gefahr hier von vornherein nicht meßbar ist. Sie hängt allein von der Stärke des Gewissens des Zeugen ab. Beim einen Zeugen kann schon ein kleiner Anreiz genügen, während ein anderer Zeuge auch in einer erheblichen Zwangslage unbedingt bei der Wahrheit bleibt. Wenn man aber doch bei der „Meineidsgefahr" bleiben will, dann muß man den Kreis entsprechend weit ziehen. Es muß dann die unterlassene Hinderung eines Meineids bestraft werden, wenn das wahrheitswidrige Bestreiten einer Partei die Vernehmung eines ihr nahestehenden Zeugen veranlaßt hat. Für eine so weitgehende Bestrafung der unterlassenen Hinderung eines Meineids ist allerdings eine rechtliche Grundlage nicht ersichtlich.

Wir haben oben die Vermutung geäußert, daß die Garantenstellung aus vorangegangenem Tun aus „Beweisnotgründen" so tief in die Rechtsprechung zur Meineidsbeihilfe durch Unterlassen eingedrungen ist[88]. Die Schwierigkeit, der Partei eine greifbar nahe liegende Anstiftung oder Beihilfe durch positives Tun nachzuweisen, wäre dann die Erklärung dafür, daß an der Unterlassungsbestrafung festgehalten wird. Es ist nicht gelungen, einen besseren Grund zu finden.

6.2.7 Verletzung in Notwehr

Die Frage, ob der Angegriffene eine Garantenstellung gegenüber dem Angreifer bezieht, wenn er ihn in Notwehr verletzt hat, wird im Schrifttum oft erörtert[89]. Es soll deshalb hier kurz zu dieser Frage

---

[87] So *Bockelmann*, NJW 1954/697 ff. Sehr einschränkend auch *Rudolphi*, Gleichstellungsproblematik, S. 172. Er bejaht eine Garantenstellung nur, wenn der Unterlassende gutgläubig den Zeugen von der Wahrheit einer falschen Angabe überzeugt und dieser sich dann anschickt, diese falsche Angabe im Glauben an ihre Wahrheit zum Gegenstand seiner eidlichen Aussage zu machen. Vgl. dazu aber oben Nr. 4.5 a.E., wo dieses Ergebnis abgelehnt wird. Auch *Granderath*, Rechtspflicht, S. 234 ff., bes. S. 246, will die Garantenstellung auf die Fälle beschränken, in denen der Unterlassende „den Zeugen in unlauterer Weise ‚präpariert' und zu einer unrichtigen oder unvollständigen Bekundung bestimmt hat".

[88] Vgl. oben Nr. 2.5.1. Ebenso *Bockelmann*, NJW 1954/699.

[89] *Für* Garantenstellung z. B.: *Baumann*, LB, S. 231; *Maurach*, LB, AT, S. 517; *Granderath*, Rechtspflicht, S. 203; *Schönke-Schröder*, Kommentar, Vorb. z. AT, Rdnr. 120, allerdings mit Einschränkung über die Zumutbarkeit; *Vogt*, ZStW Bd. 63/403. *Gegen* Garantenstellung z. B.: *Bockelmann*, Niederschriften Bd. 12, S. 86; *Gallas*, ebd., S. 90; *Henkel*, MonschrKrim. 1961/183, anders aber bei Notwehrverletzung im Herrschaftsbereich des Angegriffenen, a.a.O., S. 184 Anm. 13; Arthur *Kaufmann/Hassemer*, JuS 1964/154; R. v. *Hippel*, Deutsches Strafrecht, 2. Bd., S. 166; *Rudolphi*, Gleichstellungsproblematik, S. 180 f.; E. *Schmidt*, Niederschriften Bd. 12, S. 90; *Welzel*, LB, S. 194.

Stellung genommen werden. Aus der Rechtsprechung ist kein einschlägiges Urteil bekannt.

Zu einer Garantenstellung dessen, der einen anderen in Notwehr verletzt hat, wäre man wohl kaum gekommen, wenn man statt des „vorangegangenen gefährdenden Tuns" einen anderen Garantenbegriff gehabt hätte. Nur dieser Garantenbegriff kann an eine Garantenstellung des Angegriffenen denken lassen. Es wäre unverständlich, wenn der, der sich mit knapper Not eines Mordanschlags erwehren konnte, nun seinerseits ein Totschläger wäre, wenn er sich um den verletzten Angreifer nicht kümmert, während ein beliebiger, an dem Verletzten vorübergehender Straßenpassant, für den der Angreifer wirklich nur ein „hilfloses Glied der Gemeinschaft" (Vogt) ist, nur eine unterlassene Hilfeleistung im Sinne des § 330 c StGB begehen würde. Die Unterlassung des gänzlich Unbeteiligten erscheint verwerflicher, zumindest aber ebenso verwerflich wie die des Angegriffenen. Ein derart starker Unterschied in der Bewertung, wie er gemacht würde, wenn man eine Garantenstellung des Angegriffenen annehmen würde, läßt sich nicht rechtfertigen[90].

Die Frage der Garantenstellung bei einer Notwehrverletzung innerhalb des häuslichen Herrschaftsbereichs ist oben schon erörtert worden[91]. M. E. besteht auch dann keine Garantenstellung.

6.3 Die Grenzen der Garantenstellung „aus vorangegangenem Tun"

Bei der Untersuchung der Grundfälle im Bereich der Garantenstellung aus vorangegangenem Tun sind die Grenzen dieses Bereichs schon sichtbar geworden. Während aber bisher im wesentlichen nur auf die Urteile aus der Rechtsprechung hingewiesen wurde, die sich den durch die Grundfälle gezogenen Grenzen der Garantenstellung einfügen, sollen hier nun die Fälle aufgezeigt werden, die außerhalb dieses Bereichs liegen.

Lehnt man sich an die hier aufgeführten Grundfälle an, so kommt man in den *beiden* großen *Fallgruppen*, die sich bei der Garantenstellung aus gefährdendem Tun unterscheiden lassen, zu einer Einschränkung der Strafbarkeit wegen eines unechten Unterlassungsdelikts. Die *eine* Fallgruppe umfaßt die Fälle, in denen der Täter einen Kausalprozeß ausgelöst hat, der unmittelbar zu einer Rechtsgutsverletzung hinstrebt. Er stößt zum Beispiel einen anderen versehentlich

---

[90] Vgl. auch oben S. 125.
[91] Vgl. oben S. 132.

6. Das gefährdende Tun als Grundlage einer Garantenstellung

ins Wasser und rettet ihn nicht vor dem Ertrinken. Zur *anderen* Fallgruppe gehören die Fälle, in denen der Täter die Gefahr geschaffen hat, daß ein Dritter eine strafbare Handlung begeht. Die Geliebte eines verheirateten Mannes drängt zum Beispiel darauf, daß er sie heirate. Darauf tötet der Mann seine Frau, um die Ehe schließen zu können. Zum Bereich der ersten Fallgruppe gehören die Grundfälle der Verletzung der Verkehrssicherungspflicht, des Vertriebs gesundheitsgefährlicher Lebensmittel, der mangelhaften Verwahrung eines bissigen Hundes und der Einschließung eines anderen. Alle diese Fälle können sich so abspielen, daß der Täter unmittelbar einen Kausalprozeß auslöst, der zu einer Rechtsgutverletzung hinstrebt: Der Täter schaufelt zum Beispiel auf dem Zugangsweg zu seinem Hause eine tiefe Grube und sichert sie vor Einbruch der Dunkelheit nicht ab[92]; er verkauft einem Kunden eine „Speiseölbüchse", in der Mineralöl ist; er löst seinen bissigen Hund von der Leine oder er schließt einen anderen ein. Die Grundfälle zeigen deutlich zugleich aber auch die Grenze der Garantenstellung. Es genügt nicht, daß der Täter „schlicht" einen Kausalprozeß auslöst. *Garant ist er nur, wenn die besonderen Umstände dieser Fälle in gleicher oder ähnlicher Weise vorliegen.* Deshalb war zum Beispiel der Bäckergehilfe, der seinem Kollegen einen Stoß versetzte, so daß dieser in die Teigmaschine taumelte und erstickte, nicht Garant für die Erhaltung seines Lebens[93]. Wie oben näher ausgeführt, dürfte der Bäckergehilfe in diesem Falle auch nur wegen Körperverletzung mit Todesfolge (§ 226 StGB) verurteilt worden sein. Diesem Ergebnis wäre von dem hier vertretenen Standpunkt aus zuzustimmen. Beizupflichten ist auch im Ergebnis dem Urteil BGHSt. 14/282[94]. Der Täter hatte dort einen anderen mit Körperverletzungsvorsatz niedergeschlagen und sich um den Schwerverletzten, der später gestorben ist, nicht gekümmert. Er wurde wegen Körperverletzung mit Todesfolge in Tateinheit mit unterlassener Hilfeleistung verurteilt. In beiden Fällen nahmen die Gerichte im Ergebnis kein unechtes Unterlassungsdelikt an, obwohl die Täter eindeutig Kausalprozesse ausgelöst hatten, die zu einer Rechtsgutsverletzung hinstrebten. Auch in ähnlichen Fällen läge nach der hier vertretenen Auffassung kein unechtes Unterlassungsdelikt vor. Wer einen anderen versehentlich ins Wasser stößt oder ihm eine Schußverletzung beibringt, wäre nicht Garant, wenn er es unterließe, ihm zu helfen. Außerhalb des Bereichs der Garantenstellung liegt schließlich auch der Fall, daß ein Kraftfahrer einen Fußgänger im Straßenverkehr verletzt und sich nicht um ihn

---

[92] Zu der Garantenpflicht bei Straßenarbeiten vgl. oben S. 131.
[93] OGHSt. 1/357; vgl. oben S. 25.
[94] Vgl. oben S. 24.

6.3 Die Grenzen der Garantenstellung

kümmert[95]. Die beiden anderslautenden Urteile BGHSt. 7/287 und BGH VRS 13/120 sind deshalb vom hier vertretenen Standpunkt aus abzulehnen.

Im Schrifttum wird, mit Ausnahme von *Welzel,* eine Garantenstellung in diesen Fällen nicht angezweifelt. Dabei wird allerdings nicht beachtet, daß die einschlägigen Gerichtsentscheidungen, zum Beispiel OGHSt. 1/357 und BGHSt. 14/282, bei weitem nicht so eindeutig ausgefallen sind, wie man bei der Einmütigkeit in der theoretischen Beurteilung meinen sollte. Auch die Urteile, in denen bei Verletzungen im Straßenverkehr keine Garantenstellung erwogen wurde[96], passen nicht in dieses Bild. Offenbar ist die Entscheidung für den Richter, der den Angeklagten nun wirklich wegen eines unechten Unterlassungsdeliktes verurteilen soll, schwerer zu fällen als für den, der das Verhalten nur theoretisch bewertet. Was die Garantenstellung für den theoretischen Betrachter so „dringlich" erscheinen läßt, ist wohl die Tatsache, daß man sich bei diesen Geschehensschilderungen, mehr unbewußt, ein „Hilfemonopol" des Unterlassenden vorstellt[97].

Inwieweit *Welzel* in den oben genannten Fällen mit dem Begriff des „sozialen Herrschaftsbereichs"[98] zu einer Einschränkung der Garantenstellung kommen würde, läßt sich aus den wenigen Andeutungen in seinem Lehrbuch nicht entnehmen. Ob z. B. im „Teigmaschinenfall" (OGHSt. 1/357) oder im Fall des brutalen Schlägers (BGHSt. 14/282) die Gefahr nach *Welzels* Meinung im sozialen Herrschaftsbereich des Unterlassenden aufgetreten wäre, ist aus seinen Ausführungen nicht zu ersehen. Bei der Verletzung im Straßenverkehr lehnt *Welzel* eine Garantenstellung ab[99].

Bei der zweiten Fallgruppe, zu der die Fälle gehören, in denen der Täter die Gefahr geschaffen hat, daß ein anderer eine strafbare Handlung begeht, führt die hier vertretene Auffassung ebenfalls zu einer starken Einschränkung der Strafbarkeit wegen eines unechten Unterlassungsdelikts. Handelt der Dritte *vorsätzlich und eigenverantwortlich,* so entfällt eine Garantenstellung aus vorangegangenem Tun.

In dem aus dem Urteil des RG — RGSt. 73/52 — bekannten Verfahren wurde der Geliebten eines Ehemannes vorgeworfen, daß sie den Mann in ein Liebesverhältnis verstrickt und danach nicht verhindert habe, daß der Mann seine Frau umbrachte. Abzulehnen wäre es vom hier

---

[95] Vgl. dazu oben S. 139.
[96] Vgl. dazu oben S. 16 Anm. 15.
[97] Vgl. dazu aber oben S. 116.
[98] *Welzel,* LB, S. 195.
[99] *Welzel,* LB, S. 195.

vertretenen Standpunkt aus, wenn dieses Verfahren zu einer Verurteilung wegen Beihilfe zum Mord aus dem Gesichtspunkt der Ingerenz geführt hätte[100]. Wenn das „gefährdende Tun" nur darin besteht, daß der Täter bei einem Dritten unabsichtlich den Entschluß zu einer Straftat weckt, ist er nach der hier vertretenen Auffassung nicht Garant. Sein Tun kann in diesen Fällen aber als fahrlässige Erfolgsherbeiführung strafbar sein. Wer zum Beispiel einem Bauern, dessen Hof sehr veraltet ist, rät, „etwas zu unternehmen", und dabei an eine Kreditaufnahme denkt, ist nicht Garant, wenn er zusieht, wie jener infolge dieses Rats den Hof anzündet. Möglicherweise käme aber eine fahrlässige Brandstiftung in Betracht, wenn er voraussehen konnte, daß sein Rat den Bauern zu einer Brandstiftung bewegen könnte. Dem Urteil OGHSt. 3/1[101], das einen ähnlichen Sachverhalt betraf, ist im Ergebnis beizupflichten. Der Sohn legte auf dem stark verschuldeten Hof seiner Eltern einen Brand. Monate vorher hatte seine Mutter mit ihm besprochen, daß auf dem Hof „etwas geschehen müsse", dabei aber nicht nachweislich an eine Brandstiftung gedacht. Als der Sohn den Brand gelegt hatte, verständigte er seine Mutter. Diese ließ den Hof abbrennen. Der OGH bestätigte die Verurteilung wegen Beihilfe zur Brandstiftung durch Unterlassen. Die Garantenstellung ergab sich hier aber aus ihrer Stellung als Miteigentümerin des Hofes[102], nicht, wie der OGH auch erwogen hat, aus ihrem „gefährdenden Tun".

Eine Garantenstellung aus vorangegangenem Tun ist auch in folgendem Falle nicht gegeben: Jemand nimmt eine Abtreibung vor, bei der ein lebendes Kind geboren wird, und läßt zu, daß die Mutter oder ein anderer das Kind tötet. Der BGH hat in einem solchen Falle eine Garantenstellung aus vorangegangenem gefährdendem Tun im Grundsatz bejaht[103]. Nach der hier vertretenen Meinung käme eine Garantenstellung aber nur in Betracht, wenn der Abtreiber selbst eine enge persönliche Beziehung zu dem Kind hätte, zum Beispiel wenn er der Vater oder ein naher Verwandter des Kindes wäre. Eingehend wäre jedoch bei einem solchen Sachverhalt zu prüfen, ob nicht bereits eine vorsätzliche oder fahrlässige Tötung durch aktives Tun angenommen werden kann[104].

Mit der hier dargelegten Auffassung ist auch das Urteil des Gr. Senats BGHSt. 16/155, soweit es die Voraussetzungen einer Garanten-

---

[100] Vgl. oben S. 26 f.; a. A. *Granderath*, Rechtspflicht, S. 186.
[101] Vgl. oben S. 35.
[102] Vgl. dazu oben S. 128.
[103] BGH LM Nr. 10 zu Vorb. vor § 47 (Täterschaft durch Unterlassen).
[104] Vgl. in diesem Zusammenhang auch RGSt. 66/71.

6.3 Die Grenzen der Garantenstellung

stellung aufgrund des dort festgestellten Sachverhaltes als gegeben ansieht, nicht vereinbar. Der Angeklagte hatte Freunde und ein Mädchen zu einem einsamen Feldweg gefahren. Dort notzüchtigten die Freunde das Mädchen im Wagen des Angeklagten. Der Angeklagte war vorher ausgestiegen und unternahm nichts. Es konnte nicht festgestellt werden, daß der Angeklagte vor Ankunft an dem Feldweg damit rechnete, die Freunde würden auch gegen den Willen des Mädchens mit ihr geschlechtlich verkehren. Der BGH sah das garantenbegründende gefährdende Tun des Angeklagten darin, daß er das Mädchen zu dem einsamen Ort gefahren hatte. Man braucht sich, um Zweifel an der Garantenstellung zu bekommen, aber nur vorzustellen, daß das Mädchen selbst die Fahrt gewünscht haben könnte und zunächst bereit gewesen wäre, geschlechtlich zu verkehren, dann aber doch abgelehnt hätte. Für eine Garantenpflicht des Angeklagten, die Notzucht zu verhindern, wenn er sich nicht der Beihilfe strafbar machen wollte, fehlt jeder einleuchtende Anknüpfungspunkt. Die Garantenstellung kann auch nicht auf das Eigentum am Wagen gestützt werden. In Betracht käme nur eine unterlassene Hilfeleistung im Sinne des § 330 c StGB. Würde man jede beliebige Tätigkeit, die sich später einmal als förderlich für ein strafbares Tun eines anderen erweist, zur Grundlage einer Garantenstellung nehmen, so wäre die Strafbarkeit wegen unechter Unterlassungen uferlos ausgeweitet. Auch in diesem Falle wäre das Gericht wohl nicht zur Annahme einer Garantenstellung gekommen, wenn es fest davon überzeugt gewesen wäre, daß der Angeklagte tatsächlich bei der Fahrt zu dem einsamen Ort mit keinem Gedanken an eine bevorstehende Notzucht gedacht hätte. Wieder erweist sich die „Beweisnotsituation" als ein Faktor, der in Betracht gezogen werden muß, wenn man ein Gerichtsurteil vor sich hat, in dem eine Garantenstellung aus vorangegangenem Tun bejaht wurde[105]. Die Strafkammer hatte in diesem Falle zunächst eine Beihilfe durch aktives Tun geprüft — vermutlich lautete auch die Anklage entsprechend —, mußte dann aber diesen Vorwurf wohl fallen lassen, weil der erforderliche Vorsatz nicht nachgewiesen werden konnte. Die Beihilfehandlung, die in der Fahrt zu dem einsamen Ort bestand, war „farblos", d. h. sie konnte mit Gehilfenvorsatz vorgenommen worden sein, sie brauchte es aber nicht. Wenn der Angeklagte seinen Freunden dadurch geholfen hätte, daß er das Mädchen bei der Notzucht festgehalten hätte, wären keine Zweifel an seinem Gehilfenvorsatz aufgekommen. Die „farblosen" Beihilfehandlungen aber sind der beste Nährboden für die Garantenstellung aus vorangegangenem Tun. Ein anschauliches Beispiel dafür ist auch die Be-

---

[105] Vgl. dazu näher oben S. 42 f.

gründung des Urteils OGHSt. 2/63[106]. Der Angeklagte war mit zwei anderen mitgegangen, die den Befehl hatten, einen Soldaten aus der Haftanstalt abzuholen und zur Exekution auf den Befehlsstand zu führen. Das „Mitgehen" sollte in diesem Falle das gefährdende Tun sein, das die Garantenstellung begründete, weil die Uniform des Angeklagten bewirkt haben sollte, daß die Beamten der Haftanstalt den Soldaten bereitwilliger herausgaben. Die bloße Anwesenheit des Angeklagten bei dem Tatgeschehen war ein völlig farbloses Verhalten. Es erlaubte keinerlei Schlüsse darauf, was der Angeklagte dabei dachte, wußte und wollte. Andererseits war es aber sehr unwahrscheinlich, daß der Angeklagte das Geschehen nicht aktiv beeinflussen wollte. Beweisbar war das aber nicht. Also kam nur eine Garantenstellung aus vorangegangenem Tun in Betracht. Garant wäre der Angeklagte m. E. nur gewesen, wenn er den anderen vorgesetzt gewesen und damit beauftragt worden wäre, den Soldaten unversehrt zum Befehlsstand zu bringen[107].

Eine strafbare Handlung eines Dritten schließt aber eine Garantenstellung des „Hintermannes" nicht in jedem Falle aus. In dem oben Nr. 6.2.5 angeführten Fall, in dem jemand einem anderen eine angeblich ungeladene Waffe übergeben hatte, dann sich aber erinnerte, daß sie doch geladen war, wäre eine Garantenpflicht des Waffenbesitzers auch dann zu bejahen, wenn der andere fahrlässig die Gefährlichkeit der Waffe nicht erkannt und einen Dritten deshalb getötet hätte.

Im Schrifttum wird im allgemeinen nicht besonders unterschieden zwischen den Fällen, in denen der Täter einen Kausalprozeß ausgelöst hat, der unmittelbar zu einer Rechtsgutsverletzung hinstrebt, und den Fällen, in denen sich die Gefahr erst durch das Handeln eines Dritten verwirklicht. Nur die Fälle der Meineidsbeihilfe durch Unterlassen werden meist besonders hervorgehoben[108]. *Baumann* unterscheidet beide Fallgruppen und sieht in dem Gedanken der Selbstverantwortung des Bedrohten bzw. des Gefährdeten einen Ansatzpunkt für eine Einschränkung der Garantenpflicht aus vorangegangenem Tun[109]. Ein (zumindest partielles) Regreßverbot aufzustellen, sei nicht möglich. Näher liege es, wie die Meineidsfälle zeigten, aus dem Sinn der Tatbestände des Besonderen Teils, die Reichweite der Garantenpflicht zu bestimmen. Wie dies im einzelnen zu geschehen habe, erläutert *Baumann* nicht näher. Besondere Regeln für die zweite Fallgruppe stellt

---

[106] Vgl. oben S. 27 f.
[107] Vgl. zur Garantenstellung aus „Verantwortung für fremdes Handeln": *Schönke-Schröder*, Kommentar, Vorb. z. AT, Rdnr. 132, 133. Eine Garantenstellung aus Übernahme einer Schutzposition käme wohl nicht in Betracht.
[108] *Maurach*, LB, AT, S. 516 ff.; *Mezger-Blei*, StB, AT, S. 82; *Kohlrausch-Lange*, StGB, S. 8; *Schwarz-Dreher*, StGB, Vor § 1, D I 4.
[109] *Baumann*, LB, AT, S. 232, 233.

Schröder auf[110]. Wenn die Gefahr erst durch den deliktischen Willen eines verantwortlich handelnden Dritten herbeigeführt werde, bestehe eine Rechtspflicht zum Einschreiten nur, wenn die gefährdende Vorhandlung pflichtwidrig gewesen sei. Wann *Schröder* eine „Pflichtwidrigkeit" der Vorhandlung für gegeben hält, läßt die Darstellung nicht klar erkennen. Es läßt sich deshalb nicht mit Sicherheit sagen, zu welchen Ergebnissen *Schröder* zum Beispiel in den oben genannten Fällen — Autofahrt zum Ort der Notzucht, Begleitung beim Abholen des Soldaten — kommen würde. Da *Schröder* andererseits die Garantenpflichten des Eigentümers sehr stark ausweitet, wirkt sich die Beschränkung auf „pflichtwidrige" Vorhandlungen in vielen Fällen (Tatwaffen) nicht aus[111]. Der Täter ist dann zwar nicht wegen einer gefährdenden Vorhandlung, wohl aber wegen seines Eigentums an Gegenständen, die der Dritte zur Verübung einer Straftat benutzt, Garant. *Welzel* will bei der Garantenstellung aus vorangegangenem Tun Einschränkungen vor allem dort machen, wo zwischen Gefährdung und Erfolgseintritt das selbstverantwortliche Handeln eines Dritten dazwischentrete. Als Zäsur des „vorangegangenen Tuns" habe insofern die alte Lehre vom „Regreßverbot" noch heute eine praktische Bedeutung. In solchen Fällen könne erst eine besondere „inadäquate" Gefährdung die besondere Garantenhaftung begründen[112]. Zu den oben genannten Fällen aus der Rechtsprechung nimmt auch *Welzel* nicht Stellung.

Die hier vertretene Auffassung steht der Meinung *Welzels* am nächsten. Sie geht aber für die Frage der Garantenstellung aus vorangegangenem Tun noch über die Lehre vom „Regreßverbot" hinaus. Nicht etwa jedes gefährdende Tun, das sich über einen *unverantwortlich* oder nicht voll verantwortlich handelnden Dritten (Irrtum) auswirkt, soll eine Garantenstellung begründen. Garant soll der Hintermann vielmehr nur sein, wenn ihn eine besondere Verwahrungs- oder Aufklärungspflicht trifft[113]. Wer zum Beispiel einem anderen eine geladene Waffe reicht, damit er sich gegen einen vermeintlichen Angriff zur Wehr setzen kann, ist auch dann nicht Garant, wenn er die Gefahrlosigkeit des Angriffs durchschaut, nachdem er die Waffe hingegeben hat. Der vermeintlich Angegriffene verkennt hier nicht die Gefährlichkeit der Waffe — dann wäre der Waffenbesitzer Garant —, sondern nur die Gefährlichkeit der Situation[114].

---

[110] *Schönke-Schröder*, Kommentar, Vorb. z. AT, Rdnr. 121.
[111] *Schönke-Schröder*, a.a.O., Rdnr. 125; vgl. auch oben S. 138 und S. 143.
[112] *Welzel*, LB, S. 195, 196.
[113] Vgl. dazu auch den Fall, daß jemand einem Kinde einen bunten Stein gibt. Oben S. 145.
[114] Vgl. dazu auch oben S. 145.

6.4 Wahl der Garantenbezeichnung

Nachdem die Grundfälle im Bereich der Garantenstellung aus vorangegangenem Tun erörtert und die Grenzen dieses Bereichs aufgezeigt sind, bleibt noch die Aufgabe, den Garantennamen selbst zu überprüfen. Die Garantenbenennungen spielen, wie bereits ausgeführt[115], an sich keine beherrschende Rolle. Ein Garantennamen, mag er noch so falsch gewählt sein, verwirrt dann nicht, wenn Einigkeit darüber besteht, welche Fälle gemeint sind. Dies trifft zum Beispiel bei der Garantenstellung „aus Gesetz" zu[115].

Mißt man die Garantenbezeichnung „gefährdendes Tun" an den Grundfällen, so zeigt sich, daß sie seinerseits viel zu weit, andererseits aber auch zu eng gefaßt ist. Bei weitem nicht jedes gefährdende Tun begründet eine Garantenstellung. Wer zum Beispiel einen anderen mit dem Auto lebensgefährlich verletzt, bezieht keine Garantenstellung, obwohl er zweifelsfrei eine Gefahr für sein Leben begründet hat. Andererseits ist diese Bezeichnung aber auch zu eng, wenn man alle die Fälle einbeziehen will, auf die man im Zusammenhang mit den in Betracht kommenden Fallgruppen stößt. Der Hauseigentümer zum Beispiel ist auch dann Garant, wenn nicht *er*, sondern ein Dritter — befugt oder unbefugt — den Verkehr auf seinem Grundstück gefährdet. Ein eigenes Tun des Garanten braucht in diesem Falle nicht vorzuliegen.

Von einem geeigneten Garantennamen verlangt man, daß er nicht nur die gemeinten Sachverhalte richtig beschreibt, sondern daß er zugleich auch den entscheidenden Wertaspekt an diesen Sachverhalten hervorhebt. Beides leisten die Garantenbezeichnungen „enge persönliche Verbundenheit" und „Übernahme einer Schutzposition". Die Garantenbezeichnung „enge Verbundenheit" bezieht sich auf Sachverhalte, in denen eine enge persönliche Bindung zwischen dem Gefährdeten und demjenigen besteht, der ihm in dieser Gefahr helfen kann, und die enge Verbundenheit ist eben der entscheidende Wertaspekt, der ihn zum Garanten macht. Gleiches gilt für die Garantenbezeichnung „Übernahme einer Schutzposition" oder „Gewährübernahme"[116].

Bei der Einschließung eines anderen gibt die Garantenbezeichnung „gefährdendes Tun" den entscheidenden Wertaspekt richtig an. Es ist tatsächlich nur das vorangegangene Tun, das den Garanten vom Nichtgaranten, der die Tür ebenfalls öffnen könnte, unterscheidet. Auf

---

[115] Vgl. oben S. 122 f.
[116] Zu dem letzteren Begriff *Welzel*, LB, S. 193.

6.4 Wahl der Garantenbezeichnung

diesen Grundfall paßt der Garantennamen. *Stübel* hat ihn auch für diesen Fall verwendet[117]. Der Fall der Einschließung ist aber in seiner Art einzig. Das „gefährdende Tun" an sich begründet nur dann eine Garantenstellung, wenn es in der Einschließung eines anderen besteht. In den anderen Grundfällen aber ist nicht das „gefährdende Tun", zum Beispiel das Schaufeln einer Grube, der entscheidende Wertaspekt, sondern etwa die Innehabung der Verkehrssicherungspflicht.

Der Garantennamen „gefährdendes Tun" weist demnach zwei Mängel auf: er bezeichnet die Sachverhalte, die gemeint sind, nur ungenau und er hebt den entscheidenden Wertaspekt bei der Mehrzahl der Fälle nicht hervor. Der Garantennamen könnte aber unbedenklich beibehalten werden, wenn die Gewißheit bestünde, daß man sich über die gemeinten Fälle einig ist. Eine Bezeichnung, die lange eingeführt ist, wäre einer neuen grundsätzlich auch dann vorzuziehen, wenn die neue „richtiger" wäre. Hat aber der überkommene Name nicht Klarheit gestiftet, sondern verwirrt, und steht er einem besseren Verständnis des Gemeinten entgegen, so muß er abgelöst werden. Dies ist beim Garantennamen „gefährdendes Tun" der Fall. Mit dieser Bezeichnung verbindet sich gerade nicht ein sicheres Wissen um das, was gemeint ist. Man ist sich nicht einig, auf welche Fälle die Bezeichnung zutrifft. Gleiche Sachverhalte wurden von Fall zu Fall ganz unterschiedlich bewertet[118]. Da hierfür der Garantennamen „gefährdendes Tun", mit verantwortlich war, gilt es eine weniger gefährliche Bezeichnung zu finden.

Man könnte zunächst daran denken, eine ganze Reihe Garantenbegriffe nebeneinander zu stellen und zum Beispiel von einer Garantenstellung des Verkehrssicherungspflichtigen, des Hunde- oder Kraftfahrzeughalters oder des Einschließenden zu sprechen. Da sich an diese Garantenfälle aber noch weitere jeweils anschließen, müßte eine große Zahl von Garantennamen neu geschaffen werden. Das würde von dem traditionellen Bild, nur eine möglichst kleine Zahl von Garantenbezeichnungen zu haben, abweichen. Den meisten Garantenfällen aus dem Bereich der Garantenstellung aus vorangegangenem Tun liegen auch gleiche oder ähnliche Wertaspekte zugrunde, so daß durch eine geeignete Bezeichnung diese Gemeinsamkeiten vielleicht erfaßt werden könnten.

Unter den Garantennamen findet sich bei *Welzel* auch der des „sozialen Herrschaftsbereichs"[119]. *Granderath*[120] und *Rudolphi*[121] verwenden

---
[117] Vgl. oben S. 48 f.
[118] Vgl. dazu oben Nr. 1.3.
[119] *Welzel*, LB, S. 195.
[120] *Granderath*, Rechtspflicht, S. 161 ff., bes. S. 166.
[121] *Rudolphi*, Gleichstellungsproblematik, S. 67, 68, 105, 111.

6. Das gefährdende Tun als Grundlage einer Garantenstellung

diese Bezeichnung ebenfalls. Sie bezeichnen damit eine besondere Garantenstellung neben der Garantenstellung aus vorangegangenem Tun. Am ehesten bietet sich der „soziale Herrschaftsbereich" als Garantennamen für den häuslichen Bereich an. Hier vermittelt er das Bild eines durch Wände und Zäune abgegrenzten Machtbereichs, aus dem der Inhaber andere hinausweisen kann. Der entscheidende Wertaspekt dürfte aber bei der Verkehrssicherungspflicht, die die wesentlichste Garantenpflicht im häuslichen Bereich ist, gerade nicht der Umstand sein, daß jemand auf seinem Grundstück unbeschränkt herrschen und andere ausschließen kann, sondern im Gegenteil darin liegen, daß er andere Menschen zu sich herein bittet. Bei der Tierhaltergarantenstellung zum Beispiel vermittelt die Bezeichnung kaum noch eine richtige Vorstellung. Ein streunender Hund dürfte dem Herrschaftsbereich seines Herrn gerade entwichen sein. Trotzdem liegt eben hier der Garantenfall vor. Schließlich stiftet der Garantennamen des sozialen Herrschaftsbereichs Verwirrung in der Frage, ob jedermann innerhalb seines Herrschaftsbereichs Straftaten anderer zu verhindern hat[122]. Ohne dazu hier eingehend Stellung nehmen zu wollen, läßt sich doch so viel sagen, daß dies keinesfalls allgemein bejaht werden kann. Der „soziale Herrschaftsbereich" ist demnach als Garantenbezeichnung für die Grundfälle im Bereich der Garantenstellung aus vorangegangenem Tun nicht besonders geeignet.

Als entscheidende Wertaspekte sind in den Grundfällen die mangelnde Überwachung oder Verwahrung bestimmter gefährlicher Gegenstände oder die unterbliebene Warnung in bestimmten gefährlichen Situationen hervorgetreten. Es empfiehlt sich deshalb, diese Gesichtspunkte in die Garantenbezeichnung hereinzunehmen. Man könnte von einer Garantenstellung aus Verletzung von Überwachungs-, Verwahrungs- oder Warnungspflichten sprechen. Der Mangel dieser Bezeichnung ist, daß sie die Gegenstände, die der Garant zu überwachen oder zu verwahren hat, nicht näher benennt. Angesichts der Vielfalt der Gegenstände und Situationen muß dieses Opfer der Kürze und Einfachheit der Bezeichnung gebracht werden. Auch der Garantennamen „enge persönliche Verbundenheit" sagt nicht abschließend, welche Personen im einzelnen als eng verbunden anzusehen sind. Es ist die Aufgabe der Grundfälle, dieser Bezeichnung die nötige Kontur zu geben.

Neben die Garantenstellung aus enger persönlicher Verbundenheit und aus Übernahme einer Schutzposition würde demnach eine *Garantenstellung aus der Verletzung einer Überwachungs-, Verwahrungs- oder Warnungspflicht* treten. Ob man mit diesen Garantenbezeich-

---

[122] Vgl. dazu oben S. 131 f.

6.4 Wahl der Garantenbezeichnung

nungen auskommen kann, soll hier nicht abschließend entschieden werden. Garantenfälle ergeben sich sicherlich auch aus der Verantwortung für fremdes Handeln. Ob man aber deshalb eine entsprechend benannte Garantenstellung braucht, wie *Schröder* meint[123], oder ob diese Fälle in die oben genannten Garantenbezeichnungen einbezogen werden können, hängt davon ab, welches der entscheidende Wertaspekt bei der Verantwortung für fremdes Handeln ist. Ist es zum Beispiel die enge natürliche Verbundenheit mit dem Handelnden (Eltern - Kindern), dann können diese Fälle jener Garantenstellung zugerechnet werden. Ähnliches gilt für *Schröders* Garantenstellung „aus Gemeinschaftsbeziehungen"[124]. Abweichend von *Schröder* könnte man in diesen Garantenbegriff vielleicht auch die Fürsorgepflicht des Arbeitgebers oder des Inhabers einer Amtsstellung einbeziehen. Wesentlich aber sind letztlich nicht die Bezeichnungen, sondern die Grundfälle, denen sie zugeordnet sind. Ein noch so sorgfältig erarbeitetes System von Garantennamen schafft keine Klarheit, wenn nicht eindeutig ist, welche Fälle mit den Bezeichnungen gemeint sind.

---

[123] *Schönke-Schröder*, Kommentar, Vorb. z. AT, Rdnr. 132.
[124] *Schönke-Schröder*, a.a.O., Rdnr. 114.

Siebentes Kapitel

Zusammenfassung

Die vorliegende Arbeit geht von *Welzels* Frage aus, ob der Autofahrer, der einen anderen im Straßenverkehr verletzt, die Garantenpflicht hat, sich um die Erhaltung von Leben und Gesundheit des Verletzten zu bemühen. Sie nimmt diese Frage ernst. Überwiegend wird ohne Bedenken eine Garantenstellung des Autofahrers angenommen. Die Gerichtspraxis weist aber eine auffallende Doppelgesichtigkeit auf. Bekannt sind die Gerichtsentscheidungen, in denen Autofahrer wegen eines zumindest versuchten Tötungsdeliktes verurteilt wurden, weil sie den von ihnen Verletzten nicht geholfen hatten. Anscheinend unbekannt geblieben sind aber andere Urteile, in denen die Gerichte eine Garantenstellung der Autofahrer nicht einmal erwogen haben, obwohl sich die Sachverhalte nicht wesentlich von denen der bekannten Fälle unterschieden. Dabei handelt es sich nicht um Urteile aus der Praxis des RG, die mit einem angeblichen „Wandel des Rechtsbewußtseins" abgetan werden können, sondern um Urteile des BGH und der Instanzgerichte aus neuester Zeit. Ein und dasselbe Verhalten wird demnach von Fall zu Fall einmal als Totschlag, ein andermal als unterlassene Hilfeleistung in Tateinheit mit besonders schwerer Unfallflucht gewertet. *Welzels* Frage ist also ernst zu nehmen.

Die Arbeit geht nicht von der vorgefaßten Meinung aus, daß der Autofahrer *nicht* Garant ist. Es sollte nur ein Kriterium gefunden werden, nach dem sich eindeutig entscheiden ließ, ob der Autofahrer eine Garantenstellung bezieht.

Zunächst wurden die Argumente geprüft, die dafür vorgetragen werden, daß ein gefährdendes Tun eine Garantenstellung begründet. Dabei zeigte sich, daß keines der Argumente wirklich ausreiche, um das gefährdende Tun einwandfrei als garantenbegründenden Umstand zu erweisen.

Danach wurde untersucht, ob das gefährdende Tun, wenn nicht allgemein, so doch unter bestimmten Voraussetzungen zu einer Garantenstellung des Gefährdenden führt. Es wurde nach einem Merkmal gesucht, das dem gefährdenden Tun anhaften muß, wenn es eine Garantenstellung begründen soll. Aber es gelang nicht, in überzeugender

7. Zusammenfassung

Weise die Fälle, in denen der Gefährdende eine Garantenstellung bezieht, von den Fällen zu scheiden, in denen der Gefährdende nicht Garant ist. Die im Schrifttum vorgeschlagenen Einschränkungswege trennten nicht wirklich Verschiedenes voneinander. Sie konnten deshalb nicht als sachgerecht empfunden werden.

Die Garantenstellung aus vorangegangenem Tun wurde darauf mit den anderen Garantenstellungen verglichen. An den Garantenstellungen aus enger natürlicher Verbundenheit (Mutter - Kind) und aus Übernahme einer Schutzposition (Schwimmlehrer - Schwimmschüler) sind Zweifel bisher nicht aufgekommen. Dem Grund der Sicherheit dieser Garantenbegriffe mußte deshalb nachgegangen werden, wenn für die Garantenstellung aus vorangegangenem Tun eine ähnlich sichere Handhabung erreicht werden sollte. Dabei zeigte sich, daß diese Garantenbegriffe so sicher erscheinen, weil sie auf eindeutigen *„Grundfällen"* aufgebaut sind. Der Garantenstellung aus enger natürlicher Verbundenheit dient zum Beispiel als Grundfall, daß eine Mutter ihr Kind verhungern läßt. Die Gleichheit dieses Unterlassens im Unwert mit einem aktiven Tun, das dieselben Folgen hat, steht außer Zweifel. Bei der Handhabung des Garantenbegriffs orientiert man sich an diesem Grundfall. Es ist nicht möglich, einen Garantenbegriff sicher anzuwenden, wenn man in jedem Einzelfalle das Unterlassen mit einem gedachten aktiven Tun vergleichen muß. Tun und Unterlassen bezeichnen zwei entgegengesetzte Verhaltensweisen, die im allgemeinen nicht vergleichbar sind. Zu einem Unterlassungsfall läßt sich niemals ein im Geschehensablauf analoger Handlungsfall bilden. Es gibt aber einige Fälle, in denen die Gleichheit im Unwert von Tun und Unterlassen zweifelsfrei empfunden wird. In allen anderen Fällen gewinnt man nur dann eine sichere Grundlage für das Werturteil, wenn man zwei oder mehr *Unterlassungsfälle* miteinander vergleicht. Zum Vergleich läßt sich dabei einmal das Verhalten eines gänzlich Unbeteiligten, zum andern das Verhalten eines Garanten, wie es im Grundfall, dem zweifelsfreien Garantenfall, geschildert ist, heranziehen. Diese beiden „Festpunkte" geben dem zu fällenden Werturteil eine einigermaßen sichere Stütze. Vor allem verliert man aber so niemals die im Strafgesetzbuch selbst enthaltene Schranke für die Gleichbehandlung von Tun und Unterlassen aus dem Auge. Wer *nur* eine unterlassene Hilfeleistung im Sinne des § 330 c StGB begeht, ist *nicht* Garant.

Um der Garantenstellung aus vorangegangenem Tun eine feste Basis zu geben, mußten also die dem Garantenbegriff zugeordneten Grundfälle gefunden werden. Solche Grundfälle wurden bisher nicht gebildet, weil man von der unbeschränkten Allgemeingültigkeit des Satzes von der rechtspflichtbegründenden Wirkung des vorangegangenen gefährdenden Tuns ausgegangen ist. Eine Durchsicht der Rechtsprechung zeigte aber, daß die Urteile zur Garantenstellung aus vorangegangenem Tun um wenige begrenzte Themen kreisen. Es wurde versucht, für jedes dieser Themen einen Kristallisationspunkt in Gestalt eines Grundfalles zu finden. Dabei ergaben sich folgende Grundfälle: *Die Verletzung der Verkehrssicherungspflicht für den häuslichen Bereich; der Vertrieb gesundheitsgefährlicher Arznei- oder Lebensmittel für den gewerblichen Bereich; die mangelhafte Verwahrung eines bissigen Hundes durch den Halter des Hundes; die Einschließung eines anderen; die Überlassung solcher Gegenstände an Kinder und Geisteskranke, die wegen der Gefährlichkeit dieser Gegenstände vor ihnen verwahrt zu werden pflegen.* Bei der *Meineidsbeihilfe* durch Unterlassen nach einem gefährdenden Tun und bei der Verletzung eines anderen in *Notwehr* wurde *kein Grundfall* gefunden. Aus den Grundfällen ließen sich Kriterien entwickeln, an Hand deren die „zweifelhaften" Fälle beurteilt werden konnten. In dem Fall des Autofahrers, der einen anderen verletzt und flieht, konnten keine garantenbegründenden Umstände entdeckt werden. Eine Garantenstellung mußte deshalb verneint werden.

Schließlich wurde die Garantenbezeichnung „gefährdendes Tun" an den Grundfällen gemessen. Dabei zeigte sich, daß dieser Garantennamen weder die wesentlichen Sachverhaltsmomente der Grundfälle zutreffend wiedergab, noch den entscheidenden Wertaspekt hervorhob. Ein neuer Garantennamen wäre gleichwohl nicht vorgeschlagen worden, wenn mit der hergebrachten Bezeichnung der Garantenstellung aus vorangegangenem Tun eine allgemein anerkannte, gleichsinnige Vorstellung verbunden wäre, welche Sachverhalte gemeint sind. Gerade dies konnte aber nicht festgestellt werden. Der Garantennamen hat vielmehr Verwirrung gestiftet und zu Fehlentscheidungen verleitet. Da in den Grundfällen die Verletzung einer Überwachungs-, Verwahrungs- oder Warnungspflicht als entscheidender Wertaspekt für die Garantenstellung hervortrat, wurden diese Gesichtspunkte in die Garantenbezeichnung hereingenommen. An Stelle der Garantenstellung aus vorangegangenem Tun wurde eine *Garantenstellung aus der Verletzung einer Überwachungs-, Verwahrungs- oder Warnungspflicht* vorgeschlagen. Da die gemeinten Sachverhalte im übrigen zu verschiedenartig sind, konnte die Garantenbezeichnung nicht spezieller gefaßt werden. Eine einigermaßen deutliche Kontur erhält diese Garantenstellung aber durch die Grundfälle.

Schrifttumsverzeichnis

Die Werke sind im Text mit abgekürztem Titel,
die Aufsätze nach der Fundstelle zitiert.

Aldosser, Carl: Inwiefern können durch Unterlassungen strafbare Handlunlungen begangen werden? München 1882.

Androulakis, Nikolaos K.: Studien zur Problematik der unechten Unterlassungsdelikte. München und Berlin 1963.

Bar, Ludwig v.: Gesetz und Schuld im Strafrecht. Bd. II: Die Schuld nach dem Strafgesetz. Berlin 1907.

Baumann, Juergen: Strafrecht. Allgemeiner Teil. 4. Aufl. Bielefeld 1966.

Beling, Ernst: Die Lehre vom Verbrechen. Tübingen 1906.

— Grundzüge des Strafrechts. 11. Auflage. Tübingen 1930.

Binding, Karl: Die Normen und ihre Übertretung. 2. Aufl. Bd. II: Schuld. Vorsatz. Irrtum. 1. Hälfte: Zurechnungsfähigkeit. Schuld. Leipzig 1914.

Bindokat, Paul: Zum Problem der Meineidsbeihilfe durch Unterlassen. In: Neue Juristische Wochenschrift 1954, S. 697 ff.

Böhm, Alexander: Die Rechtspflicht zum Handeln bei den unechten Unterlassungsdelikten. Diss. Frankfurt 1957.

Buri, Maximilian v.: Über die Begehung der Verbrechen durch Unterlassung. In: Der Gerichtssaal, 21. Jahrgang, 1869, S. 189 ff.

Clemens, Otto: Die Unterlassungsdelikte im deutschen Strafrecht von Feuerbach bis zum Reichsstrafgesetzbuch. Strafrechtliche Abhandlungen, Heft 149. Breslau 1912.

Dahm, Georg: Bemerkungen zum Unterlassungsproblem. In: Zeitschrift für die gesamte Strafrechtswissenschaft Bd. 59 (1940), S. 133 ff.

Dohna, Alexander, Graf zu: Zur Lehre von den Kommissivdelikten durch Unterlassung. In: Deutsches Strafrecht, Neue Folge 6. Band (1939), S. 142 ff.

— Der Aufbau der Verbrechenslehre. 4. Aufl. Bonn 1950.

Doldi, Günther: Die Rechtspflicht bei den Unterlassungsdelikten. Diss. Kiel 1950.

Dreher, Eduard: Berichte über die Arbeitstagungen der Großen Strafrechtskommission. In: Beilagen zum Bundesanzeiger. Beilage zu Nr. 109, 9. Juni 1955. Beilage zu Nr. 173, 8. September 1955.

— Strafgesetzbuch. 3. Auflage. München und Berlin 1959.

Drost, Heinrich: Der Aufbau der Unterlassungsdelikte. In: Der Gerichtssaal Bd. 109 (1937), S. 1 ff.

Engisch, Karl: Die normativen Tatbestandselemente im Strafrecht. In: Festschrift für Edmund Mezger. München und Berlin 1954, S. 127 ff.

Engisch, Karl: Einführung in das Juristische Denken. Stuttgart 1956.
— Zur verfassungsrechtlichen Problematik der unechten Unterlassungsdelikte. In: Juristenzeitung 1962, S. 192 ff.

Feuerbach, Anselm Ritter v.: Lehrbuch des gemeinen in Deutschland gültigen peinlichen Rechts. 9. Aufl. Gießen 1826.

Frank, Reinhard: Das Strafgesetzbuch für das Deutsche Reich. 18. Aufl. Tübingen 1931.

Gallas, Wilhelm: Zum gegenwärtigen Stand der Lehre vom Verbrechen. In: Zeitschrift für die gesamte Strafrechtswissenschaft Bd. 67 (1955), S. 1.

Georgakis, Jannis: Hilfspflicht und Erfolgsabwendungspflicht im Strafrecht. Leipziger rechtswissenschaftliche Studien, Heft 114. Leipzig 1938.

Germann, Oskar Adolf: Das Verbrechen im neuen Strafrecht. Zürich 1942.

Glaser, Julius: Abhandlungen aus dem österreichischen Strafrecht. 1. Bd., 2. Abhandlung: Über strafbare Unterlassungen, S. 289 ff. Wien 1858.

Granderath, Reinhard: Die Rechtspflicht zur Erfolgsabwendung aus einem vorangegangenen gefährdenden Verhalten bei den unechten Unterlassungsdelikten. Diss. Freiburg 1961.

Grünwald, Gerald: Das unechte Unterlassungsdelikt. Diss. Göttingen 1956.
— Die Beteiligung durch Unterlassen. In: Goltdammer's Archiv für Strafrecht 1959, S. 110 ff.
— Zur gesetzlichen Regelung der unechten Unterlassungsdelikte. In: Zeitschrift für die gesamte Strafrechtswissenschaft Bd. 70 (1958), S. 412 ff.

Henkel, Heinrich: Zumutbarkeit und Unzumutbarkeit als regulatives Rechtsprinzip. In: Festschrift für Edmund Mezger. München und Berlin 1954.
— Das Methodenproblem bei den unechten Unterlassungsdelikten. In: Monatsschrift für Kriminologie und Strafrechtsform, 44. Jahrgang (1961), S. 178 ff.

Hippel, Robert v.: Deutsches Strafrecht, Bd. 2: Das Verbrechen. Allgemeine Lehren. Berlin 1930.

Höpfner, W.: Zur Lehre vom Unterlassungsdelikte. In: Zeitschrift für die gesamte Strafrechtswissenschaft, Bd. 36 (1915), S. 103 ff.

Hülle: Urteilsanmerkung (zu BGHSt. 4/20). In: Lindenmeier-Möhring, Nachschlagewerk des BGH, Serie 1950—1955, StGB, Vorbem. zu § 47 Nr. 5 (Täterschaft durch Unterlassung).

Jagusch, Heinrich: Urteilsanmerkung (zu BGHSt. 2/129). In: Lindenmeier-Möhring, Nachschlagewerk des BGH, Serie 1950—1955, StGB, § 154 Nr. 9.
— Urteilsanmerkung (zu BGH 4/327). In: Lindenmeier-Möhring, Nachschlagewerk des BGH, Serie 1950—1955, StGB, § 154, Nr. 26.

Kaufmann, Armin: Die Dogmatik der Unterlassungsdelikte. Göttingen 1959.
— Methodische Probleme der Gleichstellung des Unterlassens mit der Begehung. In: Juristische Schulung 1961, S. 173 ff.

Kaufmann, Arthur, *Hassemer* Winfried: Der praktische Fall. Strafrecht: Der überfallene Spaziergänger. In: Juristische Schulung 1964, S. 151 ff.

Keilholz, Kurt: Trunkenheit am Steuer in den Vereinigten Staaten von Amerika. In: Neue Juristische Wochenschrift 1953, S. 1498 ff.

Kessel, Horst: Die Tatbestandsmäßigkeit der unechten Unterlassung. Diss. Kiel 1951.

Kielwein, Gerhard: Unterlassung und Teilnahme. In: Goltdammer's Archiv für Strafrecht 1955, S. 225 ff.

Kissin, Siegfried: Die Rechtspflicht zum Handeln bei den Unterlassungsdelikten. Strafrechtliche Abhandlungen, Heft 317. Breslau 1933.

Kohlrausch, Eduard, *Lange,* Richard: Strafgesetzbuch. 43. Auflage. Berlin 1961.

Kraus, Oskar: Rechtsphilosophie und Jurisprudenz. In: Zeitschrift für die gesamte Strafrechtswissenschaft Bd. 23 (1903), S. 763 ff.

Krug, August Otto: Abhandlungen aus dem Strafrechte. Zweite Ausgabe. Leipzig 1861.

Lammasch, Heinrich: Das Moment objektiver Gefährlichkeit im Begriffe des Verbrechensversuches, Wien 1879.

Lampe, Ernst-Joachim: Ingerenz oder dolus subsequens? In: Zeitschrift für die gesamte Strafrechtswissenschaft Bd. 72 (1960), S. 93 ff.

Lange, Richard: Urteilsanmerkung (zu BGHSt. 4/20). In: Juristenzeitung 1953, S. 408 ff.

Landsberg, Ernst: Die sog. Commissivdelikte durch Unterlassung im Deutschen Strafrecht. Freiburg 1890.

Leipziger Kommentar: Strafgesetzbuch. Begründet von Ebermayer, Lobe, Rosenberg. Bd. I. 8. Aufl. Berlin 1957.

Liszt, Franz v.: Lehrbuch des Deutschen Strafrechts. 21. und 22. Aufl. Berlin und Leipzig 1919.

Luden, Heinrich: Abhandlungen aus dem gemeinen teutschen Strafrechte. Bd. I: Über den Versuch des Verbrechens. Göttingen 1836. Bd. II: Über den Tatbestand des Verbrechens. Göttingen 1840.

Maurach, Reinhart: Handlungspflicht und Pflichtverletzung im Strafrecht. In: Deutsches Strafrecht, Neue Folge 3. Band (1936), S. 113 ff.

— Meineidsbeihilfe durch Unterlassen. In: Deutsches Strafrecht, Neue Folge 11. Band (1944), S. 1 ff.

— Deutsches Strafrecht. Allgemeiner Teil. Ein Lehrbuch. 3. Aufl. Karlsruhe 1965. Besonderer Teil. Ein Lehrbuch. 4. Aufl. Karlsruhe 1964.

Mayer, Hellmuth: Das Analogieverbot im gegenwärtigen deutschen Strafrecht. In: Süddeutsche Juristenzeitung 1947, Spalte 12 ff.

— Strafrecht. Allgemeiner Teil. Stuttgart und Köln 1953.

— Strafrechtsreform für heute und morgen. Berlin 1962.

Mayer, Max Ernst: Der allgemeine Teil des Deutschen Strafrechts. Lehrbuch, Heidelberg 1915.

Meister, Hans-Georg: Echtes und unechtes Unterlassungsdelikt. In: Monatsschrift für Deutsches Recht 1953, S. 649 ff.

Merkel, Adolf: Kriminalistische Abhandlungen. I. Zur Lehre von den Grundeintheilungen des Unrechts und seiner rechtlichen Folgen. Leipzig 1867.

— Lehrbuch des deutschen Strafrechts. Stuttgart 1889.

Meyer - Bahlburg, Hartwig: Beitrag zur Erörterung der Unterlassungsdelikte. Diss. Hamburg 1962.

Mezger, Edmund: Strafrecht. Ein Lehrbuch. München und Leipzig 1931.

Mezger, Edmund, *Blei*, Hermann: Strafrecht. 1. Allgemeiner Teil. Ein Studienbuch. 11. Auflage. München und Berlin 1965.

Nagler, Johannes: Die Problematik der Begehung durch Unterlassung. In: Der Gerichtssaal Bd. 111, S. 1.

Niederschriften: Niederschriften über die Sitzungen der Großen Strafrechtskommission. 2. Bd. Allgemeiner Teil. 14.—25. Sitzung. Bonn 1958. 12. Band. Zweite Lesung des Entwurfs. Allgemeiner Teil. Bonn 1959.

Nowakowski, Friedrich: Das österreichische Strafrecht in seinen Grundzügen, Graz, Wien, Köln 1955.

Oehler, Dietrich: Konkurrenz von unechtem und echtem Unterlassungsdelikt — BGHSt. 14/282 ff. In: Juristische Schulung 1961, S. 154 ff.

Redelberger: Strafrechtliche Verantwortlichkeit der Wirte bei Rauschdelikten? In: Neue Juristische Wochenschrift 1952, S. 921 ff.

Redslob, Robert: Die kriminelle Unterlassung. Strafrechtliche Abhandlungen, Heft 70. Breslau 1906.

Roeder, Hermann: Zum Standortproblem der unechten Unterlassungsdelikte. In: Deutsches Strafrecht, Neue Folge 8. Bd. (1941), S. 105 ff. u. 152 ff.

Rohland, Woldemar v.: Die Kausallehre des Strafrechts. Leipzig 1903.

Roxin, Claus: Offene Tatbestände und Rechtspflichtmerkmale, Hamburger Rechtsstudien Heft 47. Hamburg 1959.

Rudolphi, Hans-Joachim: Die Gleichstellungsproblematik der unechten Unterlassungsdelikte und der Gedanke der Ingerenz. Göttinger Rechtswissenschaftliche Studien Band 58. Göttingen 1966.

Sauer, Wilhelm: Kausalität und Rechtswidrigkeit der Unterlassung. In: Festgabe für Reinhard Frank. Band I. Tübingen 1930, S. 202 ff.

— Das Unterlassungsdelikt. Seine Stellung im Gefährdungs- und Willensstrafrecht. In: Der Gerichtssaal Bd. 114 (1940), S. 279 ff.

— Allgemeine Strafrechtslehre. 3. Auflage. Berlin 1955.

Sax, Walter: Das strafrechtliche „Analogieverbot". Göttingen 1953.

Schaffstein, Friedrich: Die unechten Unterlassungsdelikte im System des neuen Strafrechts. In: Gegenwartsfragen der Strafrechtswissenschaft. Festschrift zum 60. Geburtstag von Graf W. Gleispach. Berlin und Leipzig 1936, S. 70 ff.

— Urteilsanmerkung (zu RGSt. 72/20). In: Juristische Wochenschrift 1938, S. 578 ff.

— Soziale Adäquanz und Tatbestandslehre. In: Zeitschrift für die gesamte Strafrechtswissenschaft Bd. 72 (1960), S. 369 ff.

— Tatbestandsirrtum und Verbotsirrtum. In: Göttinger Festschrift für das OLG Celle. Göttingen 1961, S. 175 ff.

Schmidhäuser, Eberhard: Fluchtverbot und Anzeigegebot bei Verkehrsunfällen. In: Juristenzeitung 1955, S. 433 ff.

— Gesinnungsmerkmale im Strafrecht. Tübingen 1958.

Schmidhäuser, Eberhard: Aussagepflicht und Aussagedelikt. In: Göttinger Festschrift für das OLG Celle. Göttingen 1961. S. 207 ff.
— Vom Sinn der Strafe, Kleine Vandenhoek-Reihe 143/143 a. Göttingen 1963.

Schönke, Adolf, *Schröder*, Horst: Strafgesetzbuch. Kommentar. 12. Auflage. München und Berlin 1965.

Stübel, Christoph Carl: Über die Theilnahme mehrerer Personen an einem Verbrechen. Dresden 1828.

Traeger, Ludwig: Das Problem der Unterlassungsdelikte im Straf- und Zivilrecht. Sonderdruck aus „Festgaben für Enneccerus". Marburg 1913.

Vogt, Alfons: Das Pflichtproblem der kommissiven Unterlassung. In: Zeitschrift für die gesamte Strafrechtswissenschaft Bd. 63 (1951), S. 381 ff.

v. Weber: Urteilanmerkung (zu BGHSt. 4/20). In: Neue Juristische Wochenschrift 1953, S. 1072.

Welzel, Hans: Das Deutsche Strafrecht. Eine systematische Darstellung. 9. Aufl. Berlin 1965.
— Zur Problematik der Unterlassungsdelikte. In: Juristenzeitung 1958, S. 494 ff.
— Zur Dogmatik der echten Unterlassungsdelikte, insbesondere des § 330 c StGB. In: Neue Juristische Wochenschrift 1953, S. 327 ff.
— Urteilsanmerkung (zu OLG Karlsruhe JZ 1960, S. 178). In: Juristenzeitung 1960, S. 179.

Wild, Heinrich: Wesen und Eigenart der Rechtspflicht zum Handeln bei den unechten Unterlassungsdelikten. Diss. Tübingen 1950.

Wolf, Erik: Urteilsanmerkung (zu RGSt. 72/20). In: Zeitschrift der Akademie für Deutsches Recht 1938, S. 351.

Wolff, Ernst Amadeus: Kausalität von Tun und Unterlassen. Heidelberger rechtswissenschaftliche Abhandlungen, Neue Folge, 16. Abhandlung. Heidelberg 1965.

Wrede, Heinrich: Der heutige dogmatische Standort der unechten Unterlassungsdelikte. Diss. Hamburg 1955.

Printed by Libri Plureos GmbH
in Hamburg, Germany